本书由江苏省高校优势学科项目资助出版

语文教学的"平民化"

王家伦 编著

苏州大学出版社
Soochow University Press

图书在版编目(CIP)数据

语文教学的"平民化"／王家伦编著．—苏州：苏州大学出版社，2022.9
　ISBN 978‐7‐5672‐4073‐5

　Ⅰ.①语… Ⅱ.①王… Ⅲ.①中学语文课-教学研究 Ⅳ.①G633.302

中国版本图书馆 CIP 数据核字(2022)第 172838 号

书　　名：	语文教学的"平民化"
编　　著：	王家伦
责任编辑：	史创新
出版发行：	苏州大学出版社(Soochow University Press)
社　　址：	苏州市十梓街 1 号　邮编：215006
印　　装：	苏州市越洋印刷有限公司
网　　址：	www.sudapress.com
邮　　箱：	sdcbs@suda.edu.cn
邮购热线：	0512-67480030
销售热线：	0512-67481020
开　　本：	700 mm×1 000 mm　1/16　印张：20.5　字数：347 千
版　　次：	2022 年 9 月第 1 版
印　　次：	2022 年 9 月第 1 次印刷
书　　号：	ISBN 978-7-5672-4073-5
定　　价：	60.00 元

凡购本社图书发现印装错误，请与本社联系调换。服务热线：0512-67481020

目 录

序／曹炜
语文教学的"平民化"设想与探索
　　——王家伦访谈录(代自序)

对"语文"的认知

看山还是山
　　——从"2017 课标"看语文"课改"的"语文"指向 …………… 2
从课程标准的演变看语文教学的价值取向 ……………………… 11
论语文教学横向渗透的多维建构 …………………………………… 20
论现代社交软件对中小学生语文学习的影响 …………………… 26

教材与文本解读

人教社 1990 年版高中语文教材的启示 …………………………… 32
部编本教材教学方法论析 …………………………………………… 39
《五人墓碑记》几个时间辨析 ………………………………………… 46
经典文本教学的回归与出路 ………………………………………… 51
影响阅读教学文本解读的因素分析 ………………………………… 57
论文本之"文"解读的三个维度 ……………………………………… 63
寻找进入"故乡"的路 ………………………………………………… 72

教师的定位

核心素养与语文教师的角色定位 …………………………………… 78
"良师""名师"与"卓越"追求 ………………………………………… 83

阅读教学的创新与传承

也谈阅读教学的"创新" ……………………………………… 90
以比较阅读教学《琵琶行》 ……………………………………… 98
古诗词并不遥远
　　——以部编本初中语文教材中的古诗词为例 ……………… 103
请给副板书应有的地位 ……………………………………… 107

整本书阅读教学探索

"整本书阅读"教学与"整个儿阅读"教学 ……………………… 112
"整本书阅读"必须警惕的几个倾向 …………………………… 120
从三堂课看整本书阅读教学的价值取向 ……………………… 126
通过"整读"悟透《水浒传》的悲剧色彩 ………………………… 132

对"同课异构"的思考

"同课异构"还能走多远？
　　——对语文教学公开课形式的思考 …………………… 140
从"同课异构"到"同题异构"
　　——对语文公开课形式改变的探索 …………………… 145
"同课异构"之"同"与"异" ………………………………… 149

作文教学的"平民"建构

论学生语文读写能力转换的梯度 ……………………………… 156
论"语言的建构与运用"在作文教学中的落实 ………………… 164
论古诗文在写作教学中的运用价值 …………………………… 173
论"随文练笔"之"随"与"不随" ………………………………… 177

单元教学与群文阅读

认知·归纳·演绎
　　——论单元教学的"三部曲" …………………………… 184
关注单元导语，切中肯綮教语文 ………………………………… 190
对"群文阅读"的深入思考 ……………………………………… 195

群文阅读教学评价的"应有之义" ……………………………… 201
基于文本特征再发现的群文阅读教学新论 …………………… 206
群文阅读与单元教学比较谈
　　——以部编本初中语文教材为例 ……………………… 213

再探"片段授课"

对"片段授课"的再思考 …………………………………………… 220
语文"片段授课"误区之探 ………………………………………… 227

测试探微

汝果欲学诗,工夫在诗外
　　——论高三语文教学的特性 …………………………… 234
高考全国卷作文之新现象 ………………………………………… 242
论高考作文命题的价值取向 ……………………………………… 248
"月考"当休矣 ……………………………………………………… 255

评与被评

从课堂教学的起、承、转、合看问题教学的价值取向
　　——陈剑峰老师问题教学案例评述 …………………… 262
从"陈述性知识"走向"程序性知识"
　　——"说明事物要抓住特征"课堂实录与反思 ………… 269
立足中小学衔接,转变角色学写作
　　——"学会记事"教学实录及反思 ……………………… 278
整本书阅读:在"可为"处发力
　　——从一堂《小王子》整本书的阅读指导课谈起 ……… 285
如何合理使用部编本语文教材
　　——从王家伦执教《皇帝的新装》说起 ………………… 291
论群文阅读之"群文"的选取与合理运用
　　——由王家伦教授的一堂示范课谈起 ………………… 297

后记 …………………………………………………………………… 307

序

家伦教授是我的学长，在大学里高我两届，我们都是江苏师范学院中文系的学生；所不同的是，他1982年毕业时拿的是江苏师范学院的毕业证书，而我拿的却已是苏州大学的毕业文凭了。家伦教授毕业后，去苏州市区一所中学教了12年书，尔后又回到母校中文系中学语文教学法教研室执教，教的是"课程与教学论（语文）"课程，并长期担任中学语文教学法教研室主任、"课程与教学论"专业方向硕士研究生（学硕）导师及"学科教学（语文）"专业学位硕士研究生（专硕）导师。也就是说，家伦教授无论是在中学还是在高校，所从事的都是与中学语文教学研究相关的工作，唯一的不同是，他有12年时间在中学语文教学一线任教，其余的几十年时间则是在指导培养即将去中学语文教学一线任教的大学生、研究生。因此，可以这样说，中学语文教学的实践和探索是家伦教授毕生都在从事着的事业。

我大学毕业后一直在高校从事汉语言文字学的教学与研究工作，没有家伦教授那样的中学执教经历，按理说，我是没有资格来对家伦教授的这部语文教学研究著作说三道四的。但是，家伦教授真诚地上门邀约，让我来给他的这部著作说几句话，聊充个序言。既然学长发话了，学弟安有推脱之理？所以，就来拉杂地说上几句，不当之处，敬请大家批评指正。

关于中小学的语文教学究竟应该走什么样的路子，长期以来众说纷纭，莫衷一是。其中的有些论断，确乎是长期的中小学语文教学实践与探索的产物，是深思熟虑的成果；但也有一些论说，只是哗众取宠，更多的是想标新立异，争取一些所谓的话语权而已。尤其是一些从来没有过中小学语文教学实践的学者，或者是一些只有短暂的中小学语文教学实践的学者，动辄夸夸其谈，甚至发号施令，告诉大家应该如何如何实施中小学语文教学，一会儿来一个"某某教育"，一会儿来一个"某某教学"。由于没有深厚的语文教学实践积累，这些所谓的学说往往不接地气：初一听，名号新颖，理念超前，大有引领中小学语文教学走向辉煌的救世主终于现身的做派和气势；但是，一付诸实践，就会发现原来都是银样镴枪头，纸上谈兵，毫无操作性可言，甚至还会误人子弟。中小学语文教学的探索，事关几亿青少年语文素养的培育和语文生活的健康，一定要谨而又谨，慎而又慎，切不可凭一时之思、逞一时之快地乱发"宏论"。

据我所知，家伦教授四十多年来始终在思考中学语文教学如何"教"的问题。尤其是拜读了发表于语文教学研究的名刊——《语文教学与研究》2019年第19期上的《语文教学的"平民化"设想与探索——王家伦访谈录》一文之后，更是全面地了解了他"语文教学平民化"理论提出、倡导、实践、推进、理论总结的全过程，也深深地为他几十年一贯的语文教学情怀所折服。应该说，"语文教学平民化"理论是家伦教授关于语文教学如何"教"的问题长期思考、探索、实践的结晶。

家伦教授的"语文教学平民化"理论主要呈现在四个层面：一是施教对象具有平民化的特征，因为在学校里，除却少数"精英"学生和极少数"学困生"以外，绝大多数属于"平民"学生，所以，教师最有效的施教只能走"平民化"路线。二是施教者也具有平民化的特征，因为在学校里，除却少数"精英"教师以外，绝大多数属于"平民"教师，这些教师所擅长的施教方式也只能走"平民化"路线。三是施教过程也应该体现简约、朴素的平民化特征，教师的教学过程应该根据实际情况尽可能地化"繁"为"简"，以培养学生的读写听说能力为主。四是教材的编排设计也应该体现平民化特征：助读系统必须逐步递进，形成体系；范文系统必须内容健康，语言文字表述具有典范性；知识系统必须循序渐进，兼顾知识、能力；训练系统必须与应试教学脱钩，体现学生的认知规律。

很显然，家伦教授的这个"语文教学平民化"理论关注的是语文教学过程中施教的和被施教的关键大多数，有别于此前各种理论的"精英化"或"准精英化"培养模式。培育精英，体现的是一种慧眼；普惠众生，体现的是一种情怀。

家伦教授这个理论的提出并非空穴来风，我们可以来看看他下面的三段表述：

"教学中，我发现就语文而言，除一二'漏网'的'准精英'外，绝大多数学生最需要的是学会对语言文字最基本的认知和运用能力。"

这显然是其中学语文教学实践的有感而发。

"进入高校以来，我也承担了一些'大学语文'的教学任务；但是，教学过程中，我发现学生的语文基础实在令人难堪。字写得歪歪扭扭，错别字连篇是常态；搞不清三个结构助词'的''地''得'者俯拾皆是；理不清文本结构，读不懂文本内涵者比比皆是；分不清文体，写不像一篇'标准'议论文者岂止一二！"

这显然是其高校语文教学实践的有感而发。

"这不由得使我反思到当今语文教学界一些脱离实际的越来越复杂的理论，架子越来越花，教师、学生越来越累，大部分的'平民'学生苦不堪言，而在读写听说方面的所得越来越少。"

这是其融会了中学语文教学实践与高校语文教学实践后所得到的启发。

于是，在2012年，家伦教授关于语文教学"平民化"的呼吁与倡导正式"出笼"。

有些人，一辈子可以做几件事并且每件事都能成就一番事业，这样的人不是平凡之人，为我们普通人所望尘莫及；有些人，一辈子只执着于一件事情，且做出了令人瞩目的成绩，这样的人是平凡之人但又具有不平凡之处，是干出了不平凡业绩的平凡人，我内心深处更佩服的是这些人。家伦教授就属于这后一类人。

作为家伦教授前一阶段教学实践和理论思考总结的《语文教学的"平民化"》一书即将面世，在这里，我不想用"这是第一部……的著作"这样的表述来评价，因为这样的表述这些年被用滥了，反而体现不出其真实的内涵。但是，下面的表述应该是大家都能认同的：这部《语文教学的"平民化"》无疑在中小学语文教学的探索中是具有里程碑意义的，对于家伦教授本人而言是如此，对于听多了语文教学"精英化"话题的广大中小学语文教师而言也是如此。

按照家伦教授的性情，关于"语文教学平民化"的探索与实践，他会一直持续做下去，相应的成果还会不断面世。我当然期待，因为家伦教授不仅是我的学长，也是苏州大学文学院的教师，他的收获也是文学院的收获，他对社会的奉献也正是文学院所倡导的。但我深知，较之于我，更为期待的是广大中小学语文教师，尤其是广大青年教师，因为这些深邃的思考，不是谁都能给予的，这是一位在这一领域深耕四十多年的老者厚积重发的产物，其可操作性和普适性是不言而喻的。

曹　炜

2022 年 5 月 10 日

于苏州大学独墅湖校区文学院

［曹炜，苏州大学文学院院长、苏州大学唐文治书院院长（兼）］

语文教学的"平民化"设想与探索

——王家伦访谈录

（代自序）

丁卫军： 首先非常感谢王家伦老师接受我们《名家访谈》的采访！据我们所知，王老师多年来一直提倡语文教学的"平民化"，也是这一热门话题的推手。我们今天以"我们为什么要提倡语文教学的'平民化'"为主题，专门采访一下王老师。

王老师，您在好多篇文章中都说到要提倡"语文教学的'平民化'"，是什么原因和背景让您觉得语文教学需要"平民化"？

王家伦： 首先，称我为"名家"，实在不敢当，我只是个普通的语文教师。

我搞语文教学法，是被"招安"的。我1982年本科毕业后，在中学教了12年语文，从初一教到高三，而我所在的学校，是当时苏州市生源最差的一所完中，尤其是高中部（当时高中的招生顺序是职业中学招生结束后才安排非重点的普通高中），学生质量可想而知。在教学中，我发现就语文而言，除一二"漏网"的"准精英"外，绝大多数学生最需要的是掌握对语言文字最基本的认知和运用能力。后来由于工作需要，我就被调到苏州大学担任"课程与教学论（语文）"课程教师了。

进入高校以来，我也承担了一些"大学语文"的教学任务；但是，教学过程中，我发现学生的语文基础实在令人难堪。字写得歪歪扭扭，错别字连篇是常态；搞不清三个结构助词"的""地""得"者俯拾皆是；理不清文本结构，读不懂文本内涵者比比皆是；分不清文体，写不像一篇"标准"议论文者岂止一二！甚至还有人一个学期下来不知道李白是浪漫主义风格的代表……

这不由得使我反思到当今语文教学界一些脱离实际的越来越复杂的理论。架子越来越花，教师、学生越来越累，大部分的"平民"学生苦不堪言，而在读写听说方面的所得越来越少。

面对这些，我提出中小学语文教学必须走"平民化"的道路。我提出的"平民化"，一指学生对象，即除却少数"精英"学生和极少数"学困生"外的绝大多数"平民"学生；二指施教者，即占绝大多数的"非精英"的"平民"教师；三指教学活动，也就是说根据实际尽可能地化"繁"为"简"，以培养学生的读写听说能力为主。这与丁老师您提出的"简约语文"应该有相通之处吧。

记忆中，我这个观点于2012年正式问世。

丁卫军： 王老师您怎么扯上我了，但我确实"心有戚戚焉"。能不能说说您提出语文教学应该走"平民化"道路的依据是什么呢？

王家伦： "平民教育"发轫于五四新文化运动时期，理论层面与普及教育、大众教育、公民教育有相通之处。"平民教育"与以往的"精英教育"有所不同，作为舶来品，国外研究远早于国内，以弗里德里希·威廉·福斯特（Friedrich Wilhelm Forster）、斯内登（D. Snedden）、凯兴斯泰纳（G. Kerschensteiner）、约翰·杜威（John Dewey）、保罗·弗莱雷（Paulo Freire）等人为代表。国内学者以晏阳初、陶行知、蔡元培、徐特立等为代表。

上个世纪二三十年代，晏阳初在当年的定县掀起了轰轰烈烈的平民教育运动，创造了传播世界的"定县经验"，为当年贫穷的定县乡村开创了"扫文盲，做新民"的先河。陶行知平民教育思想内涵十分丰富，平民教育实践运动影响深远，对当前我国普及教育实现"两基"目标依然具有很大的借鉴意义。蔡元培在北京大学任职及任中华民国教育部部长期间，开办平民夜校，提倡普及义务教育，积极推动了中国近代平民教育事业的发展。徐特立从青年时代起就主张平民教育，主张为劳动人民办学。

新世纪以来，有关平民教育的单篇论文和硕士、博士学位论文不断增加。然而，恕我孤陋寡闻，关于语文教学走"平民化"道路的论著"未之尝闻"，所以，我对此进行了一些探索。

丁卫军： 能说说您对语文教学"平民化"有哪些方面的探索吗？

王家伦： 这个要从课程、教材、教师、教法及测试等多个维度来谈。

首先，要深刻理解"语文"课程的性质。

读书写字等"语文"因素，原来被称为"小学"，顾名思义，或许就是"小小"的"学问"吧，它从属于"经学"，没有自己的独立地位，因为就准备科举考试的"精英"而言，他们没有遣词造句与谋篇布局的障碍。然而，遣词造句与谋篇布局对一般的非精英的"平民"而言，却是困难重重，所以，1904年的"癸卯学制"，将"语文"从"经学"中分离出来，让它从"家奴"升格为"主人"。显然，这是为了提高"平民"学子的言语能力，为他们学习高深的知识、培养经世济民的能力打下基础。这就是分科的初衷。

就我们的语文课程标准而言，《义务教育语文课程标准（2011年版）》认为"语文课程致力于培养学生的语言文字运用能力，提升学生的综合素养，为学好其他课程打下基础；为学生形成正确的世界观、人生观、价值观，形成良好个性和健全人格打下基础；为学生的全面发展和终身发展打下基础"，《普通高中语文课程标准（2017年版）》认为"语文课程应引导学生在真实的语言运用情境中，通过自主的语言实践活动，积累言语经验，把握祖国语言文字的特点和运用规律，加深对祖国语言文字的理解与热爱，培养运用祖国语言文字的能力；同时，发展思辨能力，提升思维品质，培育社会主义核心价值观，培养高尚的审美情趣，积累丰厚的文化底蕴，理解文化多样性"。

如果一个人缺乏遣词造句和谋篇布局的认知与运用能力，谈何学习其他！既然如此，难道我们的语文教学还要和政治、思想品德以及泛文化课程"抢饭碗"吗？在培养学生读写听说能力的基础上提高学生的全面素养，这就是"语文"！

丁卫军：王老师，按您所说，一些坚持让语文和其他学科"抢饭碗"的"专家""名师"如果认真了解"癸卯学制"前后的历史背景，认真学习课程标准，就能拨乱反正。是吗？

王家伦：从理论上说应该如此。但是，让他们做到这一点却是非常难的，因为他们已经形成了思维定式——错觉定式，更何况他们面对的学生大部分是"精英"或者"准精英"。

丁卫军：那么，能否请您就教材方面谈谈您的"平民化"设想呢？

王家伦：语文教材必须走"平民化"的道路，这要从教材的四大体系说起。

首先是助读系统。助读系统必须成体系，也就是说，每册课本的前言后记,各个单元与篇章的导读文字应该能连成一篇指导学生全面提高语文素养的文章,同时,册与册之间也应该是连贯的、逐步递进的关系。

其次是范文系统。所谓范文,当然就是榜样之文。就范文而言,文质兼美应该是首要标准。所谓的"文",指的是范文的语言文字既可以简约朴素,也可以铺陈华美,但必须规范、典范;另外,还指文本篇章结构的典型性、规范性。所谓的"质",指的是范文内容的健康,符合情感态度价值观发展的要求。前一阵子的一些课文,如《叫三声夸克》之类,实在莫名其妙。如今提倡整本书阅读,我举双手赞成,但绝不能因此而丢了单篇范文的教学。

教材要有明确的"点"和"线"。这个"点",主要指能达成"知识和能力"课程目标的具体的知识点和能力训练点,这就是知识系统。也就是说,既然你选这篇文章,就必须使学生学习这篇文章之后,在有关语文的"知识和能力"方面有具体的所得,当然,这个"得"应该是微观的,只有通过这种微观的量的积累,才能有质的飞跃。这一个个的"点"还必须按学生认识世界的发展规律排列,使之能顺理成章地连成"线",最终目的是使学生的读写听说能力全方位提高。这方面,1987—1988年人民教育出版社的初中教材很有特色,当然,这套教材也有过分的地方,如将副词分为十多类等。如今的部编本教材在知识系统方面作了新的尝试,很令人欣喜。

俗话说,"拳不离手,曲不离口",语文教学离不开训练,训练绝对不能和应试教学画等号。就训练系统而言,必须考虑到学生的接受能力,这与认识客观事物的发展规律有相同之处,也有相异之处。实际上,还是一个"点"和"点线相连"的问题。

所以说,除了选择一些名家名篇外,还可以选择一些时文、教师的范作和学生的习作,甚至是有意仿写的作品。

丁卫军:谢谢王老师。那么,在语文教学"平民化"实施过程中,语文教师应该扮演怎样的角色呢?

王家伦:在语文教师中,达到黄厚江、肖培东、董旭午、李仁甫这样的"精英"水平者毕竟是少数,绝大多数的语文教师,就是我们这样的"平民"。"平民"以"精英"为追求的目标,无可厚非,但是,在追求过程中绝对不可迷失了方向。

首先是偶像目标上,须警惕"浪得虚名"。那些"名师带你××""名师大讲堂"的后面,往往跟着的是动辄四五位数的辅导费用,"我说你是名师,你就是名师",商业指向过强的背后则需要思考"资本"介入对教育的不良影响。另外，还有一些成了"名"的"精英"，疏于自己的教学任务，一心想着赚钱——"名"更多地成了"利"的工具。其实，教与学都如逆水行舟，不进则退。这些或"走火入魔"，或不干好自己本职工作的"精英"，长时间忘了精进自己的技能，"名"带来了利益，也带来了弊端，反而让"精英"不再"精英"。

上面说过，我们语文教师中的"精英"毕竟只占很少的一部分。"平民"语文教师向"精英"语文教师学习，这是当然；但是，难道学习了以后就都能成为如他们一样的"精英"教师吗？如果盲目地亦步亦趋，或许极少数几个能勉强跟上几步，而绝大多数将画虎不成反类犬！所以，我们必须走出一条适合绝大多数"平民"语文教师的常态语文教学之路，这是一条能提高绝大多数"平民"学生读写听说能力的"常态"之路。所以说，要根据自己的特有条件，有选择地学习，也就是说，在学习的过程中，应该保持自己的个性。

丁卫军：王老师，您以上就课程、教材、教师三个维度谈了您的语文教学"平民化"观点，下面，能否就"教法"谈谈呢？

王家伦：当然可以。

语文教学，首先要求的是阅读教学的"一课一得"。这是已故特级教师陆继椿先生提出的观点，由于我一直推崇，甚至有人认为是我提出的，实在不敢掠美。众所周知，一节课只有40分钟或45分钟，贪多嚼不烂，不可能达成多个目标，伤其十指不如断其一指，能达成"文""道"中的一个目标，即"一课（一个课时）一得（文道各一得）"，就已是成功。四川师范大学李华平教授提出，这个"一得"不是对其他"得"的否定，而是指主要的"一得"，我完全同意。

丁卫军：王老师，我赞同您推崇的"一课一得"，我还想听您谈谈您在文本解读上如何体现语文教学的"平民化"。

王家伦：2005年，在第八届海峡两岸暨港澳地区小学语文观摩研讨会上，教师们用各自的教案来教相同的内容——著名诗人罗青的两首诗《枯树之歌》和《锯》。据我所知，这就是"同课异构"的滥觞。此后，"同课异构"便成为历届海峡两岸暨港澳地区小学语文观摩研讨会的"保留节目"，并且逐步推广到初高中各个学段，成为流行的公开课或教学评比的形式。

"同课异构"之"异"，是最能展现教师匠心独运的地方，既然是不同的人用同一个文本进行教学活动，为了脱颖而出，大多数参赛者都在文本挖掘上做文章。于是,"深挖"就成了时尚。然而,这实在值得说道一番。

　　为体现广度,教师常会罔顾语文课程的本质属性,过多地把关注焦点从文本的语言形式转移到文本的思想内涵上,把语文课上成政治课或者泛文化课。一次"同课异构"的校际教研活动中,选择的课文为苏教版高中语文必修三中高尔斯华绥的小说《品质》。有授课教师将教学目标定为"传承工匠精神,打造中国制造",在简单梳理完小说情节后,给格拉斯兄弟贴上了"真正的工匠"的标签。在补充了当时大工业时代的背景及当下"中国制造"的相关内容后,引导学生从工匠精神的角度,思考如何打造"中国制造"这一品牌。甚至还引入影片《霸王别姬》中陈蝶衣"不疯魔,不成活"的台词以及小说《穆斯林的葬礼》中对玉匠"殉道"精神的叙述,要求学生联系传统技艺后继乏人的现实,思考如何传承珍贵的传统技艺的问题。对"中国制造"的打造和传统手艺的传承这两个问题的探讨,占用了课堂近一半的时间。当然,对工匠精神的解读,确实对人物形象的理解有些帮助;而对传承传统技艺的思考,就已经脱离了小说阅读教学的范畴,脱离了语文课应有之义。课堂上看似精彩不断,学生讨论热烈,但与真正意义上的"语文"渐行渐远了。课后,学生可能会记得"工匠精神"这四个字,但其阅读能力没有得到切实的提升,对阅读其他小说并没有直接帮助。

　　为了体现"深度",教师在文本解读上往往别出心裁,超限度地"深挖",这样的解读固然可能出新意,但也易超出学生的理解力,甚至导致对文章的误读。

　　我的一个研究生曾从头至尾观摩了一次"同课异构"青年教师基本功大赛,指定文本为苏教版选修教材《现代散文选读》中林清玄的《可以预约的雪》。一位授课教师从文章标题"可以预约的雪"入手,指导学生理解菅芒花的美年年都能见到,是可以预约的;再从文本中找到"我"以及陪"我"看菅芒花的朋友都遭遇了难以预料的人生变故,得出人生不可以预约这一结论;在此基础上,引入"以理化情"的概念,花大量的时间,引导学生得出"只要心怀对美好的期待,就可以消除对不可知的人生的畏惧茫然"这一结论;最后要求学生思考如何用"以理化情"观念来面对生活中的无常。虽然说对"以理化情"概念的理解,起到了提升文本阅读深度的作用,然而就占绝大多数的普通高中"非精英"学生来说,难度明显过大,将其作为教学目标甚为不妥。

　　更有甚者,在上文提到的《品质》的"同课异构"中,竟有教师要求学生讨论"谁该为格拉斯兄弟的不幸遭遇负责",并引导学生得出"归咎于顾客"的结论!这不同于教参的解读虽然显示了执教者思考的独特性,但显然是对文本的误读。这样的课堂对学生阅读能力的提升,又有何切实的帮助?

为此,我最近发表了几篇文章,提倡逐步废弃"同课(同一文本)异构",推行"同题(统一的'文'的教学目标)异构"。如此,才是"平民化"的体现。

我们的教学对象主要是"平民"学生,所以,我们倡导"平民化"的语文课堂,就是要求呈现简简单单、实实在在的语文课堂。其中,"深入浅出"是关键。也就是说,文本挖掘要有一个"度",挖浅了,学生学得"不过瘾";挖深了,学生定将难以消化。当然,对一些"平民"学生难以理解、教师难以处理的文本,也可以将之(或它的部分内容)束之高阁。曾有人认为我坚持的"深文浅教"是"亵渎经典",实在令人哭笑不得。我曾经在某中学初一年级借班上课,教授郁达夫的《故都的秋》,就"抛弃"了有关"文人叹秋"的部分,仅就景物描写进行教学活动。

不必一味追求对文本的深入剖析,文本的挖掘度要充分贴合学生的理解度和掌握度。这才是真正的"平民化"的"以学生为主体"。

丁卫军:王老师您的见解与我的"简约语文"确实有共同之处,那么,您认为语文教学"平民化"的教学过程应该是怎样的呢?

王家伦:教学过程也应该简约,当然,按照您的说法,简约不等于简单。

我认为,教案的前前后后都要紧扣教学目标进行设计,尤其是"文"的目标。然而,由于受固定套路的影响,一些语文教师的教学设计往往脱离教学目标,"绕道而行",尤其是"拓展延伸"部分。就如从上海坐火车到北京,偏偏到四川绕一个大圈子——当然,如时间充足,囊中充实,绕圈领略一下巴蜀风光也未尝不可。然而,我们的一节课毕竟只有45分钟甚至40分钟;更为可悲的是,有些行道者最后的终点竟然不是北京,而是到了西藏或者新疆。就此,最"平民化"的做法是,在每个课时中,将复习旧课、研习新课(整体感知、情景创设、文本细读、师生互动……)、拓展延伸、复习巩固等纷繁复杂的预设规定简化为四五个环节,这四五个环节环环紧扣,层层递进,直至课堂教学目标的最终达成。具体教学过程中,这四五个预设的环节就是"纲"。如果把课堂教学比作"织布",这四五个环节就是预先确定的"经线"。在"经线"的指引下，教师根据学生情况、文本个性和课堂实际，灵活地发挥自己的聪明才智，作具体"生成"，这就是"纬线"；或复习旧课，或创设情景，甚至拓展延伸。如此经纬交错，最终成"匹"。当然，必要时也可以突破这四五条"经线"的限制，这就是宏观上的"课堂生成"了。

丁卫军：王老师，您对语文教学过程中运用多媒体有何看法？

王家伦：首先正名一下，您所谓的"多媒体"是否指现代化媒体？语文教学"平民化"追求简约有序，其教学手段要倾向"平民"化，不应繁琐、复杂，而应低投入、高效益，便于一线教师操作。我认为要理性对待语文教学中的传统手段与现代化媒体，教学中应根据语文学习的需要选择恰当的教学手段，千万不要动不动就是声、光、电。

板书作为语文教学中的传统手段，在语文教学中发挥着重要的作用，因为一节好的语文课，板书与教学过程是同步进行的，伴随着学生与文本的对话，教师将预先设计好或者是在课堂中闪现的灵感记录在黑板上，在下课铃响前的一刹那，形成"固定的一瞬间"。好的板书设计，学生即使未能完整听课，也能够在看到板书后对文本内容有大致的把握。所以说，千万不能忽视黑板与板书的作用，要站在语文本位的角度来选择教学手段，从文本的角度选择手段，从教师的角度选择手段。

丁卫军：看来我们确实是所见略同了，当然，主语就不要加了。

王家伦：我该讲讲作文教学的"平民化"了吧。

作文教学几乎占了语文教学的半壁江山。作文是很平常的事，实际上就是用笔说话，唯一的要求就是把话说得清楚些，说得别人愿意听。但是，作文却被"精英化"了，"专家"们以文学创作和学术论文的要求指点中小学作文教学，什么"书写心灵"，什么"必须深入生活"。于是，教师怕教作文，学生怕写作文，作文教学成了语文教学的瓶颈。何必那么复杂呢？如果从"平民"的立场出发，从"常态"的要求入手，作文教学就是很平常的事了。

我认为，作文教学应该以"写什么"为"经"，即按学生年段特点纵向规划作文教学的内容，从写想象中的事物开始，再写自己的家庭生活，再写学校生活，再写自己，再写别人，再写对生活的感悟，再写独特的生活经历和情感体验，再学会表达自己的观点，再学习有创意的评介。另外，以"怎么写"为"纬"，即兼顾学生个体的特点，按照学生层次分别横向设计"写法",如侧面描写、递进论证等。

无论如何,先要让学生"写得像",然后再考虑"写得好",走从模仿到创新的道路,就是"平民化"——这里,还要语文教师自己"下水"写简单的范文。

丁卫军：我还有一个请求,请您从语文教学"平民化"的维度,谈谈您对语文教学课堂评议的看法吧。

王家伦：您的意思是怎样鉴定一堂课的优劣吧。我认为,简单地说,评价一堂语文课,并不是看教师挖掘的深度,也不是看学生的热闹程度,更不是看现代化媒体使用的多少,最该看的是学生在这堂课上得到了什么。学生在这堂课上究竟得到了什么,才是课堂评议的核心,这个"得"更多的是指教学目标的达成,尤其应该关注学生在语文核心素养上长进了多少！课堂评议向"学生真正得到了什么"倾斜,才是真正意义上的以学生为本,也是语文教学的返璞归真,更是"平民化"的教学评价观。

丁卫军：您开始时说过,语文教学的"平民化",要从课程、教材、教师、教法以及测试诸维度来谈。那么,就请您谈谈对语文测试"平民化"的看法吧。

王家伦：好的。当前的考试,尤其是高考,很值得研究。

首先讲应考。有一个不成秘密的"秘密",即让进入暑假的高二学生去做当年的高考题目,得分不一定比应届高三学生低。这说明什么问题？高三一年的复习基本无用！反复地做各种"密卷",起不了多少作用。所以说,高三一年要少做模拟卷,尤其不要搞什么"月考"甚至"周考",扎扎实实地教一些典型的选修课文,乃是正路。

其次,从高考作文来看,中华人民共和国成立以来的所有高考作文大致分三个阶段。"文革"前以命题作文为主流,有一些审题难度,但是还不算太难。"文革"后至课改前,以材料作文为主流,审题难度越来越大,于是"矫枉过正",出现了话题作文。必须正视的是,话题作文时代,学生作文高考的成绩基本上与平时基础相符,"失常"和"超常"的现象比较少。但是话题作文派生的宿构等问题越来越明显。2005年高考,湖北省、福建省、上海市率先"吃螃蟹",对高考作文的命题形式进行了新的探索,于是,出现了一种"全新"的作文命题形式——新材料作文。就全国而言,话题作文的比重从2004年占总数的93%左右减至2018年的0,新材料作文的比重从2005年占总数的16%左右增至2018年的80%左右,2019年比重虽然有所减少，但是除了全国卷中的演讲稿、写信、漫画及北京卷的命题作文外，其他省份的作文还是以新材料作文为主。也就是说，新材料作文逐渐呈现出"一家独大"的局面。新材料作文逐步成为各省命题的"新宠"。然而，随着时间的推移，人们发现新材料作文其实并没有避开传统材料作文的弊端，所谓的"新"，无非就是增加审题的难度。新材料作文由最初的"从中心角度立意与从非中心角度立意一视同仁，都视为符合题意"发展成为 2009 年的"选准角度，明确立意"，并将审题从"中心、重要、次要、沾边"四个方面划分成四个层级，认为只有"中心角度"和"重要角度"是符合题意的，这似乎又回到了传统材料作文强调从中心角度立意的老路。新材料作文的出现本是为了避免传统材料作文在审题立意方面的过高要求，意在利于考生个性的表现，而如今新材料作文的审题难度相比较传统的材料作文有过之而无不及，新材料作文也已经逐步"走火入魔"了。这样高难度的审题与课程标准的要求背道而驰，更抢起了试卷中"阅读理解"版块的"饭碗"，其结果是，一些文字表达能力较强的"平民"学生一旦审题错误，就全盘皆输。当然，作为一个"平民"教师，是没有能力改变这种情况的，只是呼呼呼呼罢了。

丁卫军：王老师，您从课程、教材、教师、教法及测试诸维度谈了语文教学"平民化"的观点，最后，能不能请您用简约的话概括一下您的语文教学"平民化"的观点呢？

王家伦：一句话：语文教学的"平民化"，就是使最普通的"平民"教师教得轻松，使最普通的"平民"学生学得轻松，而效果也绝对不会差。一次，我在某校借班为研究生上示范课。课后我走出教室，有两位该校的教师走在我的前面，他们没注意到我，一个悄悄地对另一个说，王老师的课其实很简单，我们都能这样上！当时我的高兴难以抑制，我要达到的就是这样的效果——"平民化"的效果。语文教学的"平民化"就是让我们这些占据多数的"平民"教师可以真正地驾驭课堂，并且上出效果，让"平民"学生也能够真正地有所得啊！

丁卫军：看来，王家伦老师的语文教学"平民化"理论确实有深度，对我们的语文教学也很有借鉴意义，我们祝愿王老师和他的弟子们在"平民化"的研究中进入更深的层次。再次感谢王老师接受我们的访谈！

（原载《语文教学与研究》2019 年第 19 期，署名王家伦、丁卫军）

对"语文"的认知

"语文"是什么?语文课主要应该干什么?这是简单到不能再简单的问题。但是,这些年来,这两个简单的问题却被一些"专家""名师"搞得越来越复杂。尽管《义务教育语文课程标准(2011年版)》称语文课程是"一门学习语言文字运用的综合性、实践性课程",《普通高中语文课程标准(2017年版)》称语文课程是"一门学习祖国语言文字运用的综合性、实践性课程",《义务教育语文课程标准(2022年版)》称语文课程是"一门学习国家通用语言文字运用的综合性、实践性课程",但是,仍有一些"专家""名师"我行我素,致使一些一线教师经常感叹:"我们到底该听谁的?"

看山还是山

——从"2017 课标"看语文"课改"的"语文"指向

我们还是习惯于把开始于 21 世纪之初的这场语文课程改革称为"新课改"。其实这场语文"新课改"早已不"新",从 21 世纪初算起,这场"课改"已经进行了十几年了,如果从先期进行的研究性学习的实验算起,则已经将近二十年了。然而正因为这场"课改"至今没有取得预期的效果,所以我们还只能以"新"称之。《普通高中语文课程标准(2017年版)》(下文简称"2017 课标")的问世,实际上就是拨乱反正,保持这次"课改"的"连续性"。

一、看山是山:"新课改"本来面目

近来经常有人指责他人忘记了语文"新课改"的本旨,也经常听到"难道我们还要回到'课改'前的老路上去吗"之类的责问。我们很想问问这些朋友,你们真的知道这场语文"课改"的初衷吗?知道其前因后果吗?确实,这场语文"新课改"的初衷已经渐渐模糊,给人以雾里看花的感觉。要看清"新课改"的本来面目,就需要追本溯源了。

(一)"万炮齐轰"中闪亮登场

语文"新课改"本从属于 21 世纪国家新课程改革;但是说语文"新课改"引发了这场"新课改",并不过分。最早,正是 20 世纪末发生的对语文教学的"万炮齐轰"引爆了这场"新课改",一时甚至出现了"误尽苍生是语文"这样的说法。语文教学一下子成了千夫所指,差不多成为"人民公敌"。那么,如此遭人憎恨的语文的主要罪状是什么呢?简言之,那就是低效,就是学生学习负担太重,以致学生不喜欢。其实,很大程度上就是因为考试时语文"涨分"难。学生骨子里已经有着功利主义的底子。于是逼出了

语文"新课改",而整体的课程改革也就随着语文"新课改"开始了。

　　语文教学的最早改革在高考中体现,1999年高考出现了"话题作文",当时一片叫好声。其实话题作文改变的不仅仅是作文的形式,更改变了作文思维的开放性和作文评判标准的开放性。这种开放性就是语文"新课改"的前站。但是,我们今天只是肤浅地反思话题作文因为有"宿构"的可能及评分容易产生分歧等问题而不适合用于高考,却忘了话题作文为语文"课改"试水的历史价值。

　　简言之,语文"新课改"就是因为全社会对语文教学的低效不满而逼出来的,而语文"新课改"的步伐也先于整体的"课改"。

(二) 从先行者"研究性学习"看"新课改"本心

　　"研究性学习"是一门独立的课程,不从属于语文,但是,"研究性学习"天生与语文有着千丝万缕的联系。我们需要了解的是,为什么"研究性学习"会先于整体的课程改革出现。其实,先行实验的"研究性学习",就是把"新课改"最主要的观点亮出来了,那就是主张学生在学习过程中的主导地位,主张学习的自主性、协作性和开放性。

　　"研究性学习"与凯洛夫的"三中心"论尖锐对立。江苏省苏州市教育局教研室原"研究性学习"教研员朱望苏先生是享受国务院政府特殊津贴的专家,他在一次会议上说:"以书本为中心不是研究性学习,以教师为中心不是研究性学习,以课堂为中心不是研究性学习。"后来还加了一句"没有过程不是研究性学习"。可以发现,朱老师的这几句话把"研究性学习"的特质言简意赅地表述出来了。国家在"新课改"前夜首先开始"研究性学习"的实验,其真正意义在于改变教育界人士的教育思想,即"三中心"的框框里跳出来。

　　1997年开始的"研究性学习"是"新课改"的铺垫,经过三年多"研究性学习"的实验,出现了上海晋元中学、南京师范大学附属中学这样的全国性标杆。于是新课程方案隆重推出,"研究性学习"成为学分最高的必修课。"新课改"隆重登场。

　　总结起来说,"新课改"的主要目的,就是要让学生学会自主学习,就是要减轻学生的学习负担,提高学习效率。

(三) 一度对语文"新课改"的美丽憧憬

　　2001年的《全日制义务教育语文课程标准(实验稿)》(下文简称

"2001课标")和2003年的《普通高中语文课程标准（实验)》（下文简称"2003课标"）的问世，标志着语文"课改"走上了正轨。尽管这两份"课标"表述不尽相同，且都尚有不完善之处，但对语文课程性质和特点的认定却是一样的。前者对语文课程性质的界定是"语文是最重要的交际工具，是人类文化的重要组成部分。工具性和人文性的统一，是语文课程的基本特点"，后者对语文课程性质的界定是"语文是最重要的交际工具，是人类文化的重要组成部分……高中语文课程应进一步提高学生的语文素养，使学生具有较强的语文应用能力和一定的语文审美能力、探究能力"。前者主张合作、探究，开放而有活力，后者主张构建开放、有序的语文课程。

显然，两份"课标"都认为语文课程是学习语言文字运用的综合性、实践性课程。

如果真的按照预设的"新课改"的路子走，或许学生的负担会减轻，而学生的语文素养会全面提高。遗憾的是，今天学生的负担越来越重。语文"课改"一开始就有一个死结，那就是理想主义的教学境界与功利主义的考试分数第一的矛盾。这注定就是一条很难走通的路。

二、看山不是山：该来的没来

上文说过，这场语文"新课改"已经有十几年甚至将近二十年了，但语文课程还是最不被重视的必修课程。我们不禁要问：我们的语文"新课改"到底怎么啦？透过表面现象，考察一下效果，应该是理所当然的吧。

（一）一度被"绑架"的"新课改"

令人遗憾的是，我们的语文"新课改"，一开始就被高举"人文主义"大旗者所左右，这几乎成了这场语文"课改"的标志。然而很快就叫人瞠目结舌的是，再没有人敢理直气壮地谈语文课程的知识体系，基础知识和基本技能的训练成了忌讳，教科书"人文组元"成了一时风尚……我们不禁迷惑："山"还是那座山吗？我们见到的语文课还是语文课吗？

这场语文"新课改"，几乎就是从"反工具论"开始的。21世纪初，在一次全国中语界的学术会议上，竟然出现了几个人抢话筒大骂叶圣陶的咄咄怪事！他们说"工具论"就是"唯工具论"，就是"应试教学"，这实在令人哭笑不得！于是，一场"与风车作战"的滑稽剧就开始了。更可怕的是直到现在还不让人提出质疑，谁质疑谁就是"蛰伏多年的工具论者"①。

"反工具论"的另一个似乎很"理性"的说法叫作"限制科学主义"。显然，这里说的"科学主义"实际上是"唯科学主义"，这又是一个无中生有的概念。② 实际上就是打着"人文主义"大旗，反对语文课程的知识体系，从根子上否定作为独立课程的语文的特性。奇怪的是，这样荒诞的论调在"新课改"中居然"应者云集"。

（二）"选修课"与学生的自主权

引导学生自主学习的问题，是语文"新课改"的一个核心问题。叶圣陶老先生一生说了很多有关教育的话，给我们印象最深刻的一句就是"教是为了达到不需要教"，因为这句话说出了教育的终极目标，那就是教会学生自主学习。

认真研读"2003课标"，我们会发现设置"选修"是这场语文"新课改"引导学生自主学习的重大举措之一。所谓选修，顾名思义就是在提供的"模块"中由学生自由选择，然后根据选择结果重组教育班。21世纪初还在基层管理岗位上的笔者，曾经自作多情地进行了"选课"和"走班"的尝试。但是，不幸的是，学生也罢，学校也罢，根本没有选择模块的权利，直接由省级教育行政机构代劳了。全省统一规定了"选修"模块，实际上"选修"成了"必修"！而且这样的选修还以高考内容来配套，谁敢乱动？

选修，居然没有选的权利，当然更没有选的过程。没有了真正意义上的选修，还是"新课改"吗？但是教育行政部门说，这是为了便于管理，便于考核。用搞政绩的办法搞教育，这样的"统一选修"就不奇怪了。更奇怪的是，这样明显违背"新课改"精神的举措并没有多少反对的声音，有些基层学校甚至为这样挂羊头卖狗肉的选修窃喜。因为他们也不喜欢选修，不需要这样的选择权。其结果，必然是学生兴趣下降，提高学生的读写听说能力成了一句空话。

（三）"研究性学习"的悲剧

这里想问的是，有几所学校认真开设了"研究性学习"课程？有多少教育行政机构把"研究性学习"真的当作必修课来对待？有多少语文教师认真

---

① 杨邦俊. 当前语文教学论争的理论迷失与指津［J］. 语文教学通讯，2016（13）：29–33.
② 王家伦，张长霖. 从"反科学主义"看语文教学理论的乱象［J］. 江苏第二师范学院学报，2016（11）：8–11.

指导过"研究性学习"？

听说过"研究性学习也可以短平快"的奇谈怪论吗？听说过"研究性学习赛课"这样的怪事吗？然而，这确实是笔者的亲见亲闻，而且出自大市级别的"著名"教研人员之口。这就是功利主义教育的体现。我们的"新课改"在起步伊始已经被功利主义教育扭曲了。至今很多人还是没有搞清"研究性学习课程"和"探究性学习方法"这两个概念的区别，出现一些南辕北辙的做法也就不足为怪了。

（四）学生负担越来越重，水平不升反降

"新课改"的目的是希望减轻学生的课业负担，培养学生自主学习乃至终身学习的能力。很不幸，这些都没有实现，至少是我们语文课没有实现。

学生的课业负担没有减轻，相反越来越重，其原因不在语文教学本身，更不在语文教师。上文说过，教育行政机构甚至地方政府把教育当作政绩搞，有那么多统考（"月考"甚至"周考"），有那么多调研，有那么多分数统计，教师的日子不好过，于是学生的日子也就不好过。还记得几年前南京的高考之痛吗？高考成绩下降，市人大就质询教育局，结论是"南京的素质教育过头了"，于是南京走读生开始夜自修，于是南京闻名全国的研究性学习偃旗息鼓。某市的一位教育局局长说"我不懂教育，只懂产量"，于是统考数据统计到小数点后面两位，高0.01则好，低0.01则差。覆巢之下安有完卵？教育大局若此，语文课哪有减轻学生负担的可能。

语文"新课改"十几年了，学生的学业负担越来越重，学生学会自己读书还遥遥无期。这种情况下，我们还能奢谈语文"新课改"的成果吗？该变的没有变，我们是不是该回过头来想想？

即使是提倡"限制科学主义"者，也应该能看到如今学生的语文水平吧！除非他并没有真正在中小学教书，或者为了维护"新课改拥护者"的形象故意视而不见。只要参加过中考或者高考阅卷的老师都知道，读不懂极简单的文章者数不胜数，作文中病句连篇、词不达意者比比皆是，能流畅甚至巧妙地表达自己的观点者，实在是凤毛麟角。

这个问题甚至牵涉一些在"新课改""熏陶"下成长起来的语文教师。且不说分不清"的""地""得"三个结构助词的普遍现象，一位语文教师，和学生分析说明文的文本结构，所用的文本竟是一篇散文……

这是现状，令人担忧的现状。

三、看山还是山：还语文本来面目

我们迷惑了，很有点邯郸学步的苦涩，居然忘记怎样走路了。佛家说，不是风动，不是幡动，而是心动。如果"心不动"，就该知道，语文"课改"是要把语文课程改好了，而不是改"没"了。"语文"还应该是"语文"，而不是其他。"2017课标"的问世，令我们重新燃起了希望。

（一）语文教师们：请记住不变的语文本质属性

"2017课标"在"课程性质"中再次强调了对语文课程的界定："工具性与人文性的统一，是语文课程的基本特点"，这与"2001课标"和"2003课标"的提法完全一致。所有这些，让我们这些一线语文教师和语文教学研究者对"新课改"再度产生了美丽的憧憬。我们期待我们的语文课程出现从经学附庸中脱离出来之后的又一次真正意义上的独立，即从政治课和思想品德课的附庸中独立出来，成为一门真正的课程，成为真正的提高公民母语素养的课程，成为提高公民读写听说和审美能力等语用能力的课程。这样的课程理所当然是基础中的基础，理所当然应受到重视，得到欢迎。

"2017课标"最被热议的是一个新概念——"核心素养"。我们认真研读有关内容，发现核心素养的基本元素与"2003课标"的提法具有连续性，最关键的是"学科核心素养"版块中的这句话："语言建构与运用是语文学科核心素养的基础，在语文课程中，学生的思维发展与提升、审美鉴赏与创造、文化传承与理解，都是以语言的建构与运用为基础，并在学生个体言语经验发展过程中得以实现的。"

不管千变万化，语文的本质属性不能变。语文就是我们的母语课，是为了提高公民母语素养而开设的基础教育课。语文的开设主要就是为了提升学生的语用能力。既然如此，语文就应该逐步建构自己的知识体系，坚持自己的技能训练。语文既然是一门课程，就应该有循序渐进的教学序列。这些都不能变，变了就不是语文。

老子云：治大国若烹小鲜。这是反对瞎折腾。我们的语文"课改"更要反对瞎折腾，那种冥思苦想、巧立名目的折腾可以休矣。当我们走上讲台时，要牢记自己是在上语文课，而不是政治课、思想品德课或者泛文化课，有这点就足够了。在教学与研究的过程中逐步建构语文的知识能力体系，是我辈的职责。

作为语文老师，不要左顾右盼，不要亦步亦趋，要有定力，牢记自己教的是语文，是在为着提升公民母语素质而努力。

作为语文教师，应该正确处理学生长远所得与眼前所得之间的关系。教育本就是长周期的工作，语文教育更是如此。所谓水滴石穿，所谓绳锯木断，所谓润物无声，就是语文教学的特点。如果急功近利，只能加重师生的负担，对语文教学根本无补。另外，我们也要考虑"短期效应"，不能以"语文见效慢"来推卸具体课堂教学的责任。这个"短期效应"就是学生在每堂课上的真正意义上的有所得。我们常说的"一课一得"就是这个意思。这是垒山的过程，首先是量的积累，量变到了一定程度就能质变。

如此，学生的主动性就能发挥，学生的语文素养就能提高。

（二）正确的引领：名师要做真正的语文垂范

我们常说，榜样的力量是无穷的，一个好的榜样可以帮助普通教师少走不少弯路，而一个不好的榜样，则会让很多普通教师走上弯路。

"课改"以来，某些"名师"到处"做课"的方式再也不能继续了。如以"人文主义"的名义，从"道"的维度深挖文本，一篇《雷雨》，竟可以从一个周朴园的"周"字，引申万千，最后归结到"周而复始"——宿命。① 这不禁叫人毛骨悚然。这与拆字先生的玩意儿有何区别？这样"走火入魔"的"深挖"居然一时走俏，亦步亦趋者甚众。悲夫！这样"走火入魔"的"深挖"，对学生读写听说能力的提高究竟有多大的作用呢？

如此折腾，离真正意义上的"语文"渐行渐远。那么，"减轻学生的学习负担，提高教学效率"从何谈起？"让学生学会自主学习"的立足点置于何处？学生语文素养的提高就成了一句空话。究其原因，就是一些"名师"为了"脱颖而出"而过度地标新立异。

我们希望那些"名师"认真学习一下"2017课标"。"2017课标"强调"语文课程是一门学习祖国语言文字运用的综合性、实践性课程""语文课程作为一门实践性课程，应着力在语文实践中培养学生的语言文字运用能力"。我们希望那些"名师"从这点出发，成为"良师"，充分发挥自己的才能，示范那些一般教师学得会的、对学生的读写听说能力真正有效的"常态"的语文课。

---

① 韩军.《雷雨》课堂实录[J]. 语文教学通讯，2015（10）：34-40.

如此，一般教师和学生的主动性就能发挥，学生的语文素养就能提高。

（三）理想的语文教学：脱离政绩观束缚的公民素质教育

以政绩观搞教育，是时下的通病，不幸的是，这场"新课改"正好与之对撞。上文说过，本文第二部分所指的几种情况大多与管理者追求政绩密切相关。追求时髦、显示自己的"与时俱进"是一些好大喜功的管理者的通病。一旦有"新"东西出现，就不顾一切地强制推行。所以说，"应者云集"中有不少是被裹挟而从的，被裹挟而从者哪有时间思考如何提高学生的学习主动性，如何减轻学生的负担！

这里，我们想说的是，作为管理者，究竟应该在"新课改"中干些什么。

其一，我们的语文课，没有培养文学家、语言学家的任务，更不是为了考分。语文课只是一门公民素质教育课，是提升公民母语素养的基础课。而这些必须脱离政绩观的束缚才能实现。那么理想境界的语文教学怎样实现呢？首先通过行政力量带领大家学习"2017课标"，认知语文的本质——"语言建构与运用"是语文学科核心素养的基础。此乃当务之急。

其二，开设真正意义上的选修课。在"2017课标"中，"模块"变成了新名词"任务群"，但其性质基本相近。"2017课标"将课程分为"必修""选择性必修""选修"三类，应该就是一种"入乡随俗"。不知地方教育部门是否知道其中的含义：既然你们把"选修"改为"必修"，那我就给你们定身量制，特地设"选择性必修"。然而，真正的"选修"还是留给孩子们吧！期盼这次课标的修订，能够还"选修"本来面目，通过"选修"有所得，在实践中有所得，尤其是师生都能比较轻松地有所得。就这一点而言，在地方上树立"轻松教学"的典型乃当务之急。

其三，组织与实践结合的理论研究。努力培养语文观正确、既能搞理论研究又能亲自在一线授课的"新专家"。现在有些风气很不好，动不动就请"明星""大腕"来"做课"，以为这样就算是"课改"了。表面轰轰烈烈，过后还是老样子。这很像组织出去集体旅游，"上车睡觉，下车拍照，回家什么都不知道"。热热闹闹一阵子，结果根本不知道在做什么。更为可怕的是，课改因此而偏离正轨！鲁迅说过，要看中国的脊梁，还要自己去看地底下。其实"真专家"或许就在我们的身边默默地工作着。

如今，语文教学的管理者们应当明白这么一个简单的道理：学生真正意义上有所得了,自主学习能力提高了,语文素养提高了,相应的便是语文成绩的提高,这又何尝不是他们孜孜追求的"政绩"呢?而且是长远的"政绩"!当然,这需要时间,急功近利要不得。

十几年前,江苏省常熟市开展了一项"亮山工程",拆除虞山东麓所有有损虞山形象的建筑,把虞山的真实面貌"亮"出来,还给市民。于是,看山还是山!我们期望的是,语文"新课改"这座"山",语文这座"山"也能真正地"亮"出来,以其本来面目出现。"2017课标"的问世,让我们看到了新的希望,我们呼唤"常态"语文教学的回归,常态的语文才是真实的语文、本色的语文。

(原载《福建基础教育研究》2018年第4期,署名张长霖、王家伦)

从课程标准的演变看语文教学的价值取向

语文最早并不叫作"语文",而是小学叫作"国语",中学叫作"国文"。在新中国成立早期的语文教材编写中,叶圣陶是关键人物之一,也是他正式提出将此前小学的"国语"和中学的"国文"统一定名为"语文"。他解释说:"彼时同人之意,以为口头为'语',书面为'文',文本于语,不可偏指,故合言之。亦见此学科'听''说''读''写'宜并重,诵习课本,练习作文,固为读写之事,而苟忽于听说,不注意训练,则读写之成效亦将减损。"[1] 叶圣陶先生的这段话,实际上就是老一辈语文教育家对语文学科本质属性的定义。但是,语文学科的本质属性之争并没有因此一言以决,反而是愈演愈烈。从语文课程标准(1956—2000年称为"教学大纲")[2] 的多次演变与教学实际的一些变化,就可略知一二。

一、从经学的附庸走出来——脱不了"小学"的影子

中国历史上的传统教育是没有理科教育的,天文地理、医卜星相都是"杂学",甚至是"旁门左道";"奇巧淫技"更为士大夫所不取。同样,传统教育也没有文科教学,史学是家传的职业,哲学、文字学都是经学的附庸。中国历史上只有经学才是正儿八经的教育,语文课是在经学失去独尊地位之后产生的。

(一) 科举考试的终结与母语教学的独立

光绪三十一年(1905),清廷宣布停止科举考试,前后经历一千三百余

---

[1] 中央教育科学研究所. 叶圣陶语文教育论集 [M]. 北京:教育科学出版社, 1980:730.
[2] 本文所引 1922—2000 年语文课程标准与教学大纲,皆出自顾黄初主编的《中国现代语文教育百年事典》(上海教育出版社 2001 年版)第 815—961 页。

年、世界上延续时间最长的选拔人才制度——科举制度告终，与此同时，失去了生存土壤的经学也走向了末路。

中国人可以抛弃科举，但是不能不读书说话写字，于是，作为独立体的我国的母语教学就产生了。

在浙江乌镇的茅盾纪念馆，陈列有被称作"百年语文第一书"的《澄衷蒙学堂启蒙读本》（又称《澄衷蒙学堂字课图说》）。有人认为它是中国自有学校以来，第一部真正意义上的语文教科书。从实物来看，这是一套图文并茂的识字课本。我们的母语学习说到底还是要从识字开始，认识一个个方块字了，才有了掌握母语的基础。所以，早期的国语课就是从集中识字开始的，进学校后从"人""手""刀""口"的认读和书写开始学习母语的第一步。

《澄衷蒙学堂启蒙读本》这样的识字课本的出现，标志着中国科举制度终结之际，从经学的附庸中独立出来的语文课诞生了，显然，设置语文课的目的，就是开展母语学习。

（二）早期课程标准的学科诉求——母语读写能力的培养

实际上，最早的语文课程标准是在有了实际的语文教学后近 20 年才出现的，所以说，这些课程标准既是对先前语文教学实际的总结，又是对日后语文教学价值取向的规范，也就是所谓的"从实践中来，到实践中去"。

笔者能查到的我国最早的语文课程标准有四份。这四份课程标准体现了我国语文教学界第一次对语文学科的比较统一的认识，其对教学主旨的表述如下：

1922 年《新学制小学国语科课程纲要》（吴研因拟）曰：

练习运用通常的语言文字；并涵养感情、德性；启发想象、思想；引起读书趣味；建立进修高深文字的良好基础；养成能达己意的发表能力。

1922 年《新学制初级中学国语课程纲要》（叶绍钧拟）曰：

（1）使学生有自由发展思想的能力。（2）使学生能看平易的古书。（3）使学生能作文法通顺的文字。（4）使学生发生研究中国文学的兴趣。

1922 年《新学制高级中学公共必修科国语科学程纲要》（冯顺伯拟）和 1922 年《新学制高级中学第一组必修本科特设国文科学程纲要》（穆济波

拟）则从"文学欣赏""文字制作""文字学""文学概论"诸维度提出了较为详细的要求。也就是说，对"读"的能力有比较高的要求。

从这些比较具体的内容要求来看，当时对国语课的定位，除一句"使学生有自由发展思想的能力"外，主要就是对母语读写能力的培养。

（三）从读写能力的培养到对"说"的要求

培养读写能力的基本的学科诉求在民国年间基本没有变，后来增加了对"说"的能力的要求。1948年《小学国语课程标准》曰：

指导儿童熟练标准国语，有发音准确、语调和谐流利的能力。

指导儿童认识基本文字，欣赏儿童文学，有阅读的习惯、兴趣和理解迅速、记忆正确的能力。

指导儿童运用语言文字，有发表情意的能力。

指导儿童习写文字，有书写正确、迅速、整洁的习惯。

这些课程标准告诉我们，早期的国语课始终将"读"与"写"能力的培养当作教学的主要目标，到1948年才有了"说"的要求。后来叶圣陶先生对其进行"升华"，把这些能力总结为"听""说""读""写"四个维度。这就是语文课的初衷，是其主要特点。

显然，从这些课程标准中也可看出"语文"从"小学"脱胎的痕迹，正因为如此，我们不得不回顾一下"小学"。"小学"，被称为中国传统语文学，围绕阐释和解读先秦典籍以展开研究，因此又被称为经学的附庸。也可以说，"小学"就是经学的工具。"小学"包括分析字形的文字学、研究字音的音韵学、解释字义的训诂学等。因为古时"蒙学"在孩子小时候先开始教"六书"，所以有"小学"这个名称。简单回顾"小学"，只想说明这样的事实：我们的语文学科，一开始就是经学的工具。

总之，这个阶段课程标准的价值取向与教学实际是基本一致的。

二、语言与文学之分与合——"十七年"的基本轨迹

1949年到1966年上半年这一时期，我国基础教育界有一个专门的称谓，叫作"十七年"。严格地讲，新中国成立以后的教育比较全面地贯彻国家教育方针是从1952年初学校公有化正式开始的，直到"十年动乱"前的1966年上半年，所以还不足十七年。必须看到这样的事实，新中国成立之前的国语课、国文课阶段，语文教学界对学科的基本属性没有争议，争议是在"十

七年"中开始的。这当然也在课程标准上体现了出来。

（一）从课程标准的阐述看"文道结合"的雏形

新中国成立初期，叶圣陶等老一辈语文教育家还是坚持着自己的学科诉求，即明确"语文"对"国语""国文"的传承关系。同样，新中国成立初期的语文课程标准——1950年《小学语文课程暂行标准（草案）》曰：

使儿童通过以儿童文学为主要形式的普通语体文的学习、理解，能独立、顺利地欣赏民族的大众的文学，阅读通俗的报纸、杂志和科学书籍。

使儿童通过说话、写作的研究、练习，能正确地用普通话和语体文表达思想感情。

使儿童通过写字的研究、练习，能正确、迅速地书写正书和常用的行书。

使儿童通过普通话和语体文并连系各科的学习，能获得初步的自然史地常识，并具有爱国主义思想和国民公德。

从这份课程标准可以看出，这时除了读与写之外，已经有了对听与说的比较具体的要求，也就是说，叶圣陶等老一辈语文教育家的学科诉求是一以贯之的，没有本质的改变，但是对语文能力的要求有了渐进的变化，对语文教学的作用和意义有了较为明确的指向——语文是"获得初步的自然史地常识，并具有爱国主义思想和国民公德"的工具。这个时期开始强调"工具"，但是，这个"工具"有着明显的定语，这应该就是"文道结合"的雏形。

到了1956年，《小学语文教学大纲（草案）》称"小学语文科是以社会主义思想教育儿童的强有力的工具"，但是在对具体的识字、阅读、汉语、作文、写字教学等要求的表述中，仍是将学生语用能力的培养放在首位。

（二）文学与语言的分设——对"道"的强调

但是，后来出现了变化，其直接的后果就变成语文课分设为语言课和文学课。

我们参看1956年的初高中汉语课和文学课的教学大纲就可以发现：汉语课还是那个从"小学"走出来的路子，其要求与原先的国语课变化不大；而文学课则完全不一样，基本上就是历史上的"文选学"的路子。就"文以载道"的套路而言，则更侧重于"道"。如1956年《初级中学文学教学大纲（草案）》在"说明"中强调：

> 要培养学生成为社会主义社会的新人，在初级中学进行文学教学是十分必要的。

显然，文学教学成了"培养学生成为社会主义社会的新人"的途径。虽然说在具体的表述中，这份大纲与1956年《高级中学文学教学大纲（草案）》颇有相似之处，都从语言文字运用的维度提出了具体的要求，但在具体的教学中，不少教师在进行阅读教学时往往在作品的思想内容上下功夫，也就是说，越来越倾向于作品思想内容的教学。当时甚至有人可以把语文课上到师生哭作一团，完全混淆了教员与演员的分野，叫人无所适从。

这样的尝试被很快否定是必然的。

（三）语文正途的回归和教学大纲的阐述

1963年，国家终结了汉语和文学分设的举措，语文课回归。所以，1963年的课程标准值得特别注意。1963年《全日制中学语文教学大纲（草案）》开宗明义就说"语文是学好各门知识和从事各种工作的基本工具"，并且直接引用毛泽东同志为1942年延安出版的《文化课本》撰写的序作为支撑，强调识字写字与读写能力对"革命干部""做好革命工作""学好革命理论"的重要作用。

1963年的教学大纲有鲜明的时代特点，一是第一次引用领袖的语录，二是第一次正面论述文道之争，第一次提到"文道并重"的观点。回顾自1922年以来的课程标准与教学大纲，我们可以看到1963年的教学大纲是一个分水岭。今天的"工具性"和"人文性"兼备的说法，实际上是"文道并重"的"进化版"而已。

三、还是以语言的运用为主要价值取向——兼说"工具性"

在那个无纲无本的十年，没有真正意义上的语文课，更没有课程标准或教学大纲，所以，也就不在本文的讨论范围了。

（一）"十年动乱"后的教学大纲——从偏于"道"到"文道并重"

那个无纲无本的十年结束了。1978年试行、1980年修订的《全日制十年制学校中学语文教学大纲（试行草案）》宣告了语文学科的回归。从这份教学大纲中，我们见到了1963年教学大纲的影子，但是相较之下，1980年教学大纲更倾向思想政治教育。此份教学大纲与1963年教学大纲一样，也是一开头就引用了同一段毛泽东同志的有关"工具"的论述，然后反复强调政治思想教育的重要性。同样是 1978 年试行、1980 年修订的《全日制十年制学校小学语文教学大纲（试行草案）》虽然未引用毛泽东同志的那段话，但对思想教育重要性的强调与中学教学大纲一样。可以说，这两份教学大纲对语文课的思想政治教育作用的强调达到了空前的地步。

然而，到了 20 世纪 80 年代中期，教学大纲的价值指向又有了一定的变化。1986 年《全日制中学语文教学大纲》在其"教学目的"中说：

中学语文教学必须以马克思主义为指导，教学生学好课文和必要的语文基础知识，进行严格的语文基本训练，使学生热爱祖国语言，能够正确理解和运用祖国的语言文字，具有现代语文的阅读能力、写作能力和听说能力，具有阅读浅易文言文的能力。在语文教学的过程中，要开拓学生的视野，发展学生的智力，培养学生的社会主义道德情操、健康高尚的审美观和爱国主义精神。

可见，这时候提倡的就是"工具性与人文性的结合"，这样的指向无疑是正确的。1992 年《九年义务教育全日制初级中学语文教学大纲（试用）》对"教学目的"的阐述，基本相同。

（二）"十年动乱"后高考的指向

1978 年是恢复高考全国统一命题的第一年，语文高考"大变脸"，一改科举制度以来的一篇作文定终身的格局，第一次出现了"语用题"。一些传统的语言学考测直接进入试卷，如病句辨析和病句修改，如标点的正确运用，如语段的整理等。这似乎坐实了"工具论"的统治地位。

无可否认，1987—1988 年的初中语文教材，是一套较为理想的教材，但其对语法的要求超出了教学大纲，也超出了学生的接受范围，如副词，竟然要求学生掌握十余类。

这个阶段，似乎高考试题与教材的影响更甚于大纲，所以有人把这个时期称为"工具论"的时代。

（三）*所谓的"工具论"时代产生的原因*

1978 年开始的所谓"工具论"时代，有其历史的必然性。无论是其时代背景还是主导者，都必然会导致这个所谓"工具论"的阶段。

我们先来看看这一阶段语文学科的主导者。当时的主导者还是"国语"时代的老一辈语文教育工作者，也是"十七年"的主导者，其中最著名的代表性人物就是叶圣陶、吕叔湘、张志公等。因此，出现"语言"特色很鲜明的高考试卷是顺理成章的事情。而这种特色鲜明的高考试卷，对语文教学的影响也是很深刻的。

叶圣陶们主导"语言"特色鲜明的高考，进而影响了整个语文教学，这与当时整个时代的诉求密切相关。粉碎"四人帮"之后，整个社会渴望大治，对教育界提出了"多出人才，快出人才"的要求。这样，着眼于"用"的"工具论"当然是合乎情理的。

然而，在提倡"工具性"的同时，并没有否定对"人文性"的追求，如叶圣陶等人从来没有反对过语文教学的"人文性"。也就是说，这个阶段的"工具性"根本达不到"泛滥成灾"的程度。

四、高举人文大旗——"新课改"初期

1998年，洪禹平发表了一篇文章——《误尽苍生——也谈语文教学》，一时引起轩然大波。之后，几成对语文教学"万炮齐轰"的局面。而对语文教学的"万炮齐轰"，直接引发了一场基础教育的全面课程改革，教育界叫作"新课改"。其实"新课改"已经二十多年了，再称之为"新"有点说不过去。

（一）"万炮齐轰"和"误尽苍生"的指向

今天回过头来看，发轫于二十多年前的"万炮齐轰"和"误尽苍生"到底指向什么？我们发现，最早的目标指向显然是语文教学的"低效"——用时多而成效少。当然，"繁琐讲解"也就成了主要罪状。

按理说，"繁琐讲解"的板子应该打在那些喜欢"微言大义"者的屁股上，但是，风向突变，居然是对准了"工具论"，竟然成了"工具性"和"人文性"的学科基本属性之争。而"工具性"又和特意为"素质教育"设立的对立面"应试教育"挂上了钩，一时反"工具论"甚嚣尘上。甚至连魏书生为便于学生掌握语文知识而整理的"知识树"，也被扣上了"应试教育"的大帽。[①] 其实，这个问题现在看起来与当时整个社会思潮有密切联系。就这样，这场"万炮齐轰"悄悄地从对语文教学"少慢差费"的批判变成了对"工具论"的批判。而且，非常滑稽的是竟然把"工具性"与"人文

---

① 杨先武. 走出培养应试能力的误区——与魏书生同志商榷[J]. 语文教学之友，1997（3）：29–30.

性"设置为对立面。

（二）课程标准与"人文性"

2000年《九年义务教育全日制初级中学语文教学大纲（试用修订版）》和2000年《全日制普通高级中学语文教学大纲（试验修订版）》的表述与1986年及1992年的教学大纲相近，开宗明义就说："语文是最重要的交际工具，是人类文化的重要组成部分。"下文虽然没有直接使用"人文性"的字样，但是事实上表述了"人文性"的要求。不过，还是先说"工具性"，再谈"人文性"，但对"人文性"的涉及逐步增多。

然而，教学实际却出现了偏差，即以"人文"压制"工具"。一方面因为某些"专家""名师"的提倡与示范，另一方面更因为语文教科书都以"人文"为主线进行编制。于是，语文课与政治课、思想品德课"抢起了饭碗"。当然，语文教学还是"少慢差费"，比起"课改"前有过之而无不及。

实际上，"课改"伊始的两份课程标准，对学科价值取向的表述还是颇有分寸的。2001年《全日制义务教育语文课程标准（实验稿）》与2003年《普通高中语文课程标准（实验）》都认为：语文是最重要的交际工具，是人类文化的重要组成部分。工具性与人文性的统一，是语文课程的基本特点。

显然，还是强调了"工具"的重要性。

（三）以"人文"的名义与课程标准的进一步完善

这一轮课改中，出现了一些早已脱离了当时的教学大纲，以"人文"的名义进行的种种值得商榷的做法。下面略举一二。

一为"生本主义"。一堂语文课，就是学生自读，然后学生提出问题，学生讨论。自始至终老师只有"鼓励"，始终不置可否，当然更没有任何讲解。这是笔者在浙江某地的一堂"生本"实验课上见到的情形。

二为新"索隐派"。一些"名师"到处"做课"，动辄微言大义，颇有当年研究《红楼梦》的"索隐派"的遗风。一篇《雷雨》，可以落实在周朴园的"周"字上，最后竟然坐实了"周而复始"，坐实了因果报应[1]，令人瞠目结舌。

这些做法居然都被人冠以"人文"的名义。其结果，必然是学生的读写

---

[1] 韩军.《雷雨》课堂实录[J]. 语文教学通讯，2015（10）：34-40.

听说能力越来越差；而为了不"差"，必然是补课与培训班越来越兴旺，学生的负担越来越重。

面对学生语文实际水平下降的现实，人们逐步走向理性，最近两份甚为科学的课程标准相继问世，且看有关表述。

《义务教育语文课程标准（2011年版）》与《普通高中语文课程标准（2017年版）》都认为：语文课程是一门学习祖国语言文字运用的综合性、实践性课程。工具性与人文性的统一，是语文课程的基本特点。

这两份课程标准一致强调了语文学科的本质属性，与此相适应，教材重新编排，尤其是部编本初中语文教材，逐步体现"工具""人文"两条线索。于是，大部分的语文教师逐步重视"两条腿走路"，语文教学有了逐步走上正途的可喜现象。

我们回顾课程标准（教学大纲）的发展历史，明显可以看出这样的轨迹：语文教学的价值取向正逐步从单纯的"工具性"向"工具性与人文性的统一"稳步前进。但是，语文教学因各种（包括少数"专家""名师"）干扰而脱离课程标准（教学大纲）时，学生的语文素养便越来越低。所以，语文教学必须紧扣课程标准（教学大纲），其价值取向必须是"因文解道，因道悟文"，即"通过工具渗透人文"[①]。然而至今还有人认为如此就是忽视语文教学的"人文性"，还有"专家"与"名师"以关注"人文"的名义进行着各种脱离课程标准（教学大纲）的教学活动。这是需要我们警惕的。

（原载《语文建设》2021年第17期，署名张长霖、王家伦、王彦婷）

---

① 欧阳芬，王家伦. 语文教学：借助"工具"渗透"人文"[J]. 中学语文，2009（Z1）：22-24.

论语文教学横向渗透的多维建构

渗透，原来是物理学名词，指水分子经半透膜扩散，由高水分子区域渗入低水分子区域，直到细胞内外浓度平衡为止的过程。后来，人们将"渗透"比喻为某种事物或势力逐渐进入其他方面。渗透式教学，就是将某个课程的教育内容渗透到其他课程之中，化整为零地实施教育。语文教学言"渗透"，就是说语文教师除了苦练"本门功夫"外，还要有"跨出语文"的意识和能力。

一、输出：种熟"语文"田，兼及"他人"苗

语文的外延等于生活，也就是说，语文涉及生活的方方面面。在教学中涉及一些其他内容，这是语文教学义不容辞的任务。然而，这种涉及必须是"随风潜入夜，润物细无声"式的渗透，千万不能喧宾夺主。

（一）通过语文教学渗透思想品德教学

尽管各级课程标准反复强调"工具性与人文性的统一，是语文课程的基本特点"，但是，"课改"以来，语文教学一度出现的偏差有目共睹，"人文性"第一的言论和行动一度占据上风，如语文教科书以"人文"组元，课堂评议以挖掘文本的深度（主要表现为对文学作品主题的挖掘）为主要标准……于是，语文教学的目标定位也以"情感态度价值观"为主，与思想品德老师"抢起了饭碗"。其结果是，中小学生的语文素养越来越低，广大语文教师发出"语文越来越不会教"的悲叹。

我们认为，必须通过"'工具'渗透'人文'"。

关于阅读教学如何通过"工具"渗透"人文"，论述的文章颇多，此处不再赘述。下面谈谈作文教学如何渗透"情感态度价值观"。这主要体现在

教师指导的过程中。

首先，指导学生正确地选材并定位。就如同样是秋天，既可表现丰收的喜悦，也可表现凋落的颓废。

其次，教师在具体的指导过程中要恰当地引导学生树立积极的人生观，当然，这种引导是潜移默化的，不是"牵着鼻子"灌输。在引导的过程中，一方面要考虑学生生活的方方面面，一方面要考虑其他教材中与语文有关的间接材料。

苏教版小学各科教材之间有很多联系，如《品德与社会》四年级下册第5课《绿色小卫士》与《语文》四年级下册习作6"表达对环保类问题的看法"内容上就相互关联。所以，如果语文教师能充分利用这个条件，就能很自然地通过语文教学对学生进行"情感、态度与价值观"教学。

江苏省海门市胡集小学语文教师吴林梅要求学生仿照《馒头的诉苦》，以"我是一张被丢弃的纸"为题，用第一人称的表达方式写一篇习作。吴老师的教学分以下几个步骤：第一，组织学生观看微视频《一张纸的诞生》，教育学生要善待纸张；第二，要学生想想自己，看看周围，有哪些浪费纸的行为；第三，告诉学生再生纸的生产流程，课后进行再生纸制作；第四，假设自己就是一张被丢弃的纸，试用自叙的方式写出自己的感受。

《馒头的诉苦》和《我是一张被丢弃的纸》，就表述而言，都必须用第一人称，如此仿作，学生不难掌握。另外，不管是"馒头"还是"纸张"，都是学生身边的事物，而且都有被浪费的"悲惨命运"，放在一起甚是自然。于是，经过教师的循循善诱，学生逐步感受，最后有感而发，写这篇文章就不难了。更为重要的是，通过作文教学对学生进行了"爱护"教育，学生得到了"正能量"。

当然，对学生进行思想品德教学本来就是语文的任务之一，所以本部分标题中的"他人"，指代的是非语言文字，因为语文必须以培养学生的读写听说能力为主。

（二）通过语文教学渗透科学知识

"癸卯学制"之前，传统的语文教学与科学理论、实验操作联系不多；"癸卯学制"至今，语文教学一直在"文""道"之间游移，而自然科学却往往被忽略。实际上，语文教学在培养学生语文能力的同时，不应排斥对学生进行科学教学，尤其在说明文教学中。

以下是钱梦龙老师讲授《死海不死》时的一个片段：

  由于死海的蒸发量大于约旦河输入的水量，造成水平面日趋下降。据专家统计，最近十年来，每年死海水面下降四十到五十厘米。长此下去，在不久的将来，南部较浅的地方，海水将会消失；较深的北部，数百年后也可能干涸。那时，死海真的要死了。

钱老师问：死海真的会死吗？说说你的理由。由于课文作者早就说清楚了死海将死的理由，所以钱老师对之未作深究。但是，对前几个认为"死海不死"的学生陈述的理由，钱老师总是表示不满意，认为表达不完整。最后，一个同学回答道："课文说死海会消失或干涸，这是不可能的。因为当死海的蒸发量与约旦河水输入量相等时，死海海面就不再继续缩小了，死海从此也就不可能干涸了。"对此，钱老师马上说"回答得呱呱叫"。

不难看出，钱老师探究死海的"死"与"不死"，主要目的还是训练学生语言表达的准确、严密；与此同时，也渗透了一定程度上的科学教育。设想一下，如果钱老师用大半节语文课的时间与学生正式讨论死海究竟死不死，语文课就成为自然科学课了。

二、收入：采他山之石，攻语文之玉

实际上，在"跨出语文"的渗透活动中，语文往往有得"赚"，也就是说，语文能在"跨出语文"的渗透活动中取得"利益"。

（一）从几何证明到议论文论证

平面几何中的反证法是一种不常见但很重要的证明方法。一般来说，学生初三就应该学会反证法。学好这种间接的证明方法，对进一步发展学生的逻辑思维能力、对高中议论文写作有重要的作用。如：

  已知：直线 a、直线 b、直线 c 在同一平面内，且 $a // c$，$b // c$.
  求证：$a // b$.
  证明：在此平面内，假设 a 与 b 不平行，则 a 与 b 必然相交，不妨设 a 与 b 的交点为 p；那么，过直线 c 外的一点 p 有两条直线 a 和 b 与直线 c 平行，这与"在一平面内，过直线外一点，可作且只可作一直线跟此直线平行"的平行公理矛盾；所以，这种假设不成立，因此，$a // b$.

就反证法而言，这是最基础的例题，即使是很普通的学生，也会认为做

这种证明题是"小菜一碟"。但我们是否想到,平面几何中的反证法与议论文论证中的"归谬论证"颇有相似之处呢?简单地说,议论文论证中的归谬法就是首先假设对方的论点是正确的,然后从这一论点加以引申、推论,从而得出极其荒谬可笑的结论,以驳倒对方论点的一种论证方法。例如,为了证明教学中盲目加班加点的方法不科学,可先假设"这个方法很好"。既然这个方法很好,那么,肯定受到教师、学生的欢迎;然而,教师和学生都不欢迎这种盲目的加班加点。显然,假设不成立,所以,盲目加班加点的方法不科学。

(二) 应用"杂牌"知识支援语文教学

当然,语文教师不一定懂数学题,尽管当年确实学过,但由于多时不用,早就丢到九霄云外去了。然而,语文教师是否想过自己无意中得来的知识也能有助于语文教学呢?

笔者(王)当年教初二。老舍先生的《在烈日和暴雨下》开头第二自然段如下:

> 街上的柳树像病了似的,叶子挂着层灰土在枝上打着卷;枝条一动也懒得动,无精打采地低垂着。马路上一个水点也没有,干巴巴地发着白光。便道上尘土飞起多高,跟天上的灰气联接起来,结成一片毒恶的灰沙阵,烫着行人的脸。处处干燥,处处烫手,处处憋闷,整个老城像烧透了的砖窑,使人喘不过气来。

当时,学生无法理解"整个老城像烧透了的砖窑"这个比喻。巧的是,笔者当年下乡时烧过四年砖窑。于是,笔者花几分钟时间跟学生谈起了自己烧窑与人打赌的故事。打赌的具体要求是从刚烧透打开门的窑洞中搬出50块砖头,以便通风冷却。于是,笔者憋着一口气进去,然而只搬了20来块砖就被烫得逃了出来。知道这个故事后,学生就明白了这个比喻的确切之处:形象地写出了那天"处处干燥,处处烫手,处处憋闷"的情形。

当然,每个语文教师阅历不同,见识不同,但总有自己熟悉的某个"点",这个"点"说不定哪天就能对你的语文教学有所帮助。

三、相辅相成,互赢互利

江西南昌第二中学特级教师潘凤湘授课不拘泥于语文教材,他认为数学、政治、历史、地理、物理、化学、生物等学科的教材都可用于语文学习，做读书练习。例如，学生在进行说明文浅析练习时，从其他学科课本中选9篇文章做读书练习；在学习"下定义"时，也从几何、物理、政治等学科课本中选取概念，寻找规律。这些做法不仅能使学生具备一定的自学能力，更能加强向其他学科迁移的能力。[①]

（一）频繁考试下的一举两得

目前，各类考试频繁是普遍现象，每个学期除了期中考、期末考，还有月考，到了初三、高三，甚至还有周考。如此，"头痛医头，脚痛医脚"就成了必然，除却少数"精英"学生与少数彻底放弃的学生，一般的占绝大多数的学生，如果今天下午考数学，那么为了应付这场考试，他们整个上午都没有心思听其他课程教师的讲解。也就是说，频繁的各类考试严重影响了正常的教学秩序。

有一次，潘凤湘老师在上语文课时发现有学生在悄悄看历史书，经过询问才知道那是因为他们下节课要考历史。潘老师并没有制止看历史书的学生，也没有没收他们的书，而是对全班同学说："既然等会儿大家要考历史，我就来帮助大家复习一下历史，请大家把历史书都拿出来。"同学们感到很意外，纷纷拿出历史书。在明确考试范围之后，潘老师就开始教学生概括书上的一个个历史事件，教授学生"概括"的方法。学生们都学得很投入，不但复习了历史，还学会了概括的方法。如此"双赢"，岂不妙哉！

（二）优势互补，相得益彰

高三语文教师往往为学生写议论文不知讲哪些道理而痛苦不堪，具体来说，就是学生写议论文时"观点＋材料"的现象特别普遍。如写"学习"，首先抛出中心论点"学生必须认真学习"，然后举几个中学生认真学习成了才，不认真学习影响了一辈子的例子就算完成了作文。稍微上一点"档次"的，再增添几个古人小时候认真读书的例子。同时，高三的政治教师也在为学生不会论述而痛苦，学生答试卷上最后一道或两道论述题时，基本都是将背熟的几条"杠杠"写上试卷，只能得六成左右的分数。如此，极大地影响了成绩。

面对这种情况，是否考虑语文和政治联手，以达到"共赢"呢？

政治的论述题，不就是压缩版的议论文吗？用语文的方式教学生用

[①] 张娟. 潘凤湘语文教读法研究［D］. 南昌：江西师范大学，2015.

"总—分—总"的结构,以写议论文的方式写政治论述题,并非难事:先总说;然后用"其一""其二""其三"的方式表述要点,分别简单举例;再可来个反面假设,"如果不这样……";最后再总结一下。如此,政治教师的主要苦恼不就解决了吗?

同时,学生政治课上已经学到了不少原理,如"量变与质变""主观与客观""内因与外因""主要矛盾与次要矛盾""矛盾的主要方面与次要方面""动与静"……不都可以用作议论文中讲道理的基础吗?如此,学生写议论文不会讲道理的问题不是在很大程度上解决了吗?如写"学习",这几条原理基本都能用上。如此,何尝不是"双赢"?

以上介绍了语文教学横向渗透的三个维度,希望对语文教师有所启迪,也希望语文教师研究其他维度。做横向渗透,很大程度上取决于语文教师的知识面,也就是说,语文教师应该是"杂家",而不一定是语文之外各个领域或某一个领域的"专家"。

(原载《语文建设》2018年第7期,署名欧阳芬、王家伦)

语文教学的"平民化"

论现代社交软件对中小学生语文学习的影响

据权威网站调查，有超过一半的中小学生寒假时间都花在运用社交软件进行手机聊天上，并且讨论的70%都是与学习无关的话题。长时间地将时间花费在手机上，势必会对学生的学习造成影响。身为语文教育工作者的笔者拟从语文学习的四个维度，来谈谈社交软件对中小学生语文学习的影响。

一、识字写字与提笔忘字

学生运用社交软件可以聊天，可以查看每天的动态信息。对于还处在识字写字阶段的中小学生来说，常常利用社交软件打字聊天，对其拼音的训练及文字的积累都有着很大的帮助，但也加剧了提笔忘字情况的发生。

（一）积累语言文字

社交软件是学生用得最频繁的软件之一。这些软件功能多样，除文字聊天外，更是集新闻、娱乐、语音、视频等于一体。就拿微信来说，刷刷"朋友圈"，可以看别人分享的新鲜事、文章、图集、视频……内容丰富多彩。浏览网络上的各类文章，也是一种对学生"三观"的改造过程。逗趣的语言可以增加学生的幽默感，深沉的语言可以丰富学生的情感体验，优美的语言可以提高学生的审美情趣，从别人的人生经历中可吸取经验教训……能够唤起学生情感共鸣的文字，自然也令他们印象深刻。

比如说网络上很多的"段子手"，不时地向人们补充点"心灵鸡汤"，如微博里流行的"几米语录"："愿你一直是个孩子，看这个世界都是美好；愿你一直是个少年，做什么事都朝气蓬勃；愿你此后做的每一个选择都是为了自己；愿你将来婚姻都是因为爱情，而不是因为合适；愿你做的都是自己喜欢的事。"这种走进心灵的话语，排比的句式，很容易让人记住，学生既学到了新词汇，也感受到了文字的魅力，积累了写作的素材。

（二）加剧提笔忘字情况

屏幕输入的方式看似解放了双手，不需要一撇一捺地着紧用力，只需轻轻点点，实际上也是"解放"了大脑，使得我们真正写起字来感到生疏，尤其是一些不常见的字，我们常常提笔忘字。中小学生对社交软件的运用得心应手，日记、心情、备忘录都是以"状态"的方式呈现。如果用屏幕输入的方式代替手头书写，长此以往，对那些还在识字写字阶段的孩子会有很大的影响。所以，对于日记、随笔、备忘录这些形式，学生最好有条件手写就手写，既锻炼了写字能力，也减少了这种提笔忘字的情况；对热爱书法的学生来说，手写更是一种锻炼的机会，何乐而不为呢？

（三）辨不清楚四声和笔顺

汉字有音调有笔顺，但我们在运用社交软件中的拼音输入方式时根本不需要考虑音调和笔顺问题。可是，当前的学生不得不面对各种考试，而语文试卷中的第一题往往都是字音题！如"下列字音没有错误的一项是……""下列字音完全相同的一项是……"问法虽有不同，但万变不离其宗的是对字音或音调的考查。这对于习惯用打字软件输入的学生来说颇具挑战。

拼音输入带来的另一个问题就是汉字的笔顺问题。学生平时练习中也几乎没有笔顺这类题目，而倒笔顺的习惯一旦养成，对汉字书写的影响就大了，尤其是对立志做教师的学生影响更大，这可是影响一代又一代人啊！

二、快餐式阅读的利与弊

社交软件风靡的同时，快餐式阅读也盛行起来。快餐式阅读使得人们只是从事物的表面去观察事物，不求甚解；它甚至排斥思考，排斥想象，人们只需要在短暂的时间内了解一些表面的东西，从而陷入浮光掠影的浮躁之中。如今，这种快餐式阅读已渗透到了仍处于成长阶段的中小学生的学习和生活中。

（一）明显增加信息量

快餐式阅读与其说是阅读，不如说是一种"浏览"，它使得阅读变得越来越轻盈和丰盛。电子产品的出现，让我们只需手指一动，各类信息便唾手可得。快餐式阅读将每天的新鲜事、热点新闻，以精简的语言、大量的图片、新奇的视角等形式纷纷送来，以夺人眼球。它不太需要思维的辅助，能给人以适当的消遣。对中小学生来说，这是一种快速获取信息的方式。茶余饭后，大家利用手机浏览最新的信息，既缓解了学习压力，也增长了见识。微博上的时事热点，更成为学生讨论的焦点。学生想要获取什么信息，只要轻轻一点，相关话题便会一拥而至，让人眼花缭乱。语文学习更是"得法于课内，得益于课外"，相对于每学期二十几篇课文来说，手机能够接触的阅读材料真是浩瀚无边。如果能将课内与课外相结合，日积月累，学生定会受益良多，其阅读水平也会有较大提高。

（二）不求甚解，浅尝辄止

如今，阅读已经不拘泥于纸质图书，快餐式阅读俨然成为一种趋势。虽然快餐式阅读在短暂的时间内就能获得大量的信息，但这些信息即使有光鲜的包装、精美的图片、博人眼球的标题，也无法掩饰其内在的空洞与苍白，它们无法描绘生活的本色。经常阅读这类文字，对语言文字的训练毫无帮助，学生会缺乏独立思考、判断的能力。此外，在课外阅读时，学生也只注重故事的情节，谈不上语言的积累与运用，更别提语言文字的情感熏陶和审美趣味的提升。青少年长期受这种"轻阅读""浅阅读"的影响，难免会变得浮躁起来，无法静下心来安心阅读。即使在语文课堂的学习中，学生也是浅尝辄止，不求甚解。所以，对于急需补充精神营养的中小学生来说，快速的阅读、海量的信息无法承受训练语感、提高语文素养之重。倘若阅读浅薄化、快餐化、功利化在全社会蔓延，势必会造成整体国民文化的"营养不良"。因此，深层次的经典阅读是必不可少的。

三、会写与不会写的矛盾

阅读是写作的基础，阅读对写作能力的提高起着至关重要的作用。在快餐式阅读的影响下，学生能迅速接触很多写作素材，为写作提供案例支撑，使文章更有说服力。但是前面也说到，学生通过社交软件看到的只是空洞浅薄的网络语言，用这样的语言写作达不到深度，缺乏内涵与美感，由此也就产生了会写与不会写的矛盾。

（一）迅速反应能力的自我培养

一些自媒体、营销号、公众号往往喜欢利用新颖醒目的标题来吸引读者，"微博""说说"的字数限制更是使得内容言简意赅，学生可以在短时间内快速阅读到很多内容，接受大量信息。而现在的作文出题大多围绕时事和热点话题。于是不知不觉中，学生就在刷刷"微博""朋友圈"的同时了解了很多时事，积累了各种各样的写作素材，以备不时之需。所以社交软件也是可以帮助学生找到写作灵感，提高学生对写作题材的反应能力的。笔者经常看微信订阅号里的文章，寥寥数字加上精美的配图就能让人身临其境。但是，对于还处在身心成长中的中小学生来说，更具吸引力的却是娱乐八卦或是一些极端评论。因此，教师要正确引导学生的思想和价值观，防止网络上错误的观念影响学生的身心健康。

（二）网络语言的负面影响

网络语言是网络时代的产物，相比传统语言，其个性鲜明、简单明了、诙谐幽默，但是其中的另类语言不仅不符合语法规范，也不符合表情达意的要求，且缺乏内涵与美感。学生使用社交软件聊天的时候，常常有词汇滥用、语法混用的情况，如"很女人"等，并存在大量使用数字、字母谐音借代文字的情况，如"BT""886"等，还有不开心用"￣へ￣"，开心用"O(∩_∩)O~~"……这些网络流行语言不仅会对中小学生的书写习惯产生不良影响，还会影响其身心健康。

《义务教育语文课程标准（2011年版）》强调"写作要有真情实感，力求表达自己对自然、社会、人生的感受、体验和思考"。文字是表情达意的载体，但是受网络上快餐文化以及粗俗语言的影响，学生更倾向于用网络语言表达自己，他们的习作难免会显得立意浅薄，出现审美偏差。所以，教师要重视学生审美情趣的培养，纠正学生使用网络语言的坏习惯，这样才有利于学生语文素养的整体提高。

（三）对标点符号的忽视

最后需要强调的一点也是社交软件带给学生的不良影响，那就是标点的使用问题。标点符号是现代书面语里的有机部分，起着语言辅助作用，表示停顿、语气和句子中某些词句的性质，帮助理解语句。学生可以在社交软件上用一问一答的方式简单沟通，将标点符号的用法抛在脑后，更有甚者是不标明标点，直接用空格代替。殊不知这样的打字习惯对学生的写作也产生了影响，学生渐渐淡忘了标点符号的正确用法。因此，教师在对学生进行日常写作训练时，要时时注意纠正学生使用标点的不良习惯，切勿将网络聊天的坏习惯带到现实写作中来。

四、对口语交际能力的影响

口语交际能力是学生不可或缺的能力之一，是学生谋取职业、走向社会的必备技能。社交软件也为学生日常的口语交际架构了一座桥梁，让他们通过群聊视频、语音就可以面对面似的交谈起来。

（一）日常交流的便捷

社交软件上丰富的表情、动态图片，使网络聊天比现实中的聊天有趣得多，而且其匿名的方式，也使得学生想说就说，无所忌惮。在教学中，教师也可以上传视频到社交软件上，让学生一起观看并讨论。生活中，家长不在家时，也可以通过与孩子视频知晓孩子的动态。《义务教育语文课程标准（2011年版）》强调："口语交际能力是现代公民的必备能力……鼓励学生在各科教学活动以及日常生活中锻炼口语交际能力。"教师、家长多和学生口头互动，在没有条件面对面交谈时，跟学生语音、视频互动也是对其口语交际能力的锻炼。因此，可以说，社交软件在一定程度上为学生口语交际能力的训练创造了条件，方便了学生的日常交流。

（二）现实生活中的沉默寡言

在方便交流的同时，网络上粗俗鄙陋的语言也不断影响着学生。在微博上经常可以看到有中小学生通过匿名聊天的方式用粗暴的语言宣泄平时学习与生活中的压力和不满。许多现实中不敢说的话，在网络上也有恃无恐地肆意妄言。这样的聊天方式似乎可以获得比现实中说话更多的快感，因此，越来越多的学生沉迷于网络交流。但是长期沉迷于网络交流，与现实隔绝，会使学生的性格变得孤僻，少言寡语。有许多学生在网络聊天中很活跃，在现实生活中却沉默寡言，不愿与教师、家长及同学沟通。在语文课上，也不愿积极发言。因此，教师需要经常与此类学生进行沟通交流，可以举办一些班级活动促进师生友谊，让其感受到现实生活中的美好。

社交软件是现代人交流的必备品，中小学生若能妥善利用，对他们的语文学习也有帮助。语文教师需要引导学生正确使用社交软件，教导其切勿沉迷其中。同时，要鼓励学生多阅读经典名著，与社交软件带来的优势相辅相成，安定学生浮躁的内心，获得真正有意义的精神内涵。

（原载《新课程研究》2016年第11期，署名谢庆霞、王家伦）

教材与文本解读

教材是教学的凭借,是教师与学生进行对话的"中介",所以,对教材进行研究是语文教学的重点。自有"语文"以来,语文教材就层出不穷,这些教材大部分能遵循课程标准的精神建构体系,但也有不顾课程标准而自成体系的。教学文本是教材体系的主体,对教学文本的正确、恰当解读是教学成功的关键。当今,一些"名师"从"创新"出发任性解读教材文本,导致了语文教学的混乱,使得一般的"平民"教师、学生不知怎么办才好。所以,正确使用教材,正确分析教学文本,就显得十分重要。

人教社 1990 年版高中语文教材的启示

高中语文近数十年使用过的教材不知凡几，这些教材大多成为匆匆过客，而其中有一套教材却与众不同，这就是人民教育出版社 1990 年版高中语文教材（包括 1995 年第 2 版）。这套教材可以称为最"像"教材的教材。

何谓教材？就语文教学而言，教材主要是一种选本——特殊的选本，通过编排以提高学生读写听说能力的选本。虽然，人教社 1990 年版高中语文教材并非完美无缺，但是从最"像"教材这个维度进行审视，可以为今天语文教材的研究和未来语文教材的革新提供一些启示。

一、适合"教"与"学"的编排体系

所谓的最"像"教材，就是指最适合教师的"教"与学生的"学"的教材。而适合"教"与"学"的教材，必须要有由浅入深，循序渐进的编排体系。

其实，由浅入深、循序渐进应该是各科教材的共性，甚至可以说是教材的基本属性。数理化各科教材，无不以这一规律编写，外语教材也是如此。各科教材都以自己学科的知识体系构建，数理化的例题、外语教材的选文可以各不相同，但是由浅入深、循序渐进这一原则绝对不会变。如果违背这一原则，就不是教材了。人教社 1990 年版高中语文教材正是在由浅入深、循序渐进这一点上做足了功夫。

1986 年《全日制中学语文教学大纲》中有这样的内容：高中阶段，在初中的基础上，进一步提高现代语文的阅读能力、写作能力和说话能力。能比较熟练地阅读一般的政治、科技读物和文艺读物，初步具有鉴赏文学作品的能力。能写比较复杂的记叙、说明、议论的文章，做到中心突出，内容充实,结构完整,语句通畅。能借助工具书阅读浅易的文言文。① 可见当时的指导思想是注重对学生语文能力的培养,而人教社1990年版高中语文教材正是在这样的教学大纲要求下进行编写的,"以读写能力训练为体系,分文章读写、文学鉴赏、文言文阅读"②。

其一,选文呈数个维度的交叉。

该教材每册都是首先从"文章学"的维度出发,设置记叙文、议论文、说明文诸单元,这明显有利于学生对文体的体悟和学习。

由于文学作品是语言运用的典范,所以就一套科学的教材而言,小说、散文、诗歌与剧本类作品必须有所选入,但是将这些作品完全按照"文章"来教学会受到很大的限制。于是,这套教材在"文章"单元之后,特地从另一维度考虑,即从文学体裁出发,每册都设置小说、诗歌(前四册为白话诗,后两册为古诗词)、剧本等单元,这便与前面的文体分类标准形成了交叉。

另外,这套教材每一册的后半部分都单独设置了不少于一个的文言文单元,这是从语体维度来划分的,为了教学的方便,在此基础上,再按体裁划分。把语体这一维度也算在内,这套语文教材的组元维度就更多了。

就阅读教学而言,学生必须在明白各种文体的基础上理解其内容,也就是"通过工具渗透人文";就写作教学而言,学生必须掌握各种文体的特征,才能写出适合日常生活的"规范"的文章。为了让学生充分理解表达的精妙之处,再从"文学"的维度设置单元,这是进一步的要求。同时,另外设置文言文单元,以便学生学习祖国灿烂的传统文化。

其二,单元作螺旋上升的安排。

我们知道,事物发展总的方向和趋势是由低级到高级、由简单到复杂。但前进的道路不是直线的,也不是一蹴而就的,而是迂回曲折的,会出现向出发点溯源的现象,也就是说,呈螺旋上升的趋势。1990年版教材每册组元的顺序基本一致,这是事实,但所选文章的难度有着明显的递升,正好是一种螺旋上升。

虽然从分类角度看,人教社1990年版高中语文教材的分类违背了"同

---

① 顾黄初. 中国现代语文教育百年事典[M]. 上海:上海教育出版社,2001:922.
② 王土荣. 试论普通高中语文教材的编写与使用[J]. 语文月刊(学术综合版),2009(3):4-10.

一律"，形成了多种维度组元的交叉，但是从实际效果来看，却是有利于教师教学的，尤其适合"平民"语文教师的教和"平民"学生的学，而我们面对的毕竟是占绝大多数的"平民"教师与"平民"学生。当然，对少数的"精英"而言，以此为起点也未尝不可。

与课改以来使用的各套教材大而化之的"人文组元"相比，这套教材更有利于教师授课，更有利于学生形成清晰的"体裁"概念，这一点是不可否认的。总之，1990年版高中语文教材，尽管在组元时有逻辑上的缺陷，却努力做到尊重语文学科的"个性"，并且努力做到由浅入深。而"人文组元"则罔顾这一原则，实际上就是混同于普通选本的编排了。

二、引人入胜的助读系统

教材与其他选本最大的不同在于它有助读系统。我们研究一套教材，首先必须了解特地为它设置的助读系统，这是教学实施的重要依据。所谓助读系统，就是帮助教师与学生阅读的系统，这里主要是指这套教材每册的总"说明"和每篇课文前的"提示"，这是最具教材特征的组成部分。人教社1990年版高中语文教材的助读系统有着自己的鲜明特色。

看书首先要看"序"。人教社1990年版高中语文教材每册课本都有相当于序的"说明"置于卷首，通过这个"说明"，无论是教师教语文还是学生学语文，都能迅速了解全套教材的编写理念以及6册课本各自的单元结构。如果没有这种"说明"，以"致同学"的名义说几句场面话，对提高学生的语文能力是难以起到实际效果的。

我们知道，课程标准（教学大纲）提出了语文教学的课程目标，但是，课程目标比较抽象，而真正的课堂教学必须要有可望可即的、具体的课堂教学目标，也就是说，课堂教学必须使学生当堂有某一个"点"的所得。在具体的一个个"点"有所得的基础上，达到质变，即最终达成课程目标。然而，一些语文教师（包括教研部门）至今还不知道课堂教学目标是怎么回事，只会到网络上查找"优秀教案"，甚至还有将课堂教学目标分为"知识与能力""过程与方法""情感态度价值观"三条者。如此，语文课堂教学就难以落到实处。如教学曹禺的《雷雨》，就有将课堂教学目标制定为"初步了解戏剧人物的鉴赏方法"者。如此抽象，教者与学者难以适从，教学效果可想而知。

可贵的是，人教社1990年版高中语文教材每册前的"说明"中都有

"单元教学要点一览表",将6册教材各单元的"教学要点"交代得清清楚楚,这是课程标准(教学大纲)的相对具体的体现。它使教师的教有了"抓手",学生的学有了方向。我们还未看到其他版本的教材有如此安排的。

此外,该套教材每篇课文前都有"提示",教读课文称为"预习提示",自读课文称为"自读提示"。更为重要的是,这些"提示"都从"文""道"两个方面对文本教学提出了要求,如第一册第五单元的教读课文《散文两篇》,就将《绿》与《荷塘月色》这两篇笔触细腻的散文的具体教学要求分得清清楚楚:前者的重点是"格调清朗,节奏明快"的语言风格和"生命的活力",而后者是情景之间完美的结合与作者那"深沉的孤独与苦闷的心情",甚至还提出了具体的方法——要重点抓住"这几天心里颇不宁静"与"这令我到底惦着江南了"等语句的深刻含义。第一册第五单元的自读课文黄河浪的《故乡的榕树》,其"自读提示"就指出了借眼前景抒发对故乡怀念之情的手法。如此真正做到了语文教材"工具性与人文性统一"的特性。

三、颇具典范性的选文系统

选文系统是语文教材的骨架,也是历次教材改革中发生变化最大的地方。人教社1990年版高中语文教材的选文体系在选文的典范性上做得甚为突出。我们都知道,"取法乎上,得之于中;取法乎中,仅得其下",可见教材选文的典范性极其重要,典范性决定了教学的可预期的成果。

(一)选文注重"文""道"双佳

"把握时代脉搏"是语文教材选文的一个重要理念,也是很多"时文"入选教材的原因。人教社1990年版高中语文教材多以典范作品为选文;但是,这套教材也不是一概排斥"时文",如"朦胧诗人"舒婷的《致橡树》等作品也入选了这套语文教材。这类文本是"时文"中的佼佼者,在语言的建构与运用方面堪称"典范",它明确地告诉我们白话诗该怎么读,该怎么写。就语文而言,"典范"就是经受住时间考验的,文质兼美("文""道"俱佳)的,既能成为学生提升语言的建构与运用能力的样本,又能使学生潜移默化地在"思维发展与提升、审美鉴赏与创造、文化传承与理解"等维度得到熏陶的文本。人教社1990年版高中语文教材文言文多选《史记》中的著名选段和"唐宋八大家"的名篇,白话文多选多次入选教材的现代文学名家名篇,如鲁迅的《药》《祝福》、朱自清的《荷塘月色》等。

(二) 注重文章学

文章学是研究文章及其读写、教育规律的一门独立学科，由此可见语文教学与文章学的密切关系。人教社1990年版高中语文教材的选文重点指向文章学的维度。这套教材选文从读与写的"文章"的典范性出发，具有较强的实践性。如第一册第一单元（写景状物），就是从"移步换景""定景换点""卒章显志"及结合传说故事写景等结构方式出发；再如第三册第五单元（小说）中鲁迅先生的《药》，就是最典范的两条线索结构的范文，学了这篇文章，再学习该单元中叶圣陶先生的《夜》，学生就会对两条线索的文本结构有比较清晰的印象。可惜的是，不知什么原因，这两篇甚为典范的文章如今已被剔除出高中语文教材了。

同时，读写结合也是人教社1990年版高中语文教材最鲜明的特色之一，选文与写作教学的要求相辅相成。如上面提到的几篇文章，《药》可着重学习双线结构和环境描写的作用，《祝福》可着重学习倒叙、社会环境描写、叙述人称转换等，以情景完美结合为特点的《荷塘月色》则强调了各种比喻修辞手法的运用，等等。

我们认为，语文课毕竟不是文学鉴赏课，语文课的主要目标毕竟不是培养文学家，而是提高未来公民的母语水平。就这一点而言，学习"文章"体裁比学习文学体裁更为重要。这也是现代文部分主要从文章学的维度组成单元的主要原因。

此外，人教社1990年版高中语文教材还专门安排了与语文学习关系十分紧密的选文，如《简笔与繁笔》《语言的演变》《义理、考据和辞章》《精读与泛读》等。这些"很语文"的文章在最新的部编本中却未能得见，不得不说是一种遗憾。

不可否认，这套教材的有些选文也不甚理想，如《谈〈水浒〉的人物与结构》等，然而瑕不掩瑜。

四、利于巩固所学的知识系统与训练系统

新课改以来的很长一段时期，语文教学界都讳言知识和训练，似乎这个话题直接等同于应试教学的"机械工具论"。然而作为语文学习的工具书——教材，是不能回避知识与训练的。人教社1990年版高中语文教材的知识体系和训练体系设计也让教材更"像"教材。实际上，这也是这套教材

具有顽强生命力的重要原因之一。

（一）较为完整的知识系统

人教社1990年版高中语文教材有较为完整的知识系统。这套教材与以前的教材相比，删除了使用多年的逻辑知识的内容，这不能不说是一个遗憾。但是，其优点还是明显的。

其一，衔接初中。人教社1990年版高中语文教材与人教社1987—1988年版初中语文教材的编写思路大体一致，知识系统也相衔接。人教社1987—1988年版初中语文教材在初中阶段设置了现代汉语字、词、短语（或称词组）、单句、复句的教学内容，人教社1990年版高中语文教材与之衔接，设置了句群（或称语段）的内容，这对学生学会在议论性文本中言简意赅地表达一个完整的意思甚有帮助；另外，增加了成体系的古汉语知识，这一点显然对"文化的传承与理解"大有裨益。

其二，语法修辞和写作知识由浅入深。人教社1990年版高中语文教材的语法、修辞和写作知识是由浅入深、循序渐进的，这更有利于教学的实施。下面以古汉语知识体系为例说明这个问题。人教社1990年版高中语文教材的古汉语知识从常用文言虚词的知识归纳开始，到实词的常见语法现象（如从词性活用、通假字到常见的句式，如否定句代词宾语前置、常见的省略句等），逐步推进，同时还注重实词的语汇积累。值得注意的是，相配合的文言文选文也由浅入深，颇为注重语言的规范。有些课文后直接设置了相关的语法训练，如《鸿门宴》的"者"的用法归纳，《游褒禅山记》的"之"的归纳，如此等等。

这套教材每册后面都附有高中生必须掌握的各类语文内容，如现代汉语与文言文的词语表、文学概貌介绍、应用文示例等。如此，教师教时有依据，学生学时有标准，保证了语文教与学的效果。

（二）不枝不蔓的训练系统

人教社1990年版高中语文教材训练系统的设置甚是科学。

其一，"单元知识与训练"紧扣单元教学目标。如通过第二册书前的"说明"，可以知道第四单元的主要教学要求为"按合理顺序说明事物"与"速读"。该单元后所附的"基础知识"，就是从这两个维度出发："阅读训练"选了一篇《生物几何学》，要求学生运用上面学到的方法测算自己的"理解率"；而"写作训练"则明确指向各种说明顺序。

其二，人教社 1990 年版高中语文教材的课后练习紧扣"助读系统"。下面以这套教材第四册第七单元的《六国论》为例进行分析。该单元是文言文的议论文单元，另外三篇课文是《过秦论》《伶官传序》《论积贮疏》。从"预习提示"可知这篇课文的教学重点：第一，理解文本论古讽今的实在所指——宋王朝要以六国为戒，不能一味纳币输绢以求苟安；第二，掌握文本的一个中心论点、两个分论点的结构及一些论证方法。助读系统很好地体现了语文学习"工具性与人文性相结合"的特征。文后的"思考练习"，第一题围绕论点与分论点设计，第二题围绕论证方法设计，与"助读系统"紧密配合，有助于学生巩固所学。

人教社 1990 年版高中语文教材问世于 30 多年前，这些年来，语文教材也经历了多番改革，其编写经历了几番探索。但是作为语文教学的"抓手"，教材应该更好地发挥教材应有的作用，更有利于教师的教和学生的学，这就是人教社 1990 年版高中语文教材给我们的最大启示。

（原载《江苏第二师范学院学报》2022 年第 3 期，署名张长霖、王家伦）

部编本教材教学方法论析

当部编本教材在全国统一使用时，笔者对部编本教材四大系统的进步与不足做了较为深入的思考。① 如今，拟再对教材的使用提出几点建议，供各位同仁参考。

一、"教什么"之"忌"

任何一门课程，首先要解决的是"教什么"的问题，这属于"课程论"的范畴。相较于其他课程，语文在选择教学内容方面对教师的要求更高。同样一个文本，可供教学的内容五花八门，所以，教学中的"忌"得先从"教什么"说起。

（一）忌重"道"轻"文"

课改以来，一些教师罔顾语文课程的性质，认为"工具性"压制了"人文性"，注重语文的"工具性"就是"应试教学"。他们过度强调"人文性"在语文课程中的地位与作用，专注于文本"主题"，限制"工具性"，于是，学生的语文素养越来越低……不难看出，各种公开课、示范课的不良引导是产生这种现象的直接原因，而教科书的"人文组元"也难辞其咎。针对这一现象，部编本教材在编写体例上作了努力，采用"工具"和"人文"双线并行的单元结构，这无疑是提醒教材使用者切莫重"道"轻"文"。

部编本教材的选文相对严谨，绝大部分选文文质兼美，符合语文教材的选文标准。从已经发行的七、八年级的四册语文教科书来看，部编本侧重于对文学作品的收录，这诚然体现了部编本对优秀传统文化的重视，有利于达

---

① 王家伦，陈宇. 部编初中语文教材四大系统的显著进步 [J]. 福建基础教育研究，2017（8）：30 – 32.

成语文核心素养中"文化的传承与理解"这一维度的要求。但是，文本内涵相对较深又是绝大部分文学作品的共性，一些教师可能会因为这些文学作品类的选文"有道可讲"，于是循"惯例"，不顾教材的助读系统，继续犯重"道"轻"文"的错误，又将语文课上成了政治课、历史课、泛文化课。语文教学必须防止重"道"轻"文"的倾向，具体来说就是教师必须认真研读助读系统。

（二）忌"汉语主打"

与课改后的其他教材不同，部编本对汉语知识颇为重视，这主要体现在一些课文后所附的"知识点"上。就知识系统和训练系统而言，以七年级上册为例，《春》后对明喻、暗喻、借喻的重视，《济南的冬天》后对拟人、拟物的区分，《雨的四季》后对人名、物名、时间名词、方位名词的讲解，《再塑生命的人》后对助动词、行为动词、趋向动词的分辨，《散步》后讲的语义和语境，《纪念白求恩》后讲的词语的情感色彩……这种"语文味"对提高学生的语文水平是很有帮助的，但我们又不得不担心起"汉语主打"的问题。

笔者曾通过视频观看过一堂小学语文课，任课教师讲选文中的生字，从甲骨文开始，一路讲到现在的简化字。后来，也曾如坐针毡地听着高中公开课的老师讲古诗，让不同的学生用方言来来回回地读，自己又"披挂上阵"，用标准的方言再秀了一把，读完了又带领学生用方言开始"分析"诗歌的平仄……当然，这些都被贴上了"好课"的标签。部编本教材给这类教师提供了"汉语"延伸的可能，所以说，"汉语主打"就成了令人担忧的问题，真担心那种将副词分为11种的现象再度在初中语文课上出现。[①] 我们一直强调语文课要回归学科本位，语文课要姓"语"，但必须强调，这种"汉语主打"的"语"并不是我们所提倡的语文课的"语"。

基础教育阶段有基础教育阶段的特殊要求，大学中文系的"现代汉语""古代汉语"课程不是中学语文课程。教师在使用部编本教材时一定要结合课程标准，明白自己所授学段的基本要求，把握好各个学段的"度"。当年，夏丏尊、叶圣陶合编的《国文百八课》就特别注意这个问题，知识系统的指向性甚是明确，"文话""文法"讲什么，"文选"就是其"例"。部编本教

---

① 王家伦，张长霖. 论语文教科书编选的语用追求［J］. 福建基础教育研究，2017（2）：139－142.

材的四大系统之间也是相呼应的，比如朱自清的《春》，课后"知识系统"中的"知识点"讲比喻，"训练系统"里"思考探究""积累拓展"同步涉及的内容也与比喻相关。因此，此课讲比喻，教师应该围绕的是《春》这一文本中的比喻特色，至于那些明喻、暗喻、借喻，则不宜做课文之外的过度深究。切不可认为"语文味"就是抛掉选文本身讲"汉语"，把语文课上成"汉语课"。

二、"怎么教"之"忌"

从上面的论述中我们明白了"教什么"必须站在"文道统一"的角度，不能偏于一隅，也不能超过基础教育阶段的教育内容。于是，"怎么教"就成了我们需要讨论的下一个问题，这属于"教学论"的范畴。我们从以下几个方面提一些建议。

（一）忌"盲目深挖"

语文教学中一个尤为重要的"忌"就是"盲目深挖"。我们必须正确认知"深挖"文本的意义。就备课而言，教师的"深"可以无限。教师需要海纳百川，对文本了解得越深越好。教师可以储存言之有物的独到见解，这是其文本解读能力的体现。然而，盲目"深挖"颇易造成上文所说的重"道"轻"文"的问题，如一味从人性、道德、精神、思想维度进行"深挖"，教师的文本解读能力能否转化成学生的文本解读能力有待商榷，"语言的建构和运用"这一维度教学任务的达成也将受影响，严重的甚至会打击学生学习语文与了解优秀文化的积极性，更何况过度深挖还有可能导致"走火入魔"。

那如何不盲目呢？

一是明确"挖"的目的。"挖"是为了更好地理解文本内涵，理解文本内涵是为了完成该堂课的教学目标。"深挖"从词义上表现了对文本的理解程度的加深，但是如果这个理解程度的加深不能为更好地完成本堂课的教学目标服务，那这个"深"就会导致语文课堂教学目标的偏离。

二是明确"挖"作为"探究活动"的价值。对文本内涵的挖掘是一个"过程"。众所周知，教师教给学生最重要的不应是思考的结果，而应是思考的过程。一堂优秀的语文课，展现的是学生思维品质的提升，既然是"学生思维品质的提升"，就必须注意以下几个方面。

首先，注意"提高"的主语是"学生"。很多名师为了出彩，纷纷"放大招"。将《背影》讲成"生之背，死之影"；将《孔乙己》中鲁迅强调"茴""深挖"成是为了体现"轮回"；讲《珍珠鸟》大谈"文史互证"……"精彩"是教师的，学生只是背景。实则这种"精彩"已超出了学生学习的限度，指向了莫名其妙的地方。

其次，注意学生的思维品质"能够"提高。"能够"，强调教师必须遵循教育规律，必须在学生的最近发展区内提升其品质。"揠苗助长"并不能燃起思维的火花，学生"云里雾里"的结果只能是学习兴趣的丧失。

最后，注意"挖"的"过程"即是提高的"过程"。语文教学应该也必须重视学生能力建构的过程，让学生学会自我建构，即要让学生自己"挖"。而这个"挖"的过程可以通过多条路径达到，教师的盲目"深挖"很多时候是因为"走火入魔"。语文课堂上一些教师的"深挖"之所以产生问题，其中一个主要原因是教师和学生生活经验不同，很难达成深度理解上的共识，本质是教师的"阅读参与"程度过重。

那么，究竟应该"挖"到什么程度？部编本教材助读系统的"单元提示"和"预习提示"大多已经做了较为明确的规定。对一套较为成熟的教材，执教者应该尽量尊重它的编写理念，不要自作聪明。

（二）忌"茕茕孑立"

部编本教材形成了"三位一体"的阅读课型体系，建构起了"教读—自读—课外阅读"的教学结构，这就从课型上提醒教师阅读教学不能"茕茕孑立"。信息时代下，语文最终需要应用于生活，学生阅读能力的培养很重要，学生不可能永远由教师"带着走"。这就要求教师在教读课上重视阅读方法的教学，让这些方法成为自读课的指导。学生自读时遇到的问题依旧可以向教师求教。教师可以利用统一的时间，对一段时间内学生自读时遇到的问题进行集中解答，并引导学生将这些课内学到的阅读方法应用到课外阅读之中。

教授一篇课文的时候，教师首先必须考虑的是它在单元中的地位，这就必须瞻前顾后，也就是说，不要使这个文本教学"孑立"。如八年级上册第四单元，预习提示指向的教学目标是通过对散文语言的品味和欣赏，理解作者对生活的感受，体会不同类型散文的特点。其中，《背影》《白杨礼赞》是教读篇目，《永久的生命》《我为什么而活着》《昆明的雨》是自读篇目。

教学《背影》，就该指导学生从看似平淡的语言中体会细节描写背后"我"对父亲的情感变化，体会写人散文的语言特色；教学《白杨礼赞》，就该从语言的抑扬跌宕中揣摩出白杨树的象征意义，体会托物言志类散文的语言特点；教学《永久的生命》《我为什么而活着》，就该加强阅读方法的指导，让学生能够根据上下文，结合教材文本的批注，思考文字背后的象征意义，体会人生感悟类散文言语中的哲理。教学时必须考虑到课型因素，千万不要"一视同仁"，尤其是在公开教学活动中。

语文教学要求培养学生语言文字运用的综合能力，写作教学自然也不能"茕茕孑立"。部编本语文教材注意到了单元内部"阅读"与"写作"之间的联系。如七年级下册第一单元的四篇文章《邓稼先》《说和做——记闻一多先生言行片段》《回忆鲁迅先生（节选）》《孙权劝学》都是对人物的描写，写作部分的要求就是"写出人物的精神"，这是阅读和写作结合得比较密切的单元。而同样是七年级下册，第四单元的写作与本单元的四篇阅读课文虽有联系但不够紧密，"怎样选材"的"例"竟选用本册第三单元的《阿长与〈山海经〉》。这两个单元在编写上对教材使用做了一个好的引导，结合紧密的自不必多说，结合不太紧密的则提醒教师教学时可以综合利用教材内的选文，从学生熟悉的内容出发，读写结合，让学生建构起自己的知识框架。

三、"展"与"评"之"忌"

明白了"教什么"和"怎么教"之后，接下来就是课堂展示和课堂评价的问题。只有知道了怎样进行课堂展示和怎样进行课堂评价，才能更好地总结经验，反思教学时存在的问题。部编本语文教材的编写思路提醒我们，在以下两个环节中也应该有所"忌"。

（一）忌"同课异构"

我们提出忌"同课异构"，或许会引起"公愤"，但如果从"同课异构"的内涵来看，就能理解这条"忌"的必要性了。

所谓"同课异构"，是指不同的教师用不同的解读与不同的方法教授同一篇课文。就目前实际教学来看，一般的"同课异构"其实是"同文异教"的模式。这条建议是就课堂示范和竞赛形式的组织模式而言的。因为这类课对一线教学有着示范和引导作用，其组织形式和评价倾向必然会对一线教师的教学实践有很大的影响。

不可否认，"同课异构"颇能显示出教师的文本解读能力与教学驾驭能力。但因为是"同文"，很多教师为了脱颖而出，就会盲目"深挖"，甚至"挖"向"异"处，将文本解读变成个人魅力的"表演秀"，如此，对学生语文素养的提高又能起多少作用呢？既然部编本有了大致成体系的比较完整的导读系统，又何必从其他维度去"异构"呢？

在统一使用部编本的背景下，我们认为"同课异构"应该逐步淡出，而"同题异构"应该进入前台。这里所谓的"题"，指的是同一个"点"，即同一个"很语文"的教学目标。部编本的"双向组织单元结构"，强化了语文学习的综合性和实践性，"人文"基本可以靠学生的生活经验去体悟，"知识能力体系"则需要教师帮助学生建构。

一般情况下，为了巩固某个"点"，就应该指向"1 + X"中的"X"。如此，就可以采用"同题异构"的方式，这个"题"，就是知识能力点。如教了《阿长与〈山海经〉》课文后，为了让学生巩固"用典型事例表现人物性格"这个点，可以以此为题，选取如《孔乙己》《叶圣陶先生二三事》《战胜自己是一种快乐》等文本或其他课内外文本，进行"异构"活动，让学生真正有所得。

从另一个维度来说，也可以根据学生语文素养提高的需要，另设"点"进行"同题异构"。如此，学生才能真正有所"得"。

（二）忌重"教"轻"得"

语文教学的最终目的是全面提高学生的语文素养，所以，语文课堂评价的主要价值取向必须是学生实际"所得"。学生的实际所得并不是就学生的活动能力而言，而是就其能力增长而言的。这就是说，"自主合作探究"的学习方式可以开展，但不是简简单单有了学生的讨论就算有"得"。一些课堂看起来热热闹闹，似乎是重视"生成"，实际上学生并没得到什么。要上好语文课，必须关注活动设置的目的，注重学生语文素养的提高。

教师讲得多的课，也并不意味着差。"讲"是从课堂活动这个维度而言的。教师"讲"的目的是什么？是学生能够"懂"，这个"懂"就是学生的"得"。有些学生不曾学到过的、讨论不出的、最近发展区外的东西，教师确实应该多讲，不仅要讲，还应尽可能讲透。因为只有教师讲了，学生才能"得"，才称得上"好课"。

这条课堂评价的"忌"的对象是所有语文课，而不仅仅是公开课、示范课。评价别人时重"得"，教师自己上课，自我反思、自我评价时，也一样需要从学生"得"的角度多思考，忌重"教"轻"得"，让每一堂语文课都落到"语文"的实处。

一些公开课和示范课，如果"讲什么"就出了问题，那么对之后"怎么讲"进行的讨论，其实际指导意义就会越来越偏离。语文好像炒菜，是用罕见的食材烹调美味，给少数食客享用，还是用普通的食材烹调出美味，惠及天下人？很多教师，尤其是新手教师，应该先学会怎样把语文课上成"语文课"，然后再考虑怎么把一堂课上精彩。高中学段也将进入部编本时代，对于部编本教材各个方面的讨论还会继续，我们认为，使用时只要能够抓住"语文"两字，从学生的"所得"出发，我们的语文教学就不会走得太偏。

（原载《新课程研究》2019年第1期，署名王家伦、仲捷敏）

《五人墓碑记》几个时间辨析

明代张溥的《五人墓碑记》是中学语文教材的"常客"。张溥是苏州太仓人,是"五人"的同时代人,又因为他为创建复社这一联络天下读书人的社团而经常在苏州活动,按理说,其记载的"五人事件"的时间不应有误。但是,文中有几个时间颇值得推敲:其一,"予犹记周公之被逮,在丁卯三月之望",课程改革前的语文教材选文一直如此;其二,"夫五人之死,去今之墓而葬焉,其为时止十有一月耳",所有语文教材一直如此。

一、关于"丁卯三月之望"

所谓的"丁卯三月之望",就是天启七年的农历三月十五日。我们来看看《明史》中记载周顺昌事件的相关时间:

> 顺昌至京师,下诏狱。许显纯锻炼,坐赃三千,五日一酷掠,每掠治,必大骂忠贤。显纯椎落其齿,自起问曰:"复能骂魏上公否?"顺昌噀血唾其面,骂益厉。遂于夜中潜毙之。时(天启)六年六月十有七日也。①

(一)关于"丁卯"之辨

从以上可知,周顺昌应该是在天启六年"三月之望"也就是农历三月十五(月半)被捕,当年六月十七日在狱中被害,被毒刑拷打了整整三个月。

从干支纪年与公元纪年换算来看,"丁卯"是"天启七年",也就是公元1627年,"丙寅"是"天启六年",也就是公元1626年。

我们再来看看《明史·宦官传》中关于这个事件的一段文字:

---

① 明史 [M]. 上海:上海古籍出版社,1986:685.

（天启）六年二月，……逮治前应天巡抚周起元及江、浙里居诸臣高攀龙、周宗建、缪昌期、周顺昌、黄尊素、李应升等。攀龙赴水死，顺昌等六人死狱中……①

显然，这个"丁卯"是错误的，正确年份应该是天启六年，即"丙寅"。然而，在笔者所见的古代文学作品选本与课程改革前的中学课本中，都是"丁卯三月之望"，也有在其下注为"'周公之被逮'，当在天启六年"者。

（二）关于"三月之望"

这个"三月之望"还是有些问题的。根据《明季北略》记载，"缇骑"是"三月之望"到苏州，而逮捕周顺昌的"开读日"不是"三月之望"，而是天启六年三月十八日，也就是在月望后的三天。②

笔者指出这一点，就是想说明，张溥的《五人墓碑记》的时间记载确实不甚精确。

二、辨析"十有一月"

五人被捕和被杀不是在"周公之被逮"事件发生的当时，而是在好几个月之后。我们梳理一下这里的时间。

（一）五人被杀的时间与事情过程

天启六年三月十八日，毛一鹭在苏州主持开读，巡抚毛一鹭、巡按御史徐吉和北京来的缇骑张应龙、文之炳等人出席仪式。突然，衙门口聚集起大量群众，紧接着诸生文震亨、杨廷枢、王节、刘羽翰等人作为民意代表出现，要求拜见巡抚毛一鹭及巡按御史徐吉，提出释放周顺昌的要求。在混乱中，"缇骑"指责群众妨碍公务，阻挠办案，群众则大骂"缇骑"假冒圣旨，乱抓人。于是双方发生冲突，紧接着就大打出手，场面失控。

这一事件的性质，实际上就是抗旨的"民变"，按照明朝的制度，甚至是可以屠城的。可以这么说，全苏州老百姓上了东林党人与阉党争斗的战车，情况万分紧急。这时出现了一个解决问题的关键人物，那就是时任苏州知府的寇慎。

---

① 明史［M］. 上海：上海古籍出版社，1986：853-854.
② 计六奇. 明季北略［M］. 北京：中华书局，1984：57.

寇慎（1577—1659），字永修，号礼亭，同官县（今陕西省铜川市）人。万历四十四年（1616）登进士，授刑部主事，升工部虞衡司郎中。天启六年外任苏州府知府。寇慎在苏州任职期间，深得民心。在处理苏州市民反对阉党的斗争中，寇慎"周旋上下之间，化大事为小事"。据报道，十几年前陕西出土了顾炎武为寇慎撰写的墓志，这块墓志证实，寇慎在处理这起突发事件中起到了关键作用。寇慎一方面向上做工作，提出了一个"诛首恶，安民心"的措施；另一方面，又向下施加压力，动员东林党人实施"丢卒保车的"行动。他很可能就是以牺牲数人换取朝廷不再深究事件的主要决策人，这与他在事件发生时站在东林一边的立场是一致的。①

天启六年（丙寅）七月，颜佩韦等五人自首。七月中旬，在阊门外吊桥，颜佩韦等五人大骂魏忠贤及其亲信毛一鹭，从容就义。临刑时，几万市民相送，大家心里明白，主动投案的五位英雄就是替全苏州百姓而死的。

总之，五人之死在苏州民变之后的四个月，在周顺昌死后的一个月，即天启六年（丙寅）七月。

（二）五人的后事

五人被杀后，"有贤士大夫发五十金，买五人之脰而函之"，其中所说的"贤士大夫"就是吴因之。五人被杀后，吴因之出重金秘密地买下了五人的头颅，埋在城内王洗马巷住宅的花坛里。他们的无头尸身埋在盘门外。

天启七年丁卯秋八月，明熹宗朱由校驾崩，信王朱由检即位，是为崇祯帝。十一月，崇祯帝便将魏忠贤发往凤阳安置，魏忠贤在去凤阳的途中仍豢养一批亡命之徒，朱由检闻悉后大怒，命锦衣卫前去逮捕，押回北京审判。魏忠贤得到消息后，自知难逃一死，行到阜城时，便与同伙李朝钦在阜城南一起上吊自杀了。

（天启）七年秋八月，熹宗崩，信王立……十一月，遂安置忠贤于凤阳，寻命逮治。忠贤……缢死。诏磔其尸。②

朱由检诏令将魏忠贤肢解，悬头于河间府。

第二年，即崇祯元年（1628），五人得以昭雪，吴因之就将五人头颅移至山塘街，与他们的尸体合葬于被苏州市民拆毁的魏忠贤生祠。为修建墓园，参加义助者有吴因之、文震孟、姚希孟、钱谦益、瞿式耜等54人。现

---

① 顾斌，谢常山. 顾炎武轶文——寇慎墓志铭［A］//铜川年鉴［Z］，2003.
② 明史［M］. 上海：上海古籍出版社，1986：853-854.

在墓园门厅内，立有五人之一的杨念如之侄女出资镌刻的《五人义助疏碑》，上面列出了54位捐资的人名单，这些人绝大多数是东林党人或亲东林党的人士。

五人移葬魏忠贤生祠旧址，必定是在魏忠贤彻底失势之后才可能实现。魏忠贤是天启七年（丁卯）十一月正式失势的，距离五人之死已经是一年四个月了。也就是说，五人移葬山塘街原魏忠贤生祠，必定是在天启七年十一月之后，也就是距离五人被杀的天启六年七月一年多了。所以，"十有一月"肯定不正确，至少应该是"十有六月"。据《明季北略》记载，五人之死是在天启六年丙寅十月，即使按这个时间算，与"墓而葬焉"也相距一年零一个月，而不是"十有一月"。

三、错误探源

为什么《五人墓碑记》在时间上屡屡出错，而且这些错误也不被自始至终参与其事的文震孟、文震亨等人纠正呢？

（一）关于"丙寅"误作"丁卯"

实际上，那块刻有《五人墓碑记》的原碑尚在，上面赫然是"丙寅三月之望"，而且落款处有"崇祯二年（1629）孟冬既望立石"——显然，在"五人事件"具体年份问题上，张溥在写作时肯定没有搞错。所以，课程改革后的语文课本，如苏教版必修三等，已改为"丙寅三月之望"。

问题出在崇祯九年（1636）刻本《七录斋诗文合集》上。也就是说，这个本子上已经是"丁卯三月之望"了。按理说，此时张溥在世，竟然改正为错，实在令人难以理解。从1629年立碑到1636年印书仅仅七年时间！崇祯年间，张溥卷入了周延儒与温体仁的政治权力之争，不知是否过多的政治活动影响了他的学术思维。蒋逸雪所撰《张溥年谱》全文转载了《五人墓碑记》，里面的"周公之被逮"也是"丁卯三月之望"[①]，而该年谱的主要参考资料就是《七录斋诗文合集》。

从目前掌握的材料来看，崇祯九年刻本《七录斋诗文合集》是将"丙寅"误作"丁卯"的源头。张溥编书喜欢背诵默写，这也许是七年后出错的原因。对于张溥个人的诗文集，文震孟、文震亨等是难以有所作为的，更

---

① 蒋逸雪. 张溥年谱[M]. 上海：上海书店，1946：19.

何况 1636 年是文震孟的卒年。

（二）关于"三月之望"

至于"三月之望"（十五）和三月十八，显然是张溥将缇骑到苏州的日子与圣旨"开读"的日子搞错了。阉党本性嚣张，他们明知周顺昌不会逃走，在开读之前就放出风声，以起所谓的震慑作用。《明季北略》道：

> ……锦衣卫掌堂田尔耕遣官旗张应龙、文之炳等六十余人分拿公（指周顺昌）等，十五至苏州。吴县令陈子瑞，公所拔士也，夜半叩户求见，抚床而恸。……自十五日至十八日，盖通国皇皇也。开读之日，郡中士民送者数万。①

可见，从十五日到十八日，整个国家尤其是苏州百姓沉浸在极大的悲愤之中，所以，张溥等人认为"周公之被逮，在丙寅三月之望"，并非大错。

（三）关于"十有一月"

让我们再来看看《张溥年谱》：

> 天启七年，丁卯。二十六岁。十一月，放魏忠贤于凤阳，道死，诏磔其尸，作《五人墓碑记》。文曰……

从以上记载可知，张溥的《五人墓碑记》写于天启七年，即丁卯年的十一月，此年魏忠贤倒台，五人被正式安葬到如今的义风园。或许，这个"十一月"就是"十有一月"的源头？应是张溥写作时的一个笔误。这个问题，文氏兄弟等应该发现却没有发现，颇是不该。

综上可知，语文教学的文本解读，并不是一味地进行"深挖"，也可以是带领学生"找茬"，以批判性思维多作些思考，这对学生"思维的发展与提升"大有裨益。以上的推论过程，实际上也就是积极的"语文活动"。

（原载《海峡教育研究》2020 年第 4 期，署名王家伦、张长霖）

---

① 计六奇. 明季北略［M］. 北京：中华书局，1984：57.

经典文本教学的回归与出路

刘勰在《文心雕龙》中说道："经也者，恒久之至道，不刊之鸿教也。"[①] 从来源上说，经典文本从万千作品中流传下来，有着不朽的精神内涵与艺术价值；从受众看，经典文本能跨越历史，穿越山河，能与不同时空、地域、阶级的人"对话"；从文本内涵看，经典文本文质兼美，具有独创性和典范意义；从时间上看，经典文本历久弥新，常读常新。所以，经典文本能选入教材，代代相传，成为民族的文化记忆。

一、经典文本的特点与问题

永恒主义者在20世纪30年代提出，阅读经典是学习的主要途径。其代表赫钦斯说："如果想要人丧失独立思考的能力，不用焚烧书籍，只用两个世纪不去阅读就可以了。"[②] 可见，经典文本对人的影响极大。

（一）经典文本内涵丰富

文章来源于"缀文者"的"情动和辞发"，经典文本也不例外。内容的丰富、语言的巧妙与情理的碰撞，使得它经过了时间的筛选而呈现在读者面前；编写者将其选入教材，在师生与它进行的一次又一次的对话探讨中，经典文本成为经典课文。丰富性与独创性，是经典文本的核心。丰富性来源于文本，具体表现为其精美的语言、深刻的主题、巧妙的布局，从方方面面来看都是佳作；独创性是因为它有超越于其他文本的优点，具有震烁古今的力量，如此才担当得起"经典"的称号。

如朱自清的很多经典文章就是通过诗意化的朴素描写，展现了世界的美

---

① 周振甫. 文心雕龙今译（附词语简释）[M]. 北京：中华书局，2013：28.
② 全国十二院校师范大学联合编写. 教育学基础 [M]. 北京：教育科学出版社，2014：166.

与丑。语言的诗性与纯正朴实的文风，是后人难以企及的高度，也是文章的经典之处。1927年7月，朱自清写于北京清华园的《荷塘月色》，对月光下朦胧的荷塘之美作了恰如其分的描述。由于"热闹是它们的，我什么也没有"等内容的深刻性、情与景的完美结合、移步换景的结构特点、通感等修辞手法的运用等，此文被奉为经典，一直被选入中学语文课本，现仍存于部编本教材中。所以，内涵的丰富性与独创性是经典文本的本体属性。

(二) 教学中的过度挖掘

面对经典文本，教师常因其意蕴丰富而高呼"难教"，学生常因其独创深奥而高呼"难学"。教师一旦对经典文本丰富的教学价值把握不当，就会造成一些教学乱象。

其一，有些教师在课堂上无视学生，只顾深挖文本。

"教师要有一桶水，才能给学生一碗水"是传统共识，然而，在该观念指导下，面对内涵丰富的经典文本，很多教师从备课起就不断"深挖"，其结果是将经典文言文讲成了大学里的古代文学课，将小说、散文讲成了文学鉴赏课。这样的教学未免太过艰深，无法唤起学生的参与热情，课堂教学也最终演化成教师的独舞。

其二，有些教师脱离教材体系，不顾助读系统的提示而盲目挖掘文本。

因为经典文本意蕴丰富，有些教师就在这丰富的"海洋"里迷失了自己，只顾单篇文本的教学，而不顾单元及学习任务群的要求。其实，当经典摆脱了"经典"之名，它就是教材的一部分，课文与课文组合、单元与单元叠加后才能发挥"部分大于整体"的效应，限于单篇文本的教学是一种"只见树木，不见森林"的教学。

教师在备课时深挖文本确实必要，但是，不能一味地深挖和盲目地挖掘，在教学时只有将课文放回教材单元体系，在考虑学情的情况下，有所取舍和侧重，才能在课堂上介绍自己阅读课文的思路和方法，引导学生在课文中摸爬滚打。

二、经典文本入选教材的根本依据

教师应对经典文本有正确的认识：能够选入教材是因为经典文本拥有对学生核心素养培养的独特价值，而不是因为它的地位与声誉。所以，教师应该用正确眼光，把它看作选文之一，平视之。

（一）教材选择经典是因为它的多元教学价值

经典文本入选教材有主体原因和派生原因。

经典文本自身的丰富性与独特性是其被选入教材的主要原因。因为其丰富性，文章的方方面面都能成为学习模仿的范例；因为其独创性，"舍它其谁"。这两个特点是经典的本体属性，也是教育家们提倡阅读经典的原因。派生原因包括两方面：一方面，经典文本大多由名家创作，有名家光环；另一方面，"文章千古事"，很多经典文本在当时就起到了推动时局的重要作用，经过大浪淘沙流传下来成为经典，如马丁·路德金的《我有一个梦想》。

经典文本内蕴丰富，派生原因又为它加上了厚重的"历史背景板"，为其增加了派生价值。所以，教师应该厘清经典文本入选教材的主要原因与派生原因，不能因为经典文本入选之"名"而时时处处仰视之。

（二）教材体系是经典教学的依据

明确了经典文本入选课本的原因之后，教师应当将其放回到教材体系之中，依据教材体系与框架进行教学，让经典文本回归其作为优秀范文的本质属性。

《义务教育语文课程标准（2011年版）》对初中阶段的阅读提出了明确要求："诵读古代诗词，阅读浅易文言文，能借助注释和工具书理解基本内容。注重积累、感悟和运用。"为了达到这一目标，教材进行了相应的设计，如部编本初中语文教材八年级下册第三单元的单元导读中写道："自然美景，幸福生活，人所向往；奇绝艺人，精湛技艺，令人赞叹。"单元学习目标是"了解古人的思想，从记事、游记、状物等文本中，受到古人思想的熏陶"，学习方法是"借助工具书、反复诵读，品味精美的语言"。这两者与课程标准要求相呼应。

当然，单元中的选文也是为实现教学目标而设置的。《桃花源记》让学生了解古人眼里的"乌托邦"是"人所向往"的；《小石潭记》学习的是作者探山玩水背后的苦闷心情，是"自然美景"；《核舟记》中的说明顺序是学生学习的重点，展现了"奇绝艺人，精湛技艺"；《〈诗经〉二篇》让学生感慨古人的爱情之美，是"幸福生活"。这些文本都是传诵千年的经典，虽然表面"一望而知"，但语文课就是要让学生"在一望而知的文本里探索出一无所知的奥秘"来。总之，教师进行文本解读，必须使其回归单元，明确其在单元中所起的例子作用，进而明确其在整本书甚至整个教材体系中的独特意义，借助助读系统将经典价值转换为教学价值。

三、正视选文位置，发挥经典价值

经典课文与普通课文的一个重要区别是：经典流传广，学生在没有学习之前已经耳濡目染，在学习之后更念念不忘，一代代人的不断学习使其成为中华民族文化记忆的一部分。既然部编本将选文分为了"教读与自读"两种模式，那么处于不同模式下的同一经典文本就应有不同的处理方式。

（一）经典文本作为"教读课文"的教学

守住范文本位，将经典课文当作普通课文去教，明确核心知识点。如《我与地坛》是人们提到"史铁生"三个字就能想到的经典作品，史铁生的困苦与无奈都浸润于文字中。面对这样的经典教读文本，教师应从学情、文本内容、方法入手，结合教材的导读、助读系统进行备课与教学。

《我与地坛》在部编本《语文》（必修上）第七单元，单元导读建议关注作品中的景物描写和人生思考，注重分析情景交融、情理结合的手法。可见此篇文章教学的重点应是"情景结合"，可以以富有哲理的语句作为突破口来与作者对话，抓住散文之"神"。正如余虹教授所言，"在对话式的阅读中，文本不再是一堆无生命的文字材料，而是一个富有生命的灵魂，在真正的读者面前，文本将敞现他全部的生命意义和美"[1]。因此，在读者与文本对话中，教师应引导学生关注文章的重点——情与景，学生通过学习要达到的效果是把握地坛的特点——"荒芜但不衰败"，以及明确"我"在地坛时思考的几个问题——"关于死、为什么要出生以及怎么活"。最终通过语言品读使学生身临地坛"万物生长"的现场，在与作者的对话中知道"人已经出生了，死是最终的结果，而怎么活这个问题伴随一生"的道理。

因此，只有从经典文本本身出发，紧扣教材体系解读课文，深教"教读"文本，才能让经典文本彰显经典本色。

（二）经典文本作为"自读课文"的教学

部编本不仅有"教读课文"，也有"自读课文"。自读是由过去的略读发展而来的，起"反三"的作用，更强调的是学生学习课文的主动性与将教

---

[1] 余虹. 语文阅读教学对话的有效性研究[J]. 四川师范大学学报（社会科学版），2010（4）：116-120.

读课内容进行转化的实践性，是从"教读"到"课外阅读"的中间环节。自读课文中也有很多经典之作，如被公认为经典的《荷塘月色》，在部编本《语文》（必修上）第七单元中成了"自读课文"。这样的设置就决定了它要从以往的教读形式调整到自读形式，其教学任务是配合好"教读课文"《故都的秋》。如果《故都的秋》的教学目标为"通过小事物来体味秋"，那么《荷塘月色》的重点即为作者通过"荷塘"和"月"这两个景物所抒发的情感，从而使学生获得教读与自读合一的良好学习体验。也就是说，"自读"要贴合教学目标，找重点部分进行教学，不一定对所有部分进行"深究"。

（三）经典文本"剩余价值"的运用

经典文本的丰富性使其除了具有助读系统提到的教学要点外，还包含丰富的教学价值，这些内容被称为文本的"剩余价值"[①]。任何文章都有"剩余价值"，有很多地方值得细品，只是教学时要"择其要者而言"。正是因为经典的附加价值高，很多经典已经成为文化记忆，在不同教学中再次提到，学生也不会生疏，而且多次从不同角度重读经典，能达到对其的全面理解，符合斯皮罗提出的随机通达教学观点，也是对容量较大的经典文本教学的"缓兵之计"，所以选择经典文本做其他文章的补充，效果更好。

《我与地坛》就是挖掘"文本剩余价值"的资源宝库，它本身包含丰富的内容，如仅将它作为"教读课文"教学后就放置一旁，极为可惜。如教学《故都的秋》时就可以将地坛之景与"北平的清、静、悲凉"作比，看看不同作者眼中的北京有什么差异；教学《荷塘月色》时，就可以将史铁生的人生感悟与朱自清抒发之情相比较，了解这两位著名作家的苦难与辉煌；也可以将《我与地坛》与过去所学的《秋天的怀念》相结合，加强对母亲形象及史铁生作品的理解。在语文教学中，经典是具有广阔的可释空间的文本，将它作为实现教学目标的辅助材料，定会使教学内容充盈不少。

发挥经典文本作为"教读课文"的价值，即教师要在教学时意识到经典的本质是文质兼美的优秀文本，必要时要将经典之"名"抛在脑后，从文本自身出发细斟酌、巧打磨，深挖文本内涵；同时发挥经典文本作为"自读课文"的作用，也就是发挥它作为"配角"的价值，浅浅地教，这样才能最大限度地展现属于经典的生命与美。

[①] 高群，王家伦. 教材文本"剩余价值"的开发［J］. 语文教学与研究，2010（32）：106-107.

总而言之，在教学中应该使经典课文放下"架子"，还它范文本色。当然，在从教材体系出发平视它的同时，也不应忽略经典所包含的丰富精神价值。

（原载《教学与管理》2021年第36期，署名王彦婷、王家伦）

影响阅读教学文本解读的因素分析

阅读教学的任务是教会学生读书，阅读教学的凭借是教学文本。教材是可变的，教材不过是教学的例子。不变的是什么？是"语文"本身。"语文"是用教材教，而不是教教材，这便涉及文本解读了。文本解读的任务是培养学生的"语文""能力点"，这就要求教师在处理"写的是什么"和"怎么写的"这两者之间的关系时，更加注重后者。我们认为，影响文本解读的因素，可以从如下几个方面分析。

一、第一因素：课程标准

课程标准是对学生经过一段时间的学习后应取得的知识水平和能力水平的界定与表述。它根据教育方针和教育总目标确定，主要包括内容标准和表现标准等相互联系的几个方面，体现国家对不同阶段的学生在知识与技能、过程与方法、情感态度与价值观等方面的基本要求，规定各门课程的性质、目标、内容框架，同时也提出了教学和评价建议。[①]

（一）课程标准确定语文该教什么

《基础教育课程改革纲要（试行）》指出："国家课程标准是教材编写、教学、评估和考试命题的依据，是国家管理和评价课程的基础。"《义务教育语文课程标准（2011年版）》与《普通高中语文课程标准（2017年版）》在"课程性质"上都认为"工具性与人文性的统一，是语文课程的基本特点"。也就是说，课程标准通过对课程性质的阐释规定了文本解读的两个主要维度——"工具"与"人文"。如对《背影》的解读，我们既可以从语言表达

---

① 中华人民共和国教育部. 教育部关于印发《基础教育课程改革纲要（试行）》的通知［EB/OL］. http：//www.moe.gov.cn/srcsite/A26/jcj_ kcjcgh/200106/t20010608_ 167343. html.

入手，解读倒叙、形象描写、细节描写等手法的作用，也可以从内容理解上切入，解读父爱如山、父子情深等。

有人认为阅读教学课的"无趣"在于无非就讲点"写作手法"和"思想内涵"。岂不知这正是"语文"的"有趣"所在。万千文章，都是那么些被凝练的言语形式，然而这便是穷其一生也用不尽的"文"，即"工具性"；传世经典，"叹"的无非是一个"道"，"感"的就是"中心思想"，这就是"人文性"。这一"文"一"道"便是"语文"，便是"天地人生"。没人敢说自己能全用好了、全悟尽了，语文课也就自然还是得讲"语文"本身。

那么，"工具"和"人文"之间的关系究竟怎样呢？

《义务教育语文课程标准（2011年版）》强调："语文课程致力于培养学生的语言文字运用能力，提升学生的综合素养，为学好其他课程打下基础。"《普通高中语文课程标准（2017年版）》提出了语文核心素养的四个维度，并着重指出："语言建构与运用是语文学科核心素养的基础，在语文课程中，学生的思维发展与提升、审美鉴赏与创造、文化传承与理解，都是以语言的建构与运用为基础，并在学生个体言语经验发展过程中得以实现的。"具体来说，就是通过"工具"来渗透"人文"。

（二）由课程标准认知文本解读的价值取向

既然语文课程学习的是"语言文字的运用"，那么，文本解读的主要目的正是让学生理解"怎么写"，即指向文本的言语形式。

这就好比解读电影艺术。拍电影的人通过电影这个"工具"传达自己的思想，使观看者通过不同的电影学会感悟人生，学会"人文"，然而观众并没有办法通过感悟人生来学会如何拍电影。而语文教学不是要学生"当观众"，而是让学生"拍电影"，让学生学会利用"工具"来表达自己心中的"人文"。这也论证了"人文"并不能渗透"工具"的道理。

例如，《祝福》这个文本解读的重点应放在倒叙、肖像描写或者人称转换这些"工具"的部分。假设文本解读的重点指向对祥林嫂的肖像描写，在师生共同解读鲁迅如何利用肖像描写来刻画祥林嫂这个人物的过程中，学生可以感受到封建礼教对女性的迫害，感受到那个时代人民的愚昧；而如果将解读的重点放在封建礼教或者人民愚昧上，一来难以测试学生是否理解，二来也不可能通过理解封建礼教凶残或人民的愚昧来掌握肖像描写这一手法。所以，文本解读的关键还应是"因文解道"。

二、第二因素：学生现实

阅读教学的对象是学生，学生的生理与心理状态，必然对阅读教学目标的达成产生直接影响。文本解读的目的是服务学生的语文学习，所以学生的实际情况也是影响文本解读的重要因素之一。

（一）学生的最近发展区

教育教学要符合学生的身心发展规律。维果斯基提出了"最近发展区"理论，他认为学生的发展有两种水平：一种是学生的现有水平，即学生独立活动时所能达到的解决问题的水平（以下简称"水平一"）；另一种是学生可能的发展水平，也就是通过教学所获得的潜力（以下简称"水平二"）。两者之间的差异就是最近发展区。皮亚杰认为，学生的心理发展分为四个阶段，小学、初中、高中的学生分别处于不同的认知阶段。义务教育与普通高中教育共同完成了学生由"具体运算阶段"向"形式运算阶段"的过渡，完成了学生从儿童向青年的转化。在这一过程中，学生的生理与心理都发生着巨大变化。[1]

教学必须合理训练儿童的表象思维和逻辑思维，只有合理利用学生的最近发展区，在教学设计时将"水平一"与"水平二"两者综合考虑，才能更好地调动学生的积极性，发挥其潜能，通过量变产生质变，不断超越现有的最近发展区，追求下一个发展区的发展，形成一种良性循环。

所以，文本解读的深度要考虑学生"跳一跳够得着"。如果学生跳了够不着，他们就不愿意再跳了。

（二）当今学生的实际水平

根据"最近发展区"理论，教学必须考虑学生的实际发展水平，即学生的"水平一"。新课程改革以来，在学生的自主性得到增强的同时，我们不得不遗憾地面对学生"语文"能力下降这一问题。这并不是危言耸听，不管是实际参与一线教学的语文教师，还是参与中考、高考阅卷的老师，都有直观感受：基础题丢分严重，阅读理解"看不懂"，作文审题难、写作更难，提笔忘字、下笔即"病"、词不达意者比比皆是。总有人不停地呼喊着，教师不能跪倒在学生的成绩面前，然而，作为检测学生学习成果的手段，中

---

[1] 桑青松. 学习心理研究［M］. 合肥：安徽人民出版社，2010：69.

考、高考所呈现出来的大规模、群体性问题，真正的语文教学工作者还是必须警醒的。当然，我们在此强调反思语文教学现状的目的在于文本解读时对学生水平的正确考虑，这也是教师确定教学目标时必须考虑的"学情"的一部分。文本解读需要结合实际，不能过于高估学生的"水平一"。所以说，必要时执行"深文浅教"颇有现实意义。

三、第三因素：作者文本

在语文教学中会经常听到这句话："要尊重作者的本意。"作者在文本写作，尤其是进行文学作品的创作时，会受到自己人生经验的影响，通过作品来传递一定的价值观。文本分析确实要尊重作者的本意，这有利于学生进行思考，加深对文本社会价值的理解。然而，作者本意却不一定适合教学。文本解读时，我们需要考虑作者文本与学生的相合性，这是从上文"水平二"的角度进行的思考。学生发展的"未完成性"与"未成熟性"要求教师在利用最近发展区进行教学的过程中，对学生的发展方向做合理的引导。

我们认为，有些作者文本的原方向不一定适用于学生的发展方向，这是文本解读时遇到的一个问题。以《愚公移山》为例，"有所不为"的思想是道家对儒家"有所为"的辛辣讽刺。然而，正如埃里克森的心理发展阶段理论所警示的，我们能对学龄期和青年期的孩子强调"无为"吗？这不是对他们正积极进取着的人生的"当头棒喝"吗？所以教师要"改"。教师的引导是不该让十三四岁的学生相信"神佑"，而是让学生懂得"人定胜天"，只要下定决心，足够努力，"神"就会自然而然来帮你。而这个"神"并不是缥缈的宗教产物，而是实际存在着的人民群众。

作者文本的立意远高于学生的最近发展区，这是文本解读时的另一个问题。这不得不让笔者想起某特级教师的著名课例《雷雨》。这位教师按照作者的早期本意，从宿命论的维度解读《雷雨》。[1] 成年人听到"宿命"两字尚且背后发寒，十六七岁的孩子们又当作何感想呢？完全不懂的学生丧失的是对文学经典的兴趣，半懂不懂的学生可能发生的是思想混乱；即使有极少部分能懂的，难道要让这个阶段的孩子对被命运捉弄着的周朴园生出怜悯、对命运本身发出无可奈何的感慨吗？

所以解读文本时，作者文本诚然要考虑，但更该考虑的是作者文本与学

---

[1] 韩军.《雷雨》课堂实录［J］.语文教学通讯，2015（10）：34-40.

生发展的相合性。也就是说，在必要的时候，不一定要挖掘到"作者本意"。

四、第四因素：教材体系

教师在以教材为凭借进行教学时，文本解读需要建立在对教材体系理解的基础之上。这需要利用整体与局部的哲学观点来统筹教学设计。

第一是教材的选文系统、知识系统、助读系统和训练系统。从这一角度而言，笔者认为部编本的设计显然有着对"工具"与"人文"的双重重视。

2017年年底，笔者（王）依照自己对部编本教材四大系统的理解，到中学执教《皇帝的新装》。备课时，故意不查"教参"，也没有寻求百度的"启发"，而是静下心来研究教材本身，以解读文本。

就文本而言，《皇帝的新装》与其他一般选文一样，具有多元性。从"工具"维度来看，按时间顺序安排材料、通过典型事例表现人物、丰富的想象、人物描写符合人物性格、极度的夸张等都是这篇文章比较有特色的"点"；从"人文"的维度来看，培养真诚的品质、敢于正视现实、敢于揭露社会中的假丑恶等，都是可以引导的内涵。而笔者注意到，这篇文章被安排在七年级上册第六单元，作为助读系统的单元提示写着"培养学生的想象能力"，而课文导读部分又写道，"巩固学生对童话的认知"，而童话最大的特点就是丰富的想象。训练系统里，还有"真话的勇气与代价"等语句。综合考虑这些，笔者主要从"想象"和"自欺欺人"出发解读文本，并将这堂课的教学目标制定为"较为深入地理解想象的作用"和"深刻理解对皇帝等人虚伪、愚蠢和自欺欺人的讽刺"。

第二则是教材的整体编排，掌握教材选文的整体与局部，即掌握教材整体是如何编排的，教材的每一篇选文，即局部又各自如何。教师只有把教材整体放在心里，才能更好地统筹每一个局部的设计，把握对每一篇文本进行解读时应掌握的"深"与"浅"，更好地进行教学。

五、第五因素：读写转换

一般教师都认为可以通过阅读教学启发写作教学。其实矛盾双方是可以相互转化的，我们今天就来个"逆向思维"，谈谈写作教学对阅读教学文本解读的启示。

单项写作训练和综合写作训练是写作教学常见的两种形式，前者练细节，后者教框架。可见文本解读也可以从这两个方面进行考虑。

一是谋篇布局。综合写作训练要求学生写出完整的文章，文本解读时就需要教师向学生作文的谋篇布局倾斜。当然，认识文本的谋篇布局自然不只是利于写作，整体来看，对文章框架的掌握也有助于学生对文本的理解。这种理解有"道"的层面上的，如常见的总分总结构，首尾呼应起到了深化中心的作用。仔细揣摩开头和结尾的重点句，在文本解读时有利于更快、更准地把握文章中心。这在说明文和议论文中尤为突出。以苏教版必修一的《六国论》为例，文章采用了总分的结构，开门见山，亮出"六国破灭，弊在赂秦"的观点，然后分别论述"赂秦者力亏"和"不赂者失掉强援"两个分论点。学生通过对文本谋篇布局的分析与解读，就可以准确把握每一段的中心思想，继而把握"不可从六国破亡之故事"这一主旨。而这种理解过程的本身就是针对着"文"，所谓"熟读唐诗三百首，不会作诗也会吟"。总分结构、平行结构、递进结构，学生学会了这些，写作时自然就有了底气。

二是细节描写。这里的细节描写并不是仅仅指向记叙类文本里的动作、语言、神态等，也包括议论文、说明文里的具体阐述。单项写作训练练的就是"部分"。学生学语文，运用语言文字主要是为了表达与交际。这就告诉我们，文本解读时，得解读到文字"背后"。如《祝福》，明明是旧历年底，开头为什么写"灰白色的沉重的晚云中间时时发出闪光，接着一声钝响"？因为这样的对比渲染出了环境氛围的压抑，人物在这样的环境中出场，也暗示了她的结局。如《谏太宗十思疏》，魏征是怎样从身边浅显通俗的例子入手，利用比喻论证的方法，达到劝谏太宗居安思危目的的？同一个论据，他又如何步步深入，不同的论据又是怎样合理编排的？……这些都是文本解读时必须要做的。

当然，文本解读不管是着重于谋篇布局还是着重于细节描写，都有利于加强学生的思维训练，这样学生利用语言文字进行写作和交际时，会更有逻辑性，更能"出彩"。

在实际的解读过程中，除了上述这几个因素外，时空的不同、教师水平的差异、师生双方的融洽程度等都将影响教师对文本的解读。所以，必须根据实际情况，不断适时调整。然而不管如何调整，只要心中明确教学方法的讨论最终都是为了服务"语文"本身，就不会偏颇太多。

（原载《新课程研究》2018年第8期，署名王家伦、仲捷敏）

论文本之"文"解读的三个维度

"新课改"已实施多年了，但在具体实施的过程中，很多语文教师还不会设置课堂教学目标。有一堂课设置五六个教学目标者，有从"三维"出发，凑成三个目标者，有将主体教学目标的价值取向指向"人文精神"者。《普通高中语文课程标准（2017年版）》（下文简称"2017课标"）从四个维度提出了语文学科的核心素养，并着重指出："语言建构与运用是语文学科核心素养的基础，在语文课程中，学生的思维发展与提升、审美鉴赏与创造、文化传承与理解，都是以语言的建构与运用为基础，并在学生个体言语经验发展过程中得以实现的。"可见，我们解读教学文本，制定教学目标，主要应该指向文本中语言的建构与运用。我们认为，指向文本中语言的建构与运用，可从以下三个维度出发。①

一、指向文本的谋篇布局

谋篇布局，指的是文本部分与部分、部分与整体之间的内在联系和外部形式的统一；文本的谋篇布局，是运用材料反映中心的载体。文本的谋篇布局，实际上就是作者的思路。理清文本的谋篇布局是解读文本的必要条件。

（一）对文本谋篇布局的认知

常见的文本谋篇布局方式有四种：并列式、总分式、对照式、递进式。部编本初中语文教材中的选文谋篇布局的设置总体指向常规，大部分文章采用总分总的形式。如《雨的四季》（七上），开头和结尾总说雨的总特点，中间部分则采用并列式的结构，分别写了雨在四季的特点。就论述类文本而

---

① 为叙述简洁，下文凡涉及部编初中教材和苏教版高中教材的课文仅标册数。

言，《谈骨气》（冀教版八下）和《六国论》（必修二）也是典型的总分式结构。分析文本的谋篇布局，可以帮助学生更好地把握文章的层次，体会作者谋篇布局的妙处。

实际上，不同的文本都有自己特殊的谋篇布局方式。

如叙述类文体中，《我的老师》（人教版七上）和《祝福》（必修二）等的叙述人称与被叙述人称的转换；《背影》（八上）的倒叙，《从百草园到三味书屋》（七上）和《杨修之死》（人教版九上）的插叙，《同志的信任》（人教社1987年版初一上）中的倒叙和插叙结合；《背影》通过形象特征表现人物，《社戏》（八下）通过典型事例表现人物；《药》（人教社1983年版高中第一册）《柏林之围》（人教社1983年版高中第四册）等的双线平行；《林黛玉进贾府》（必修二）的"千呼万唤始出来"；再如《植树的牧羊人》（七上）中，作者通过直接描写与间接描写相结合的手法，把牧羊人的慷慨无私、忠厚踏实、坚定不移从多个角度呈现出来……

论述类文体中，《师说》（必修一）和《拿来主义》（必修三）的立论与驳论结合。当然，另有分别从论点、论据、论证进行驳斥的典型的驳论文，如《中国人失掉自信力了吗》（九上）和《季氏将伐颛臾》（必修四）……

写景类文体中，《春》（七上）通过几幅画面表现景物，通过不同的感官写景……

另外，各类说明性文体和实用性文体也都有着自己特有的谋篇布局方式。

（二）指向文本谋篇布局的积极作用

认知文本谋篇布局对帮助学生掌握文本内容有很重要的作用。从整体来看，在教学过程中，学生通过分析文本谋篇布局能够更好地把握文章的中心，体会作者想要表达的思想感情，即服务于对"道"的认知。例如常见的总分总结构，首尾呼应起到了深化中心的作用，学生通过分析文本的谋篇布局，仔细揣摩开头或结尾的重点句，能够更快地把握文章的中心。这在说明类文本和议论类文本中表现得尤为突出。以经典议论文《劝学》（必修一）为例。文章总体采用了总分的结构，开篇"君子曰：学不可以已"，直接亮出观点，在二、三、四自然段中分别阐释三个分论点，学生通过对文本谋篇布局的把握可以准确地把握文章的中心意思，这对学生思维能力的培养大有助益。

另外，分析文本谋篇布局，帮助学生树立文章的结构意识，也是使学生作文写作更富有逻辑性甚至"出彩"的关键。

（三）分析文本谋篇布局的要点

分析文本谋篇布局首先要理清思路，可从三个方面考虑，分别是标题、关键句和关键词。

首先，标题可作为分析文本谋篇布局的重要参考依据，文章的关键词、句也和标题有很大的关联。如《谈骨气》《劝学》《师说》等，从标题就可看出是论述类文体，那么，分析时可以首先从论述类文本的特点出发。如《春》《济南的冬天》（七上）和《醉翁亭记》（九上）等一看就知道是写景类文本，那么，分析时就应该首先从写景类文本的特点出发考虑。

其次，可以通过两种方式捕捉关键句。从内容上来说主旨句、情感句、概括句、观点句都可作为划分文本谋篇布局的重要参考依据；从结构上来说，总领句、总结句、过渡句，置于文首、文尾或段前、段后的句子，都应该受到格外的关注。这些句子对分析文本谋篇布局、理清文章思路起着关键作用。例如《老王》（七下）一文中，最后一个自然段从内容上来说是情感句，从结构上来说是文尾的句子，对于全文所要表达的情感起到总结和升华的作用，表现出了作者对老王的同情和愧怍。

最后，除了标题和关键句以外，关键词也对分析文本谋篇布局大有帮助。具体来说，关键词从结构上可分为两类，一类是关联词，一类是顺序词。

关联词可细分为表并列的"和""以及""另一方面""同时"，表递进的"不仅如此，而且……""甚至""更进一步讲"，表转折的"然而""不过""其实""与其相反"，表因果的"因此""所以""总而言之""由此可见"等。

顺序词能表示材料的主次轻重或问题的几个方面，如"首先""其次""第一""第二"等。此类关键词在说明类文本、论述类文本中更为常见。

从内容上来说，关键词常常与一些细微的动作、不易察觉的情感有关，读者借助关键词能够更好地把握文本的内容。如《背影》中"这时我看见他的背影，我的泪很快地流下来了。我赶紧拭干了泪。怕他看见，也怕别人看见"这句话中，"赶紧""怕"都是关键词，透过这两个词读者更能体会到作者既感动又害怕被父亲看见的复杂情绪，这句话也成了作者情绪的转折点：从对父亲有些许厌烦转为感动。

二、指向表达方式

部编本教材九年级下册第五单元明确提出了"选择恰当的表达方式"的写作要求，由此也可见表达方式对文本的解读尤为重要。相对谋篇布局而言，表达方式比较"微观"。

（一）不同表达方式在文本中的作用

表达方式可从不同的标准分类，下面择要分析几种。

其一，描写。作为记叙类文本尤其是文学创作的主要表达方式之一，描写绝对应该受到重视。

从人物描写来看，肖像描写、神态描写、动作描写、语言描写、心理描写等都值得研究。《叶圣陶先生二三事》（七下）中就有一段典型的人物描写："例如一些可以算作末节的事：有人到东四八条他家去看他，告辞时，客人拦阻他远送，无论怎样说，他一定还是走过三道门，四道台阶，送到大门外。告别，他鞠躬，口说谢谢，看着来人上路才转身回去。"这样的描写表现了叶圣陶先生在日常生活中的宽厚待人。此例中的"三道门，四道台阶"作为环境描写也从侧面烘托出了叶圣陶先生的可贵精神，一连串的副词如"无论""一定""才"也对塑造人物形象起重要的辅助作用。再如《回忆鲁迅先生》（七下）中，开头就运用了直接描写的手法，把鲁迅先生的笑声明朗、走路敏捷写得生动有趣，给人留下深刻印象。

以景物描写来说，部编本教材七年级上册第一单元的三篇现代文《春》《济南的冬天》《雨的四季》都是以景物描写为主的典型，教师在课堂教学目标的设置中应把学习景物描写的表现手法作为重点。《社戏》中的景物描写极具特色，作者采用了多种感官相结合的方法，从视觉（月色朦胧，连山起伏，多种色彩）、听觉（横笛宛转、悠扬）、嗅觉（夹杂着水气的两岸的豆麦和河底的水草所散出来的清香）等方面，描绘了月夜行船的画面，情景交融，充满江南水乡的灵秀，体现了作者去看社戏途中的迫切、看社戏时的兴奋、兴尽而返的喜悦，表达了作者对水乡之景的热爱之情。

其二，抒情。记叙文中运用抒情的手法，能够增强文章的感染力，深化文章主旨，使文章韵味无穷。部编本教材七年级下册第二单元作文教学中，集中介绍了抒情手法，具体阐释了直接抒情与间接抒情的意义及其作用，并指导学生运用抒情手法进行写作。

《雨的四季》中，最后两个自然段作者采用第二人称直接抒情，表达了对雨的赞美和依恋；《土地的誓言》（七下）中，采用直接抒情的手法表达了对祖国强烈的热爱之情；《黄河颂》（七下）中，采用直接抒情与间接抒情相结合的方法，表达了作者对黄河的热爱与依恋之情。上述三文虽然内容不同，但都是抒情美文，教师指导学生通过已学内容理解抒情手法的运用，并把抒情手法运用到写作中，学习"文"如何为"道"服务。

其三，议论。这里指的是议论这一表达方式。叙述类文本中采用议论的手法能够赋予人物、事件、环境更深层的意蕴，拓展读者的思维，加深认识和体验，起到画龙点睛的作用。部编本教材七年级下册第五单元以"生活哲学"为主题，在几篇叙述类文本中或夹叙夹议，或议论抒情，把作者对事物的见解和态度通过议论的手法表现出来，使文章鲜明、深刻，具有较强的哲理性和理论深度。

《紫藤萝瀑布》（七下）文末采用了议论的表现手法，"花和人都会遇到各种各样的不幸，但是生命的长河是无止境的"一句话点明了中心，升华了主旨，引发读者深思，使文章有了启迪灵魂的力量。《一棵小桃树》（七下）同样也在文末采用了抒情与议论相结合的手法，既点明了文章的中心，又表达了作者对小桃树的喜爱之情，把作者的志情与小桃树融为一体，以小见大，从细微处展现生活哲学。

其四，说明方法。这里主要就说明类文体而言。说明是用简明扼要的文字，把事物的形状、性质、特征、成因、关系、功用等解说清楚的表达方式。部编本教材八年级上册第五单元的"单元提示"为"把握说明对象的特征，了解文章是如何使用恰当的方法来说明的"，其作文要求是"抓住特征说明事物"，其实质指向甚为清晰。

八年级上册的四篇课文《中国石拱桥》《苏州园林》《蝉》《梦回繁华》都是说明文。以《中国石拱桥》为例，全文采用了多种说明方法："石拱桥的桥洞成弧形，就像虹"采用了打比方的说明方法，形象生动地说明了石拱桥的外形特点；"赵州桥非常雄伟，全长50.82米"，用列数字的手法准确说明了桥的长度；"唐朝的张嘉贞说它'制造奇特，人不知其所以为'"以引用的手法，准确表明了赵州桥的制造技艺高超；"由于各拱相连，所以这种桥叫作联拱石桥"，则运用下定义的说明方法，明确指出了说明对象的基本特征。其他的说明方法还有作比较、举例子、分类别等，在此不一一赘述。

（二）分析表达方式的具体方法

分析表达方式是检测学生阅读能力的重要途径，培养学生分析表达方式的能力对提高学生的阅读素养具有重要意义。

分析表达方式要求学生依次掌握三项技能。首先，教师应引导学生对表达方式的种类及意义有清晰的认知，并在此基础上对具体课例的表达方式形成准确的判断。如《老王》和《藤野先生》（八上）通过人物语言和动作描写表现人物，《紫藤萝瀑布》中的议论手法深化文章主旨，引人遐想，《我爱这土地》和《乡愁》（九上）都是运用抒情手法的典型例子。说明方法在说明文中的广泛运用，上文已举多例，此处不再赘述。文章中各种表达方式亦可穿插使用，以其一为主，其他为辅，共同提升文章的审美意趣。如鲁迅先生的《从百草园到三味书屋》和《故乡》（九上），在记叙中倾注了作者真挚的情感，闻一多先生的《最后一次演讲》（八下）则在叙述中加入铿锵的议论与澎湃的情感，余音绕梁，激奋人心。

其次，学生应针对表达方式结合文本对文章进行具体的词、句、段的分析，加深对表达方式的理解。《老王》中，作者细致入微的肖像刻画和细腻的心理描写使老王的形象鲜活了起来。文中第三部分对老王的外貌、神态、动作都作了极为精细的描写，如外貌描写："面如死灰……打上一棍就会散成一堆白骨"；动作、神态描写：来的时候是"直僵僵地镶嵌在门框里""直着脚往里走"，走的时候是"滞笨地转过身子""直着脚一级一级下楼去"，一个垂死病人憔悴的面容、枯瘦的身躯和僵直的动作鲜活地呈现在读者眼前。

最后，结合上述分析体味表达方式对助益文本谋篇布局、深化文章情感、丰富文本内容的作用。同样以《老王》为例，"我"听到老王死讯后的一段心理描写集中表现了一位善良的知识分子对不幸的劳动者的真挚情感和复杂的心理活动。例如："我""看他直着脚一级一级下楼去……我不能想象他是怎么回家的"，字里行间透露出"我"对老王既关心又担心和愧疚的复杂心情。又如最后一段："我回家看着还没动用的那瓶香油和没吃完的鸡蛋……几年过去了，我渐渐明白：那是一个幸运的人对一个不幸者的愧怍"，更是真实地表现了"我"当时复杂的心态：自省、愧怍、不安、悲伤、痛楚……

三、指向语言特色

相对前两个维度，文本的"语言特色"更为微观。

《义务教育语文课程标准（2011年版）》指出："语文教学要注重语言的积累、感悟和运用，注重基本技能训练，让学生打好扎实的语文基础。"而语言的积累需要一个长期的过程。相较于良莠不齐、浩如烟海的课外读物（尤其是网络读物），精挑细选、文质兼美的教材文本更适合作为学生言语积累的素材和典范。

（一）文本语言和学生的言语积累

"2017课标"明确指出："语文课程应引导学生在真实的语言运用情境中，通过自主的语言实践活动，积累言语经验，把握祖国语言文字的特点和运用规律……同时，发展思辨能力，提升思维品质，培育社会主义核心价值观，培养高尚的审美情趣，积累丰厚的文化底蕴，理解文化多样性。"显然，学生要想形成系统的知识体系架构，必须从文本语言中汲取精华。对于文本语言的把握是学生进行语文学习的基础，因此，巧用文本语言助力学生的言语积累成为教师教学的关键环节。

（二）认知文本特色语言对文本内容的积极作用

《台阶》（七下）是一篇典型的记叙文，如果用一个课时教学这篇文章，可以设定一组教学目标：其一是品味文本语言，掌握本文通过细节描写展现父亲复杂心理的手法；其二是体会父亲勤劳肯干、坚韧不拔的精神和谦卑的秉性。通过这两个教学目标，学生就能重点掌握"细节描写"这一手法。要深入解读这一手法，就必须对一些关键语句进行品味。如第21自然段中，"许多纸筒落在父亲的头上肩膀上，父亲的两手没处放似的，抄着不是，贴在胯骨上也不是。他仿佛觉得有许多目光在望他，就尽力把胸挺得高些，无奈，他的背是驼惯了的，胸无法挺得高。因而，父亲明明该高兴，却露出些尴尬的笑"，对父亲进行了细致的描写，形象生动地表现出了父亲身上中国农民特有的谦卑，当新台阶造好后，他反而处处感到不对劲，不自在；从"驼惯了的背"可以读出父亲勤劳、坚韧的品性。在课堂教学中引导学生对文本之"文"进行解读，能让学生在品味文本语言的同时自然而然地领会文本之"道"，"道"的解读不应成为"我只要最高层"式的凭空架构，而应该是基于对"文"的扎实品味中体会到的情感升华。

（三）指向语言特色的主要涉及点

这里的"语言特色"从较为微观的具体表达层面来说，主要指语言风格和修辞。

其一，语言风格。语言风格涉及两个方面，一是不同的文体有不同的语言风格，二是不同的作者语言风格也有所不同。了解风格是掌握文本内容的必要前提，所以教师在引导学生品味语言的过程中，让学生品味语言风格颇为重要。

首先，不同体裁的文章有着与之相称的语言风格。曹丕《典论·论文》有言："夫文本同而末异，盖奏议宜雅，书论宜理，铭诔尚实，诗赋欲丽。"①

具体来说，"生动形象，富有表现力"是记叙类文本的语言特色。比如，通过具体生动的语言使记叙文中的人物形象跃然纸上，给人呼之欲出之感。说明文的语言特色总体上来讲有准确、简洁、富有表现力的特点，无论是事物说明文还是事理说明文，抑或是科学小品文都不能例外。说明类文本总体的语言风格较容易把握，个性化的语言特点则需要立足文本，通过分析文本语言来进行把握。而议论文的语言特色则是严谨而逻辑性强。

其次，文章的语言风格和作者有关。不同的作家由于所处时代、自身经历、社会环境的不同，其语言风格也大相径庭。如冰心的柔美隽丽，朱自清的绵密醇厚，叶圣陶的清淡平实，徐志摩的繁复浓丽，巴金的热情坦诚，汪曾祺的奇崛平淡，余光中的雅致端丽……同一个作家随着个人的成长、阅历的变化，语言风格也会有所不同，了解写作背景和作者的生活经历可以对语言的把握提供思路。

其二，修辞。所谓"修辞"，指的是在使用语言的过程中，利用多种手段以收到尽可能好的表达效果的一种语言活动。这里主要从遣词造句和辞格两个维度进行阐述。

部编本教材中不乏优质的文本，文本中的语言锤炼颇值得分析研究。《老王》中"他简直像棺材里倒出来的"中的"倒"用得精妙，"倒"是个被动的词，更能体现出老王被病痛折磨得已毫无生气的身体状况，表现出作者对老王的同情与痛惜，如用"爬"之类的词则没有这样的表达效果。

---

① 曹丕. 典论·论文 [A] //萧统. 文选 [C]. 北京：中华书局，1981：720.

很多情况下，修辞由具体的辞格表现。高考《考试说明》提出的修辞格有比喻、比拟、借代、夸张、对偶、排比、设问、反问、反复等。如《紫藤萝瀑布》中的比喻、比拟手法尤为典型；《白杨礼赞》（八下）中的排比手法历来为人所称赞，三个"难道"语音上朗朗上口，过耳不忘，内容上层层深入，气势恢宏，表现出了战士的勇敢、顽强、坚韧不屈。至于其他一些辞格的具体作用，此处不再赘述。当然，我们的教学不能唯高考马首是瞻，如《荷塘月色》（必修二）中的通感，以及古代文学作品中常见的互文等修辞格，都可作为教学的目标。

将修辞作为课堂教学的目标，带领学生从文本中学习修辞，对提高学生阅读能力、写作能力的作用不言而喻。

这里必须强调的是，我们提倡解读文本与设置教学目标主要应从文本的语言形式考虑，并不等于否定教学文本所负载的思想内容；我们认为，通过"工具"渗透"人文"[1]是语文教学的基本途径，这就是 2017 年课标所谓的"语言的建构与运用是语文学科核心素养的基础"。同时，解读文本的语言形式从三个维度考虑，并不是说每个文本的教学都必须从这三个维度出发。我们认为，"一课一得"（"文""道"各一）是必须遵循的原则。具体而言，每一节课究竟从哪个"点"出发，必须考虑两个"最"：文本的最主要特色和学生的最近发展区。

（原载《江苏第二师范学院学报》2018 年第 3 期，署名王家伦、宋芝佳）

---

[1] 欧阳芬，王家伦. 语文教学：借助"工具"渗透"人文"[J]. 中学语文，2009（Z1）：22-24.

语文教学的"平民化"

寻找进入"故乡"的路

教学文本（尤其是文学作品）的解读、执教，要从教材的编排体系出发。如《安塞腰鼓》，本在苏教版教材小学六年级上册"民间技艺"单元，在解读、执教时就不应脱离"民间技艺"；这篇文章还出现在部编本教材初中八年级下册第一单元，根据单元要求，教学重点就该是品味作品中富有表现力的语言。就《故乡》这篇小说而言，要进入"故乡"，就必须了解《故乡》在当下教材中的具体地位，从而找出解读、教学的路径。

路径一：单元导读

在部编本教材中，每个单元都有一段导读文字，这段导读文字是逐步达成课程目标的必要点拨。也就是说，关注单元导读，是进入教材中的"故乡"的第一条路径。

《故乡》被安排在部编本教材九年级上册第四单元，本单元的三个文本分别为《故乡》《我的叔叔于勒》《孤独之旅》。单元导读文字如下：

> 本单元的小说，或涉及少年成长这一话题，或从少年视角观察世间百态，取材独特而广泛。……学习这个单元，要学会梳理小说情节，试着从不同角度分析人物形象，并结合自己的生活体验，理解小说的主题。

显然，单元教学应该从这里出发，这是单元共性的显现。也就是说，一方面，必须在"小说"的视域下进行教学活动。虽然说初三学生应该早已了解了"小说三要素"，但是，借助这个单元的学习，在实际操作中带领学生对"小说三要素"进行复习，对即将到来的中考及今后的高中学习，均有裨益。实际上，该单元的"综合性学习"就是"走进小说天地"，可见编者的重心所在。所以说，在部编本教材体系下，任何轻视甚至无视"小说三要素"的解读都不能说是"正确"的。

另一方面，必须站在"少年视角"上解读本单元的文本。"我"在看到中年闰土时想到了少年闰土"紫色的圆脸，红活圆实的手"；"我"在看到中年杨二嫂时想到了当年的杨二嫂"擦着白粉，颧骨没有这么高，嘴唇也没有这么薄"；文中的第二次环境描写"深蓝的天空中挂着一轮金黄的圆月，下面是海边的沙地，都种着一望无际的碧绿的西瓜，其间有一个十一二岁的少年，项带银圈，手捏一柄钢叉……"这些都是"少年视角"的展现。

苏教版《故乡》所在单元的主要目标，是以文学是"生活的教科书""文学是人学"作为出发点，认为读文学作品就是读自己、读社会、读人生；而在部编本教材中，该文所在单元的主要目标是理解"少年视角"以及掌握"小说三要素"。显然，前者倾向于文本内容，后者侧重于文道结合。那么，解读该从哪儿出发，就明确了。

路径二：课文预习提示

部编本教材的教读篇目前都有一段预习提示，这段预习提示就是解读文本的"纲"。作为单元之首的《故乡》，其预习提示如下：

> 在小学阶段，同学们都学过《少年闰土》这篇课文吧？在你的印象中，闰土是一个怎样的孩子？想象一下，他长大以后会变成什么样子呢？

显然，这提示我们，教学这篇颇具"个性"的课文，应该将具体的教学定位在"对比手法的运用"上。

就单元总目标而言，应该定位在"少年视角"和"小说"上，这是"共性"；就《故乡》而言，应该定位在"对比手法的运用"上，这是作为本单元的一个教学文本的"个性"体现。因此，我们在《故乡》的教学设计中，必须兼顾共性与个性。如此，就找到了指引进入"故乡"的"明灯"。

首先，对比分析人物形象中"我"的情感。

文本刻画的两个主要人物是闰土与杨二嫂，学生可以对比分析两者的形象。在作者笔下，"我"对两人的情感不同，这在描写、叙事、称呼等方面都有体现。

在描写中，作者主要通过外貌描写、语言描写、动作描写等来凸显不同年龄段的闰土的变化。如在外貌描写中，"我"看到中年闰土那"灰黄"的脸，"很深的皱纹"，眼睛"周围肿得通红"，"头上是一顶破毡帽，身上只一件极薄的棉衣""手里提着一个纸包和一只长烟管""又粗又笨而且开裂"像"松树皮"一样的手：这是"成人视角"的展现；而上文说到的闰土活泼健康的形象，是"少年视角"的展现。小说以简短的话语把中年闰土贫穷劳苦的形象与少年闰土健康结实的形象做了对比，将对前者的同情、可怜以及对后者的怀念凸显出来。

同样，描写杨二嫂，作者将少年视角中的"豆腐西施"与成人视角中的"凸颧骨，薄嘴唇，五十岁上下的女人""两手搭在髀间，没有系裙，张着两脚，正像一个画图仪器里细脚伶仃的圆规"做了强烈的对比。从"豆腐西施"到"细脚伶仃的圆规"，称呼中有着嫌弃和鄙视。

从中不难看出，"我"对中年闰土外表及生活的改变充满同情，对中年闰土对"我"态度的变化充满失望，但对辛苦恣睢、尖酸刻薄的杨二嫂甚为讨厌。

其次，对比分析自然环境描写中"我"的隐忍。

《故乡》一文，主要有三处景物描写，最耐人寻味的是后两处的景物描写，教师可以引导学生找异同。

文中第二处景物描写是"少年视角"的展现，第三处景物描写是对"少年视角"的怀念。经过对比分析不难发现：还是那"金黄的圆月""深蓝的天空""碧绿的沙地"，但是文末的景物描写缺少了少年闰土。故乡还是那个美丽的故乡，少年闰土去哪里了呢？本篇课文的学习，可以由这个问题导入，也可以由这个问题把思考引向深处。以往的故乡很美好，现实中的故乡萧索，但在这份失望的隐忍之中，"我"仍旧对未来的故乡充满着期待。显然，这就是小说的主体所在，作者希望故乡经历一个"否定之否定"的过程。

最后，对比分析"我"与闰土的关系、宏儿与水生的关系以读懂情节内容。

"我"与闰土的关系、宏儿与水生的关系也值得探讨。从时间变化上来看，少年时期，"我"与闰土的关系是亲密无间的平等的兄弟关系；中年时期，变成了老爷与仆人的关系。从年龄段上看，宏儿与水生的关系，与少年时期"我"与闰土的关系相似——平等、亲近。而宏儿与水生以后的关系会怎么样，是未知的。作者在对现实的故乡失望不满的隐忍中，怀有一丝期望。这些，实际上就是小说三要素之一——故事情节的发展。

显然，如果抛弃"对比"而进行自以为"追求作者原意"的"深刻"

解读,并不符合部编本教材的要求。

路径三:训练系统

教材主要由范文系统、助读系统、知识系统、训练系统构成。训练系统并不是为了"应试"而设计的机械训练,而是为了通过训练以巩固教学之所得,也就是说,优秀教材的训练系统与助读系统相互呼应。我们在解读文本进行教学活动时也应该考虑到训练系统。

统编教材《故乡》的"思考探究"中设置有这样一道题目:"这篇小说写故乡,主要是写故乡的变化。通读课文,梳理这些变化,并用一张示意图表示出来。"这道题目既紧扣单元导读,又紧扣课文的预习提示,画出示意图,就是达标的过程与方法。这也是我们带领学生解读文本的有效途径。

首先,根据"思考探究",教师带领学生在对本文第二部分第二条途径解读的基础上,画出示意图,如图1所示。

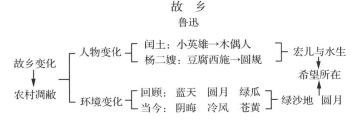

图1　故乡变化示意图

这张图不仅是对小说情节的概括,也是对人物形象的感知,并借助环境描写凸显主题。它也可以成为这篇课文的板书设计,脉络清晰,言简意赅。当现代化媒体充斥课堂,传统的板书设计与我们的语文教学渐行渐远的时候,这道"思考探究"题提出这样的要求,难道不值得我们深思吗?

另外,"思考探究"题中要求对"厚障壁"形成原因的探讨,也应该是对文本解读的正确提示。探讨原因,就需要联系社会背景,这不仅是对内容的深层次理解,也是对主题的探究。实际上,这个要求与当年的人教版基本相同,也就是说当我们换用教材时,有些东西是不能扔掉的,如公认的文本的主体价值。

关于训练系统,教学参考书中有甚为详尽的分析。我们不能仅仅凭着一本教学参考书"走遍天下",但是,也不能以"丢掉拐杖"的名义将教学参考书束之高阁。

语文教学的"平民化"

　　正确解读文本是有效教学的第一步。解读、执教，并非是孤立地解读、执教这篇文本，还要看它所在的单元体系，甚至文本个性。只有这样，才能全面把握教材价值。"其实地上本没有路，走的人多了，也便成了路"，必须承认的是，得到公认的、人为"走"出的这条路，必定是到达"故乡"的最佳"捷径"。

（原载《中学语文教学参考》2020年第23期，署名张明明、王家伦）

教师的定位

在当今的中小学各科教师中"评选"最难担任的职位,语文教师如果甘居第二,那么,别的学科谁也不好意思"自称"第一。教语文难,做语文教师更难。确实,大量的作业,难以迅速提高的学生成绩,各家学说的相互排斥,令人望而生畏。然而,教语文真的那么可怕吗?我等任教语文数十年,却乐在其中。这其中,最主要的就是对"语文"的理解,站在"平民"角度的准确自我定位。我们希望,更多的语文教师追求的不是"名师",而是"良师"——对提高学生语言的建构与运用能力有益的好教师。

核心素养与语文教师的角色定位

21世纪初,经济发展与合作组织最先提出核心素养的概念,指出21世纪的学生应具备适应终身发展和社会需要的必备品格与关键能力。《普通高中语文课程标准(2017年版)》将语文核心素养凝练成四个部分:语言建构与运用、思维发展与提升、审美鉴赏与创造、文化理解与传承。就目前比较统一的观点来说,语文核心素养是语文课程应该培养的、学生适应社会发展需要的一种综合能力和素养。语文核心素养对新时期学生的培养规格做了一个新的规定,显然,语文教师的角色定位也应该发生一定的变化。

一、语言学习的督促者

无论是《义务教育语文课程标准(2011年版)》还是《普通高中语文课程标准(2017年版)》,都认为语文课程是一门学习祖国语言文字运用的综合性、实践性课程,正如叶圣陶老先生所言,语文的本质含义是语言。所以,语言的建构与运用是语文核心素养的基础。

(一)关注学生的语言学习与积累

在传统的语文课堂中,教师在讲台上滔滔不绝地讲授,学生在讲台下默默聆听,看似和谐画面的背后实则有许多的不和谐。语文本是一门促进学生语言运用的课程,教师首先应该尊重学生的主体地位,给学生发言的机会。从提问的角度讲,可有意识地让学生去提问题:一个学生问,其他学生回答是锻炼学生语言表达的好方法。这既可规范学生的口头表达,也可增强语言的凝练性,提高学生的语言表达能力。从朗读的角度来讲,可采用多种方式加强学生的朗读训练,通过齐读、单读、分角色朗读等方式进行训练,培养学生的语感。从作业布置的角度讲,教师可以突破常规的写小作文、做练习题的方式，让学生课下复述课文或者编情景剧，这些也是训练学生语言的不错选择。

（二）以督促者的身份引导学生运用语言

教师之所以是督促者，是因为无论是中学还是小学，学生总会有懈怠的心理。在这种情况下，教师应该及时督促学生去完成。既可以全面检查，也可以采用同学之间相互检查或者随机抽取部分同学展示等方式，督促学生完成语言作业。

语文教师在课堂中应该调动学生的主动性，让学生经过思考之后积极发言。有一位教师在教授《大海睡了》课文时，首先在现代化媒体上呈现静静的海面、高悬的明月、闪烁的星星，月亮、星星的倒影随着微波轻轻起伏……（同时旁白响起：深夜里，大海睡觉了。她抱着明月，她背着星星，那轻轻的潮声啊，是她熟睡的鼾声。）然后，请同学回答"为什么她抱着明月，背着星星？""大海的鼾声是怎样的？""小朋友有什么感受呢？"学生回答的时候，看着大屏幕上的字读，回答得比较流利。事实上，这位语文老师的做法，给了学生"偷懒"的机会，学生只是照着已有的答案朗读，并没有经过自己的思考和语言的组织，这不利于学生语言的训练。教师可以把这个过程反过来，先让学生回答，再在现代化媒体上呈现，这样既让学生自己学着组织语言，也能使学生寻找自己的答案与教师提供的答案的差距。此外，这种诗歌，学生必须反复朗读、吟诵，才能真正融入，丰富感受，培养语感，教师不可放任学生散读，可以通过朗读竞赛、齐读等方式督促学生，尽量使所有学生都能参与进来。

二、思维发展的引导者

思维是一种内部语言，是一种内在的动态的程序性活动，也是解决问题的关键，简而言之，就是一个"想"的过程，外在的语言活动必须经过内在的思维组织才能完成，因此，语文教学的一项重要任务就是促进学生思维的发展。然而，每个阶段学生的思维发展程度是不同的，作为思维发展的引导者，教师应该根据不同阶段学生的思维特点，有针对性地进行思维训练。

（一）小学阶段

小学阶段的学生思维以形象思维为主，所以这个阶段主要应培养学生的创造力。小学低年级阶段，学生的接受能力较低，平铺直叙地讲一些知识或道理，学生可能一时难以理解。可以通过让学生复述故事、表演童话故事或者续写故事的方式进行学习，这样他们既学到了知识和道理，又能发挥想象自由创作。

（二）初中阶段

初中阶段的学生形象思维比较成熟，抽象思维得到一定程度的发展，所以这个阶段主要应该进行结构化学习，促进学生结构思维和批判性思维的发展。初中生处在特殊的生长阶段，批判意识较强，这种批判思维也是学生发现问题、获取新知的重要途径，学生的知识建构正是在不断的"同化-顺应"转化中达到平衡的。教师应设置合理的评判问题，掌握批判标准，引导学生分辨和探索，在思维的不断碰撞中获得思维的启迪。

（三）高中阶段

高中阶段的学生抽象逻辑思维得到发展，所以高中阶段主要应该培养并锻炼学生的逻辑思维能力。如通篇分析文章的起承转合，理清作者的思路，学小说要通篇考虑文本是怎样表现矛盾冲突的，学诗歌要考虑作者表达情感的手法，学散文要考虑文章的情感线索等，不同文本之间也要相互比较和综合，通过分析、综合、比较、抽象与概括，培养严密的逻辑思维能力。

在某个阶段设置某种学习方法，并不是摒弃其他方式，而是重点训练，其他方面也要适度配合，齐头并进。

不管怎样，了解思维与语言的关系是关键。思维是"想"的过程，语言是"说"的过程，思维是语言的基础，语言是思维的外衣，要说得"华丽"，就必须想得"饱满"。根据建构主义的理论，学生并不是空着脑袋走进教室的，他们已经从日常学习、生活中获取了丰富的经验，教师必须在学生已有经验的基础上进行适当的点拨与指导。因此，语文教师必须知道学生的所"思"，了解学生的思维特点，多与学生沟通，通过预设问题，洞察学生思考的程度，这样才能更好地指导学生恰当地表达和交流。

三、审美情境的创设者

笔者于2019年4月24日听徐飞老师讲座，他说教学有三重境界：第一重境界是有效教学的基础境界，其关键词是"实在"；第二重境界是高效教学的理想境界，其关键词是"和谐"；第三重境界是魅力教学的审美境界，其关键词是"美感"。语文是一门发现美、感受美与创造美的课程，小说中跌宕起伏的情节、散文中诗情画意的语言、诗歌中灵动饱满的意象，无不在向我们展示语言的魅力与美感。美感教育是对心灵的净化和升华。语文教学的审美教育不是刻意为之的，而是使学生在自然而然的熏陶感染中受到潜移默化的影响，从而能够自觉地感受美、发现美、创造美。《义务教育语文课程标准（2011年版）》提出："培养学生正确的思想观念、科学的思维方法、高尚的道德情操、健康的审美情趣和积极的人生态度，是与帮助他们掌握学习方法、提高语文能力的过程融为一体的，不应该当作外在的附加任务。"审美教育必须在一种审美情境中进行，而语文教师应该是审美情境的创造者。下面以于漪老师的授课《春》为例，分析审美情境的创设。

于漪老师首先在导语中创设了一种美的意境：我们一提到春啊，你们想一想，会不会眼前就仿佛展现出阳光明媚、东风浩荡、绿满天下的美丽景色？一提到春，我们就会感到有无限的生机，有无穷的力量！所以古往今来，很多诗人都曾用彩笔来描绘春天美丽的景色。我们曾经学过一些绝句，现在我问一问大家，杜甫的绝句当中是怎样描绘春天的？于漪老师以诗意的语言创造出一个美的意境，让学生在对春的回忆与想象中学习文章。在上课过程中，通过与写春的古诗进行对比，体会散文《春》的饱满；通过一个个诗意的问题和对一处处用词、炼字等的细节分析，学生沉醉在美的春意里；通过一次次朗诵，师生共同沉浸在温暖而又充满生机的春色里。就连作业布置，也充满着美的韵味：体会那些像小河里的水一样的词句是怎样从笔端流淌出来的；领略大好春光，写一篇《春天的歌》。

语文课就应该用诗意的语言创造美的意境。

四、传统文化的传播者

语言是文化的载体，语文是人类文化的重要组成部分。中华文化博大精深、源远流长，浓缩在语文的一字一句、一诗一文里。语文课文文质兼美，通过学习，学生可了解古代科技，学习传统文化，领会历史兴衰……

教师既然是学生学习的引导者，也就应该成为传统文化的传播者。课堂上，教师首先可以通过创造一定的情境引发学生学习传统文化的兴趣。如学习古代诗词时，可以通过播放诗朗诵的视频、古典音乐等，让学生融入其中，感受诗词韵味。学习关于古代科技的说明文时，可以通过呈现相关图片，让学生在惊叹古代科技的同时，学习文章的行文技巧，体会作者的情感脉络，在文与道的结合中学习语文、理解文化。在教学中，教师要丰富语文教学内容，促使学生掌握传统文化精髓。① 语文学习过程中，学生既要学习文章的形式，也要学习文章的内容。如学习古文时，教师可以进行适当的拓展，补充相应的背景资料，引导不同文本之间的对比学习等，让学生了解不同时期的行文特点，领会传统文化的人文内涵，学习古人崇高的精神与优秀的品质。此外，课外语文实践活动也要注重对传统文化的传播，如教师可以亲自带领，或组织学生参观博物馆、名人馆等，学习古代科技和文化，开展知识竞赛或者是作文比赛。

习近平总书记在2014年第30个教师节前夕，提出要发展"四有好老师"，勉励广大师生做有理想、有道德情操、有扎实学识、有仁爱之心的好老师。扎实的学识，对于语文教师来说，是至关重要的，除了掌握专业知识、专业技能之外，加强自身的历史文化素养也是一门必修课程。语文教师应该博览群书，掌握欣赏美的标准，这样才能更好地指导学生发现美、鉴赏美。语文教材中有许多古典诗文要学习，教师只有了解历史，才能掌握史实，在教学过程中深入浅出、得心应手。有句话说，要教给学生一碗水，教师自身必须要有一桶水。打铁必须自身硬，作为文化的传播者，教师必须了解文化、熟识文化，才能更好地培养传统文化的继承人。

语文教学必须借助"工具"渗透"人文"。"工具"是基础，"人文"是升华。② 语言建构与运用、思维发展与提升大致对应语文表情达意和交际交流的工具属性；审美鉴赏与创造、文化理解与传承大致对应语文课程所具有的思想情感熏陶感染的人文属性。语文课程强调通过工具渗透人文，就是要在语言和思维的基础上，在读懂、理解、会运用的基础上，鉴赏、分析文章的美，感受文章中所蕴含的思想情感，体会文章所体现的传统文化的精华。通过"工具"渗透"人文"，就是将"文"与"道"结合起来，是潜移默化的渗透和自然而然的糅合，由此促进学生语言、思维、审美能力的发展和对传统文化的理解与传承。

（原载《新课程研究》2019年第18期，署名董秀梅、王家伦）

---

① 陈修德. 传统文化与初中语文教学的契合［J］. 读与写（教育教学刊），2018（11）：96.
② 欧阳芬，王家伦. 语文教学：借助"工具"渗透"人文"［J］. 中学语文，2009（Z1）：22－24.

"良师""名师"与"卓越"追求

所谓"良师",照字面上可以理解为好的教师。所谓"名师",照字面上的解释就是有名的、著名的教师,如那些众所周知的特级教师、正高级教师等。"良"与"名"是评价教师的两个尺度,然而,两者间并不是包含或者被包含的关系,而是存在一定的交集。

一、"良师"无"名"甚是普遍

古往今来,怀才不遇者甚广。在我们看来,"良师"无"名"是普遍现象。

首先,教师群体基数的庞大是造成这种现象的大背景。根据教育部官方网站发布的数据统计,2016年我国各级各类学校专任教师总数已超1959.5万人,其中义务教育阶段与普通高中的专任教师从业人数已达1000万。[①]

其次,"良师"群体颇为庞大。"良师"群体之所以庞大,缘于评价标准的多样化。这些标准,基本可以从以下几个维度认知。

一是"良心"的"良",心中有爱的教师可以被称为"良师"。这种爱表现为对学生的爱、对职业的爱、对社会的爱,还有对自己的爱。这些不同的爱,又派生出不同的动力与责任。这是站在精神层面评价的"良"。

二是"良才"的"良",有才华的教师可以称为"良师"。这是站在专业素养层面评价的"良"。这种素养主要包括对知识的掌握水平,如对学科知识、哲学知识、教育学心理学的理论知识,以及基本的百科常识和生活常识等不同类别的知识的掌握。当然,还必须包括知识的传播能力,教师需要

---

① 中华人民共和国教育部. 2016年教育统计数据 [EB/OL]. http://www.moe.edu.cn/s78/A03/moe_560/jytjsj_2016/. 2017-08-31.

有这样的能力，才能够将自己的"爱"与"才华"传递给学生，激发学生对这个世界的责任与爱，并且让其掌握可供自己安身立命的各种知识与技能。

三是"良效"的"良"，有良好的教学效果的教师可以称为"良师"。良好的教学效果体现在多个方面，能够讲清楚知识点、能够衔接好课堂各个环节、能够活跃课堂气氛，就是"良"。而教学效果的良好，最本质的体现是使学生获得全方位的提升，也就是说，能让学生真正有所得。当然，学生在考试中取得好成绩也是效果好的一种体现。

从以上三点可以看出，"良师"的"良"字寓意颇多，"良师"之多自然也就不难理解了。然而，全国的特级教师、正高级教师又有多少呢？这又告诉我们，"良师"不一定是"名师"。从业基数庞大、"良"者甚广，而成名者在各行各业却都是少数人的"专利"，"良师"无"名"，泯然于众者自然就多了。而且每个人对"名"的认知程度不同。以上几个原因相交杂，"良师"无"名"自然就成了一个普遍的现象。

求"名"并不是什么不正当的心理。一般来说，成名的人基本是某一行业里综合能力相对较强的人，"名"在一定意义上是对专业能力的一种肯定，从这一角度来说，作为追求更高职业能力的一种表现，求"名"无疑是积极而正面的。在市场经济的大背景下，教师有着养家糊口的需要和追求更好的物质生活的权利，在和职称、奖金挂钩的前提下，求"名"完全可以理解。再者，为了更好地传播自己的教学方式、教育理念，"名"的重要性自然就更不必多言。

二、教师求"名"须警惕

教师求"名"理所当然。但是，"名"是把双刃剑，如何妥善看待"名"，是所有教师都需要重视的问题。

首先是偶像目标上，须警惕"浪得虚名"。那些"名师带你××""名师大讲堂"的下面，往往跟着的是动辄四五位数的辅导费用，"我说你是名师，你就是名师"，商业指向过强的背后则需要思考"资本"介入对教育的不良影响。不只是教辅机构，很多学校在招生宣传时，也爱用"名师"的噱头，造"名师"宛如造"明星"一般。家长、教育者和教育监管机构都需要保持清醒，不被"浪得虚名"者蒙蔽。

其次是在追求心理上警惕"汲汲于名"的倾向。各种"名师"培养计划的初衷是好的，目的是培养更多的优秀教师，让这些优秀教师去培育更多的人才，形成社会的良性循环。然而，大肆宣扬"名师"培养，就容易让人产生误解，似乎这些活动就是为了让教师成"名"。"名"与"良"在教育中孰轻孰重？

最后，已经成名的教师，要警惕被"盛名所累"。教师也是普通人，如果在成"名"之后因为名声而懈怠，与"良师"也就渐行渐远了。另外，一些名师为了维持自己的"名"，为了不被人认为浪得虚名，或者为了引起各界的关注，经常剑走偏锋。如有语文教师为了求新，把《背影》解读成"这是一个'祖、父、子、孙，又祖、父、子、孙的生命之水不息流淌、不断传递的故事'"①；讲《孔乙己》，说鲁迅先生让孔乙己喊出"要一碟茴香豆"，大概寓意可理解为"我要人间回香，回醇香，回醇厚"②……这种强求关注的偏执解读，对提高学生的读写听说能力，究竟有多少功效？

还有一些成了名的教师，疏于自己的教学任务，忙于四处讲学赚钱——"名"更多成了"利"的工具。其实，教与学都如逆水行舟，不进则退。这些或"走火入魔"，或不干好自己本职工作的"名师"，长时间忘了精进自己的技能，"名"带来了"利益"，也成了一把"利器"，反而让"名师"离"良"越来越远。而且不管是正面还是反面的示范效应，"名师"都远远大于一般教师，从这个维度来说，"名师"求"良"更显重要。

三、以"良"为径，"卓越"为求

"良师"可以求"名"，然而，就教师职业的终身发展而言，真正追求的应该是现有基础上的"更良"。同理，"名师"也应该求"良"与"更良"。因为成为"良"的维度是众多的，这种"更良"就体现在追求全方位的"良"上，这便是常说的"卓越"。所以，不如以"良"为径，以"卓越"为求，且为此终生奋斗。那么，怎样以"良"为径呢？

一是对行业的认识要"良"。"想赚大钱，别当老师；想成大名，别当老师。"这话经常出现在各种面向在校师范生和青年教师的讲座或报告中。教育这一行是相当辛苦的，就单纯的经济收入来说，定然是比不过金融等行

---

① 韩军. 生之背，死之影：不能承受的生命之轻——《背影》新解码（上）[J]. 语文教学通讯，2012（2）：41-44.
② 韩军. 不要凉薄，让世间温暖、回香——《孔乙己》课堂教学实录[J]. 黑龙江教学（中学），2018（4）：10-15.

业的。但是教师最大的收益是人生价值上的，这是用金钱无法衡量的。想当好一名"良师"，就必须对自己所从事的职业有良好的认识、强烈的行业认同感和正确的预期——这就是趋向"卓越"。

二是追求教学效果之"良"。要想达到全方位提升学生的目的，教师必须对课标、教材、学生和自己都有正确的理解。首先，在教学选择上，每个教师要根据自己的个性，选择最适合自己教学的学段。随着教学经验的不断增加，教师还需要根据实际情况适时调整。其次，在实施教学时，教师要合理利用学生的最近发展区，从学生的已知出发，善于利用各种教学方法，选择最简便的方式让学生轻松地有所得，这一点至关重要。教师为什么要教？就是为了让学生会！另外，要学会对这种"有效"总结提升，形成自己的教学风格——这就是趋向"卓越"。

三是行业内部的风向引导要"良"。良好的风向引导，有利于整个行业的合理发展。从这点来说，以各种"名师"开头的培训工程，大可换个方向，在语义上就是要更加注重"良师"的培养。每年那么多培养工程、学术探讨，目的是什么？是培养"更良"之师，也就是造就"卓越"之师。意识引导对了，路自然就可以走得更正。这种对风向引导的要求，不仅体现于精神追求层面，还体现于学术探讨层面。每个学科都有自己学科一直争执的问题，以语文学科来说，"工具"与"人文"的讨论由来已久，坚持"工具性与人文性的统一"就是风向上的"良"，是行业内部每个人都需要坚守的原则——这就是趋向"卓越"。

四是教师提升渠道要"良"。绝大部分教师，尤其是刚入职的青年教师，"求上进"的心理动机远远大于"求名"的心理动机。正是因为内心有着对于"更好"的追求、对教育行业的热爱，才会积极响应那么多培养工程。所以，承担师范生培养任务的高校要建立更加合理的培养机制。而学校要为新教师提供更广泛的学习机会，加强校内合作、校际合作、学校和各种研究组织之间的合作，倾听一线教师的意见与建议，为一线教师的技能提高而服务——这就是趋向"卓越"。

总之，以"卓越"为求，达到全方位的"良"，"良心""良才""良效"不可或缺。要把"良心"贯穿在整个职业生涯的过程中。唯有保持"良心"，新手时期才会更积极主动地提升自己，成名之后才不会走歪。要学会成为"良才"，通过各种渠道提升自己的教学素养。而要达到对"良效"的追求，则不仅要找到最适合自己的一方天地，更要顺应时代，应时而变。

在信息爆炸的时代背景下,知识的更新速度加快,学生的生活经验在变化,教学设备和媒体技术在不断进步。教师既要有更开放的胸怀,教好每一个学科最经典的部分,也要应时而变,在职业的任何阶段都愿意积极主动地汲取新的东西,尽可能地打破固化思维和刻板印象。

"良师"可求"名","名师"应守"良",然而,不管是"良师"还是"名师",都应以"卓越"为终身追求,并为之不断奋斗。

(原载《福建基础教育研究》2018年第8期,署名王家伦、仲捷敏)

阅读教学的创新与传承

我们知道，阅读教学是语文教学的重头戏，可以这么说，阅读教学的成败决定着语文教学的成败。然而，语文教学中问题最大的地方就是阅读教学，在"创新"口号的引导下，阅读教学脱离"平民"，走火入魔的现象并不少见。所以，我们研究阅读教学必须务实，一切以对提高学生的语言建构与运用能力是否有效为考量标准。当我们研究阅读教学创新的时候，千万不能忘了对优秀传统的继承，那种"难道我们的语文教学要走回头路吗"的口号是不负责任的口号。阅读教学需要创新，但也需要继承优秀教学传统。

语文教学的"平民化"

也谈阅读教学的"创新"

前些日子,一位多年前毕业的学生找到笔者,说是将要在一个重大的公开教学活动中执教《从百草园到三味书屋》,问怎样设计为妥。笔者答曰,如果是一个课时,可从童真童趣的表达、标题头尾与关键句的含义、插叙的作用、人物描写的方式等维度作选择。他答曰,这些自己都已想到,但都被组织者否定了,认为没有"新意"。对此,笔者实在哭笑不得。今天的中学语文阅读教学,往往为"新意"而求异,很是刻意。这种倾向值得注意。

一、"新意"的来龙去脉

首先让我们来看看"新意"的来龙去脉吧。"新意"一词,出自晋杜预《春秋经传集解·序》:"然亦有史不书,即以为义者,此盖《春秋》新意。"显然,"新意"指的是别人未尝说过的话。不可否认,在自己的作品中拾人牙慧确实令人生厌,于是就有了"别出心裁"的要求,即通过"异"而"创出新意"。这种要求,是必然,是需要。

(一)求"创新"中的两个问题

"新意"到了阅读教学中又怎样了呢?让我们走进当今的阅读教学,看看"创新"的现状。

其一,轻视过程与方法。这不得不从"同课异构"说起。据笔者所知,"同课异构"是21世纪初提出来的,已经在语文教学中发展了十多年。对"同课异构"比较统一的认知是:采用同一个教学文本,由不同的教师根据自己的理解,从不同的维度解读文本,用不同方法进行教学活动。"同课异构"往往在公开教学活动与名师示范课中进行。但是,据笔者的不完全统计,在实际操作中,从不同维度解读文本的占多数,也就是说,"异"的指向逐步集中于文本解读，将过程与方法置于一边。

其二，轻视文本的语言形式。也有与"同课异构"无关者，执教者为了体现自己的与众不同而对文本作"新"的解读。在这种情况下，又有一个问题出现了，这种"新"的解读，往往避开文本的语言形式，单纯着眼于文本所负载的内容。显然，执教者认为如果从语言的建构与运用出发，难以出"新"，只能老生常谈。我们知道，"教师解读可以'求异'，但需在夯实基础之后再'求异'"①，从语文教学的维度来看，如果轻视语言的建构与运用，那这种"求异""创新"就是空中楼阁。

（二）为赋新辞强说愁

在轻视过程与方法、轻视文本语言形式的同时，一些教师为不同而"不同"，为创新而"创新"，走向了极端，主要表现为怀疑传统解读，不屑于教参提示，一门心思地寻找"作者的本意"。当然，在解读文本的时候，我们不得不考虑作者的本意，但是，作者的本意并不是语文解读的唯一标准。

首先，作者的写作"本意"也在不断改变。如鲁迅写《阿Q正传》，原来是为了搞些"开心话"，但越写越不"开心"，最终呈现的是一个愚昧者的悲剧——何来"开心"？再如曹禺写《雷雨》，几十年间数易其稿，主题变化极大。如此看来，作者的"本意"究竟该怎样定位呢？

其次，作者的本意不一定适合作为教学的内容。如春秋战国时期，儒家的"入世"与道家的"出世"不相容是公开的秘密，中学语文教材中的一些道家作品，如《两小儿辩日》《愚公移山》《庖丁解牛》《秋水》等，基本都有讽刺儒家积极"入世"的一面。但我们面向学生作解读时，不得不离开"本意"，在解读《两小儿辩日》时，说"这里丝毫没有讽刺孔子的意思，孔子是'知之为知之，不知为不知'"；在解读《愚公移山》时，说"只要我们下定决心，就能排除万难，就能感动'上帝'，这个'上帝'就是人民群众"；在解读《庖丁解牛》与《秋水》时，指出"要尊重客观规律，按客观规律办事"……

更何况，有些教师对文本"新意"的追求导致牵强附会，颇有"走火入魔"之嫌。如将散文《背影》解读为"四代人性的传承"，将小说《故乡》解读为追求"团圆"，将说明文《核舟记》解读为"提倡工匠精神"……

---

① 莫郁然，黄伟. 试论语文教师的文本解读——基于教师解读与专家解读的比较[J]. 教育视界，2018（10）：4-9.

一些教学竞赛的组织者也将文本解读是否有"创新"作为评判的重要标准。于是，语文教学在刻意"创新"的道路上越走越远，也就是必然的了。

然而，如此一味"创新"，对正常的语文教学究竟起到怎样的作用呢？说到底，"创新"始终只是手段，而不是目的。我们中学语文阅读教学的目的始终是课程标准上要求的那些，"创新"只是为了更好地实现这样的目的。如果一味"创新"，刻意"创新"，就是本末倒置了，也就是古人所说的"买椟还珠"。

二、过分追求"创新"的必然结果

我们暂将误读放到一边。上文所说的那种专注于文本内容的"创新"，就已偏离了真正意义上的"语文"。

（一）"走火入魔"，误入歧途

语文课程是一门学习祖国语言文字运用的综合性、实践性课程，这是《义务教育语文课程标准（2011年版）》与《普通高中语文课程标准（2017年版）》的共同认知。也就是说，我们文本解读的指向，应该尽量考虑到语言的建构与运用维度。

值得注意的是，上面所说的那种刻意求"新"的现象大多出现在公开教学活动中。谁也不能否认，公开教学活动中的示范课、观摩课等，为教师尤其是新手教师提供了学习的范例，其导向与传播作用不容忽视。

我们的阅读教学公开课、示范课、评优课，如果在文本内容上投入过多，在文本形式上投入过少，就会使新教师误以为教"语文"就该如此。于是，这些新教师东施效颦、削足适履；于是，语文阅读教学课就成了文学鉴赏课、思想品德课。实际上，这种"泛语文""非语文"的后果早已出现，当下学生谋篇布局、遣词造句能力差是无可否认的现实。笔者也曾承担一些高校新生的"大学语文"课程，对这种现象有着深刻的认知：分不清三个结构助词"得""地""的"者比比皆是，搞不清插叙与倒叙者不在少数，更不必说书写的一塌糊涂。

（二）脱离"平民"教师与学生的认知水平

也有人认为"深挖"能出"新意"，甚至提出"文本解读有多深，阅读教学就能走多远"。

笔者在这里提出一个问题：我们的施教者中，能达到"特级""教授级"水平的语文教师究竟占多少比例？据笔者所知，绝大部分就是如笔者这般的"平民"教师。向"特级""教授级"教师学习是必然，但是，由于受各方面条件的影响，绝大部分的"平民"教师无法达到那种高度。既然"跳一跳"也够不着，那么，干脆就不"跳"。大部分的"平民"教师尚且如此，大部分的"平民"学生又将如何呢？

中学语文教学的主体对象究竟是什么人？是占极小比例的"精英"还是占极大比例的"平民"？这个问题不难解答。既然如此，阅读教学中如果对文本一味地深挖，学生接受得了吗？长时期在云里雾里徜徉，慢慢地，大部分学生就会对语文学习丧失信心，继而干脆不学。针对这种现象，笔者曾提出在一定的情况下应该"深文浅教"，却被某名师称为"亵渎经典""暴殄天物"，颇令人无语。

《义务教育语文课程标准（2011年版）》认为"在理解课文的基础上，提倡多角度、有创意的阅读，……但要防止逐字逐句的过深分析和远离文本的过度发挥"，可见，过分求"创新"，必将导致语文教学越来越不可捉摸，而绝大部分学生的语文水平越来越低就成为不可避免的结果。

三、确定"创新"的依据

既然这样，难道阅读教学就应一味守旧，不该向"新"发展吗？答案是否定的，"创新"是教育改革的必然。"课文解读意味着从语文教育教学视角进行的文本解读，这一视角的文本解读不但要关注文本自身，还要关注文本的教育教学价值，因此，课文解读比一般文本解读具有更多的规定性。"[1]可见，"创新"必须要有依据，必须要有"度"，切忌自以为是、率性而为。还是那句话，"创新"只是手段，不是目的。

（一）"创新"要从课程标准出发

在此，还得谈到语文的基本属性，课程标准说得很明白，"语文课程是一门学习祖国语言文字运用的综合性、实践性课程"，实际上，以往的历份教学大纲、课程标准基本都有如是表述。由此可见，语文的本质属性就是我们祖国的母语教育。也就是说，语文就是为了我们母语的传承，为了母语的纯正而开设的最重要的基础课程。世界上主要语种国家的母语教学，几乎都

---

[1] 余虹. 语文文本解读之边界探寻[J]. 课程·教材·教法，2016（9）：52-57.

首先从语言入手，然后才指向文学。其教学体系几乎都是以单词的积累、语法的循序渐进为基本架构。这就是母语教学的基本面貌。那些开口皮亚杰，闭口罗杰斯的刻意"创新"者，为什么偏偏对这一客观事实视而不见呢？

所以，我们解读文本时必须考虑到这一点，就是必须向语言的建构与运用靠拢，决不能为了"深挖"内容而轻视文本的语言形式。我们在阅读教学中解读文本，课程标准就是指南，按课程标准解读文本就是"创新"。

忽然想到邯郸学步的故事。走路本来是很平常的事情，一旦刻意"创新"，就连正常走路也不会了。阅读教学本来就是要通过范文的学习，让学生掌握运用祖国的语言文字的能力，结果为了"创新"，连正常的"人话"也不会说了，这不是很可怕吗？

如果不重视范文的谋篇布局，不重视遣词用语的准确，而一味云里雾里地揣摩"微言大理"，"深挖""作者本意"，一厢情愿地"创新"，则与课程标准的要求渐行渐远了。

（二）"创新"应从教材体系出发

不管怎样，课程标准的规范毕竟比较抽象，所以我们在具体操作时，要寻找一个比较具体的规范。我们可以将目标聚焦于教材体系。从理论上讲，语文教材是以课程标准为依据的，是通过四大系统对学生语文能力进行循序渐进培养的载体。

课程改革以来，语文教材一度无限制地突出"人文精神"，几乎成了思想品德教材，这是不可否认的事实。经过一个阶段各成体系的折腾，如今终于归向统一。尽管有这样那样的缺点，但总的来说，如今的部编本初中教材相比课程改革以来的各套教材，进步是明显的。可以这么说，这套教材是课程改革以来体现课程标准最为准确的教材。所以，我们解读文本，应该领会"新"教材的体系，在教材系统的视域下"创新"，也就是说，不能也无必要脱离教材系统"创新"。

语文教材的主体是范文系统。所谓范文，就是榜样之文。学习了范文，学生就能举一反三，自己阅读基本同类的文本；学习了范文，学生就能达到能力迁移的目标，写出自己的作文。所以说，我们解读文本，应该尽量从这两个维度出发，而不是一味地"深挖"出"新意"。就"系统"而言，范文一方面要达到循序渐进地培养学生语文素养的目的，另一方面则要便于学生"举一反三"，所以范文分为"教读"课文与"自读"课文两种，前者主要起"举一"作用,后者主要起"反三"作用,两者施教时的立足点不该相同。

解读文本时,必须重视教材的导读系统。如教学部编本七年级下册第三单元课文《老王》,首先得考虑单元提示中的"小人物"和课文预习提示中的那句"在作者眼中,老王是个怎样的人",以"理解小人物身上的闪光点"为教学目标,而不是去"深挖"老王的悲剧命运。

解读文本时,教材的训练系统也不容忽视。如解读《老王》,对"思考探究"第三题"细读'老王来送香油鸡蛋'"就应该重视,也就是说,为了配合"理解小人物身上的闪光点"的教学目标,将"文"的目标定为"深刻理解重点段落对突出主题的重要作用",进而理解详略分明的重要意义。

本文开头笔者对学生执教《从百草园到三味书屋》的指点,就是从部编本初中教材的范文系统、助读系统和训练系统出发的,但被盲目"创新"者否定,甚是痛惜。总之,对新教材这"整本书(整套书)"的体系有了深入的理解,并能按照它的体系解读文本、设计教学活动①,就是"创新"。

(三)"创新"应从学生实际出发

"教师的文本解读无论多么深刻都是允许的,'居高'才能'临下'。但教师的深刻不等于学生的深刻,我们应当准确把握学生的实际,以适合学生的方式传递适合学生的思想。"② 我们的语文教材,基本上是按循序渐进的原则编排的,按教材的要求循序渐进地解读文本进行阅读教学,就是从学生实际出发。但是,这仅仅是纵向的。具体来说,还应从横向的维度考虑,即考虑不同学生的不同要求,尤其是"平民"学生的具体要求。

四、在过程与方法上"创新"

上文说过,所谓的"创新",并不仅仅是对文本内容的别样解读,而是对"新"的课程标准与教材系统的"新"的深入理解。《义务教育语文课程标准(2011年版)》认为"应加强对阅读方法的指导,让学生逐步学会精读、略读和浏览",可见,这个"创新",也可以体现在过程与方法中。具体来说,就是用新的方法教会学生记忆,用新的方法教会学生理解,用新的

---

① 张丽峰,王家伦."整本书"阅读必须警惕的几个倾向[J].语文教学通讯,2020(29):16-18.

② 何铮.文本解读之"度"与语文课堂之"味"[J].语文教学与研究,2017(25):13-19.

方法教会学生迁移。

语文教学的范文除了叙述性文本外,还有不少议论性文本、说明性文本与非连续性文本。我们认为,在教学非记叙性文本时,更应该有过程与方法维度的"创新"①。如教学部编本八年级上册第五单元(说明文单元)时,就可以在过程与方法维度上"创新"。这个单元共有四篇课文,根据导读系统和训练系统,我们可以作如下四个环节的"新"设计:

第一环节(2~3课时),主目标为掌握抓住事物特征进行说明的方法;教读课文为《中国石拱桥》,自读课文为《苏州园林》《蝉》《梦回繁华》。

第二环节(2~3课时),主目标为掌握几种典型的说明方法;教读课文为《中国石拱桥》,自读课文为《苏州园林》《蝉》《梦回繁华》。

第三环节(2~3课时),主目标为理解说明文语言的准确性;教读课文为《蝉》,自读课文为《中国石拱桥》《梦回繁华》《苏州园林》。

第四环节(2~3课时),主目标为学习几种典型的说明顺序;教读课文为《梦回繁华》,自读课文为《中国石拱桥》《蝉》《苏州园林》。

由于说明文的文本内容一般理解难度不大,故可以将文本解读的定位向"语言的建构与运用"倾斜。该单元关于文本语言形式的导读文字有四层意思,故对应这四层意思通过四大环节达标。其一,"把握说明对象的特征",由第一环节解决;其二,"了解文章是如何使用恰当的方法来说明的",由第二环节解决;其三,"体会说明文语言严谨、准确的特点",由第三环节解决;第四,"增强思维的条理性和严密性",由第四环节解决。这样每个环节解决一个问题,就是"一课一得"的拓展运用。虽然说一般情况下教读课文与自读课文的处理方式不该相同,但是,偶尔,尤其是在非记叙性文本的教学中,"例外"一下也可收到特殊的效果。这里,将课本标有"＊"号的两篇自读课文临时充当了"老大",是呼应单元目标的需要,以避免学生的厌倦,不属于"管闲事"。如此,每篇课文都在不同的情况下既担任"举一"的任务,又担任"反三"的任务,大家轮流"执政",既巩固了新学,又复

---

① 周嘉怡,王家伦. 同课异构之"同"与"异"[J]. 语文教学通讯,2020(5):26-28.

习了旧课，不亦乐乎！这难道不是"创新"吗？用新的方法、新的手段，更好地完成课程标准规定的教学任务，这也是真正的"创新"。

综上可知，语文教学的"创新"不能是教师个人解读文本的率性行为，而必须以课程标准、教材系统与学生基础为指南。从另一个维度来说，我们在"喜新"的前提下，决不能盲目"厌旧"，新课程提倡"积极倡导自主、合作、探究的学习方式"，这在传统教育中何尝有过反对？一些传统的解读与传统的方法，至今仍有生命力。

（原载《语文教学通讯》2021年第17期，署名王家伦、张长霖）

以比较阅读教学《琵琶行》

杜威提出的基于比较阅读模式的比较阅读教学拥有较为悠长的发展历程。[①] 纵观学者对比较阅读的研究,多从理论依据、使用方法、实施原则等宏观角度出发,对这一方法在具体的教学中的应用研究虽然并不罕见,但具体涉及《琵琶行》一文的比较阅读研究则较少。故笔者提出从"同题材作品比较""同体裁作品比较""同作家作品比较"这三个维度入手设计《琵琶行》的比较阅读教学。

一、同题材作品比较

写作是一种动态的过程。在此过程中,不同的作者在同类题材的创作上会因为身世地位、文化涵养和思想感情的不同而呈现出相异的立意、情感和表现手法。作为观文者的学生,在教师的引导下,通过比较阅读同类题材的课文,可以更好地了解作者所要表达的寓意和抒发的情感。而相同题材作品的比较阅读需要从作者入手,体会不同作者在相同题材创作中使用的不同表达方式与抒发的不同思想感情。例如教授杜甫的《茅屋为秋风所破歌》,可以引导学生将其与李贺的《南园》(其五)进行比较阅读学习。从标题入手,分析其相同之处:都点出了作者身处的环境。接着比较相同的爱国情感运用的不同表现手法:杜甫的爱国忧思与个人的爱国热情密不可分,而李贺的爱国忧思则与个人壮志未酬的苦恼有一定的联系。[②]

运用这一比较方法,在教授《琵琶行》时,可以与同为唐代音乐描写翘楚的《李凭箜篌引》《听颖师弹琴》相比较。同为描摹音乐,三首诗在描写

[①] 王启浪. 基于比较阅读模式的语文教学 [J]. 中学语文, 2016 (27): 9 – 10.
[②] 张翠兰. 比较阅读中常见的比较形式 [J]. 新课程学习 (下), 2012 (11): 71 – 72.

角度、修辞手法和艺术风格上各不相同。

描写角度上,《琵琶行》虽然也有侧面描写,如"唯见江心秋月白"等,但以正面描写为主,如"大弦嘈嘈如急雨……凝绝不通声暂歇"。《李凭箜篌引》则是以侧面描写为主,渲染效果,如"逗秋雨""吴质不眠"等。而《听颖师弹琴》是正侧结合、富有变化,正面描写有"儿女语""赴敌场",而"自闻颖师弹……无以冰炭置我肠"则是从侧面描摹音乐效果。

而关于修辞手法,《听颖师弹琴》和《琵琶行》都使用了比喻,不同的是前者是听声类形,后者是以声喻声。此外,后者还使用了为人称道的博喻,将琵琶声刻画得淋漓尽致:"如急雨"写出了其密集短促,"如私语"显出了其亲切轻柔,"落玉盘"显出了其错落有致,"花底滑"道出了其动听悦耳,"冰下难"道出了其低沉凝滞,"水浆迸""刀枪鸣"显出了其激越雄厚。这组博喻运用不同的喻体描摹出琵琶声的多种状态,给读者以身临其境之感,可谓是逼真传神。而《李凭箜篌引》是借助联想、想象,并辅以大量的神话传说。

至于艺术风格,《琵琶行》是现实主义风格,诗人在被贬谪后遇到"同是天涯沦落人"的琵琶女,为其谱写了一曲知己之歌。而《李凭箜篌引》则是浪漫主义风格,夸张大胆,神话传说更是信手拈来,语言峭丽。以形状来描摹声音的《听颖师弹琴》自然含蓄,清秀婉丽。按《二十四诗品》的说法是,《琵琶行》实境(对眼前真事真景的具体描写,至情至性的自然流露)、悲慨(悲伤感慨),《李凭箜篌引》纤秾(富丽优美的文艺风格)、绮丽(辞藻华丽考究),《听颖师弹琴》自然、含蓄(感情细腻熨帖)。①

总的来说,韩愈和李贺都用大胆的夸张、奇崛的想象来形容音乐,白诗则用生活中常见的形象来比喻,表现出音乐之美。所以韩诗真乃"惊天地",李诗当属"泣鬼神",白诗则是"移众人"。此外,白诗既描摹音乐和表现技艺,又结合人生经历抒发内心感慨,将其融会贯通,实属佳作,其思想高度和深度远超其他两首单纯写音乐之诗歌,而且较之其他两首,其描摹细腻动人,渗入情感,引人共鸣。

综上,运用比较教学法求同存异,让学生在分析文本的过程中理解作者在表现音乐上的相同与不同,进一步理解诗中的音乐意象,品味寄寓其中的思想情感。

---

① 祖保泉. 司空图诗品解说 [M]. 合肥:黄山书社,2013:95、103、13、44、49、54.

二、同体裁作品比较

体裁即文本的类别，不同体裁文本的行文结构有着不同的特征。同体裁作品比较，要从它们的共同特征出发，同中求异、异中求同，这样才能更好地提高学生的分析和比较能力。

如比较同是写景散文的《荷塘月色》与《故都的秋》。《荷塘月色》的文眼是"这几天心里颇不宁静"，《故都的秋》则是"清、静、悲凉"。朱自清直接点出内心感受"颇不宁静"，而郁达夫则是通过写北国之秋来表达内心的悲慨和无奈。

运用这一比较方法，在教授《琵琶行》时可以从叙事诗的维度出发，考虑与《木兰诗》进行比较。叙事诗通过写人叙事来抒发情感，有着典型突出的人物形象和完整集中的情节发展，兼有浓厚的诗意和简洁的叙事。对这两首诗歌，可以从人物形象和叙事情节这两个维度来进行比较教学。

关于人物形象，《琵琶行》涉及了"诗人"和"琵琶女"。诗中对琵琶女的着墨较多，从"千呼万唤始出来"的铺垫到"低眉信手续续弹"的演奏，再到"自言本是京城女"的自述身世。此外，诗中还刻画了琵琶女的动作、神态。而关于诗人，虽然只有一小段听完演奏后的身世慨叹，但是"同是天涯沦落人，相逢何必曾相识"两句就足以让读者通过琵琶女这一形象来感知诗人怀才不遇的境况，这是自他人身上落笔，不着痕迹，却意蕴丰富，极具强烈的艺术感染力。

《木兰诗》则通篇运用正面描写和侧面烘托的方法来集中刻画"木兰"这一替父从军的英勇女子形象。从"愿为市鞍马，从此替爷征"的果断到"买骏马""买鞍鞯""买辔头""买长鞭"的周到，再到"万里赴戎机，关山度若飞"的辛劳、"归来见天子"的从容和"理云鬓""帖花黄"的娇美，可谓落笔细致，生动形象地刻画出这一替父从军的传奇女子形象。

而在叙事情节上，两首诗的共同点是结构严谨缜密，情节曲折，跌宕起伏。《琵琶行》以人物为线索，明写琵琶女的遭遇，暗写诗人之感情，两者在"同是天涯沦落人"上交融。明暗相生，虚实结合，使得叙事曲折感人，抒情引人共鸣。而《木兰诗》开头以设问埋下伏笔，引出替父出征这一传奇。接着描写木兰奔赴战场、征战多年然后获得奖赏，再以"木兰不用尚书郎"呼应其女子身份。最后以"理云鬓""帖花黄""安能辨我是雌雄"为这个传奇画下完美句号。全诗详略得当，结构紧凑，内容上兼顾木兰的女子情怀和英雄气概，叙事令人荡气回肠。

三、同作家作品比较

同一作家不同作品的比较阅读意在概括、归纳作家不同阶段的创作风格。作家在相异的人生阶段面临着迥异的境况，也有着不同的心境和感慨，这些或多或少都会反映在作品里。比较同一作家的不同作品，可以培养学生知人论世的能力。

如比较《醉花阴》和《声声慢》中的写酒。《醉花阴》描绘的是一幅女子在东篱边饮酒直到黄昏后，秋菊芳香盈袖的画面，体现了词人身上闺阁女儿的娇态。而《声声慢》描写的是一位女子饮三杯两盏淡酒也无法抵御晚风的场景，体现了词人颠沛流离后的孤苦伶仃。结合创作背景，《醉花阴》是词人早期所写，表现其怀念丈夫；《声声慢》是词人在国破家亡时所作，表达她的凄惨孤寂、对亡夫赵明诚的思念及对国家境况的看法。以上比较阅读，可让学生明白诗词鉴赏中知人论世的必要性，并理解词人在不同时期的写作风格。①

运用这一方法，在教授《琵琶行》时可以考虑拿《长恨歌》来比较。这两首叙事诗都是白居易所写，但创作背景不同，情节、人物形象也大相径庭。

《长恨歌》是白居易于元和元年（806）写的。一日，白居易与好友一同去游玩时聊到李杨爱情故事，一位好友认为，像这样有影响力的事情若无妙笔润色就会渐渐湮没于历史之中，便鼓励白居易动笔创作。于是，白居易写下了这首长诗。此时的他因文采过人及第，前程似锦，并正因为年轻气盛，有足够的气度去书写如此宏大的历史题材。而且白居易这时正有凌云壮志，有着救国家于衰退、挽百姓于水火的气魄。因此，《长恨歌》写出了对李隆基流连声色犬马，乃至"不早朝"的不满之情，点出了安史之乱爆发的根源。

可惜，好景不长，元和十年（815）白居易因为"擅越职分"之嫌被贬为江州司马，其早期的锋芒逐渐被消磨，消极情绪渐长。《琵琶行》则是白居易在被贬已两年的元和十一年（816）偶遇歌女后，结合自己的境遇创作

---

① 徐红芬. 一般黄花别样情——《醉花阴》《声声慢》比较阅读［J］. 语文教学通讯，2016（6）：72-73.

出来的。此时的白居易处于思想转折期，即从早期的"积极入世"转为"消极出世"，因此，《琵琶行》全诗充溢着悲凉之感。"秋瑟瑟""江浸月""湓江地低湿""苦竹绕宅生"等环境描写营造出浓厚的伤感氛围。而诗人在描写琵琶女演奏曲调时所用的词语"弦凝绝""声暂歇"亦贯穿着幽愁暗恨。此外，诗人自伤身世，流露漂泊孤零之感，结尾的"青衫湿"更是将悲切凄惨之情推向了顶峰。

另外，这两首诗在景物描写上的异曲同工之妙也值得比较一番。两首诗都善于把人物的情感变化倾注在景物中，借助景物来暗示人物的心情或渲染诗歌的氛围。在《琵琶行》中，用"秋瑟瑟"一句烘托出秋夜送客的寂寞之意，用"江浸月"暗示酒醉之后内心的孤寂凄清，用"唯见江心秋月白"衬托演奏乐曲之动人心弦，用"绕船月明江水寒"体现琵琶女独守空闺的寂寥，再用"湓江地低湿""黄芦苦竹"点明诗人此时境况的难堪窘迫。而《长恨歌》则是用唐玄宗在逃亡路上所见之景"黄埃散漫风萧索""旌旗无光日色薄"等来烘托其内心的哀思，而其回宫后，目见乐景如"芙蓉未央柳""春风桃李"等更是倍增其悲哀和怀念。结合两首诗的比较，可以教授学生景物描写的手法和效果，以及"乐景写哀情，哀景写乐情，倍增哀乐"这一知识点。

以上，笔者从三个维度对《琵琶行》的教学提出了设想，当然，并不是说这三种方法要一起用于一堂课中，具体实施教学时根据实际需要选择其一即可。比较的目的是同中求异和异中求同，关键是在共性的基础上突出所教授文本的个性以易于学生把握和加深印象。所以，比较阅读教学应当选择在主题思想、表现手法、艺术风格、作家背景、时代特征等方面具有共同点的课文。另外，考虑到学生的接受能力和课堂效率，选择的文本要尽量是学生学过的或常见的，这样利于温习旧知，也便于学生接受。

（原载《中学语文教学参考》2019 年第 31 期，署名王玉琴、王家伦）

古诗词并不遥远

——以部编本初中语文教材中的古诗词为例

古诗词是中国古代文学的重要组成部分，是中华文化中的瑰宝。部编本初中语文教材选录了诸多古诗词作品，但在教学中，教师常常觉得古诗词不好教。如何把古诗词有限篇幅中蕴含的无限意蕴传达给学生，成为我们关注和探讨的课题。

一、"遥远"的古诗词

我们之所以觉得古诗词"遥远"，无非是两个原因：一是学生学习能力不够，二是教师教学脱离文本及教材体系。从实际情况来看，第二种情况更值得深思。

以《木兰诗》为例，有教师在教学中让学生大谈特谈木兰作为一个女英雄的不畏艰辛，最后总结这首诗表达了追求男女平等的朴素愿望。这是完全脱离文本及教材体系的教学。《木兰诗》是一首叙事诗，体裁明确，该单元导语中点明"家国情怀"，并且提出"继续学习精读"；"预习"中也明确表示要"把握木兰这一人物形象"。基于这些信息，教师的教学目标设定应该很明确：一是把握《木兰诗》中刻画人物形象的方式，二是体会木兰的家国情怀与英雄气概；教学方法为"精读法"。该单元选编的课文都是表现家国情怀的作品，不顾教材体系去谈"追求男女平等的愿望"，不从《木兰诗》本身出发分析文本，看似让学生拓展思维，追求课堂生成，实际上反而使学生离古诗词本身越来越遥远。

九年级上册第三单元"诗词三首"中的三首古诗词（《行路难》《酬乐天扬州初逢席上见赠》《水调歌头》）分别为乐府古题、七言律诗和词。有教师在教学中过分强调古诗词的体裁特征而忽略了诵读。初中生大多没有相应的语言学、音韵学基础，要想真正学会古诗词的不同体裁特征并且加以运用，是不切实际的。如此教学就是脱离教材体系，没有领会编者将这三首古诗词选编进一篇课文中的意图，教学效果自然不尽如人意。

二、部编本初中语文教材中的古诗词选篇分析

部编本初中语文教材共选编了 85 首古诗词。这 85 首古诗词试图尽量全面而丰富地涵盖各朝各代的作品。其中，彰显古诗词最高成就的唐诗最多，其次是宋词，元曲也有涉及。唐诗中又以李杜作品为首，二人均有 6 首。所选的古诗词题材丰富多样，涉及山水、田园、边塞、咏怀等；主题也异彩纷呈，涉及自然美景、家国情怀、壮志豪情等。

这些古诗词篇目中，直接编进单元内的共有 37 首，分布在 10 个单元；"课外古诗词诵读"版块每册教材 8 首，共 48 首。课外的比例明显高于课内，这也是对学生自学能力和教师导学能力的考验。

"课外古诗词诵读"并不是独立存在的，而是与课内古诗词关系密切。从位置上看，其分布在第三单元和第六单元后，也就是课本中间和最后。这些课外古诗词在主题、体裁、作者等方面与课内部分都有一定的联系，形成一种补充。比如，八年级上册第六单元的《诗词五首》由四首诗和一首词组成，学生在学习时对于词的把握可能会有些难度。于是，教材在第六单元后的"课外古诗词诵读"中就选编了四首词作为补充，为学生学习和教师教学提供材料。把握好"课内"与"课外"的关联性，采用恰当的教学策略，就能拉近古诗词与学生的距离，让古诗词不再遥远。

三、古诗词教学应置于单元目标之下

工具性与人文性的统一，是语文课程的基本特征。部编本教材每一单元前都设有"单元导语"，对这一单元课文教学的目标设置提出建议。编者在"单元导语"中揭示的这些课文的共同之处，就是教学的关键。这种情况尤其适用于古诗词教学。

比如，七年级上册第一单元的导语明确指出："本单元课文用优美的语言，描绘了多姿多彩的四季美景，抒发了亲近自然、热爱生活的情怀。"可以把导语中的"四季美景"作为这一单元教学的关键。以"通过分析景物描写，掌握借景抒情的手法""通过品味语言，体会诗人感情"为教学目标，关注诗歌中描写景色的诗句，找到它们的共同点——都写山水，再比较情感方面的不同之处。以此锻炼学生的思维能力，使学生有这样的比较意

识，学会把诗歌联系起来学习。再如，八年级下册第六单元的《唐诗三首》就可以从单元导语中的"憧憬美好的社会生活，反思现实的生存状态"出发确定教学目标。同样是反映现实生活，这三首诗的形式却有不同，或从自身经历出发，或借旁人之口诉说。教学中分析这三首诗的异同，可以在完成工具性目标的过程中实现人文性目标。

由此可见，认真把握单元导语，提炼其中的关键，作为该单元古诗词教学的目标是完全可行的。

四、合并"同类项"，尝试群文阅读

群文阅读是近年来兴起的一种教学形式，指"师生围绕着一个或多个议题选择一组文章，而后师生围绕议题进行阅读和集体建构，最终达成共识的过程"[①]。这里的"群文"是针对"单篇"而言的，不是简单地将一群文本相加，而是挖掘"群文"之中的相关性，把它们放在一个框架中分析阅读。古诗词教学就可以将单元内与课外诵读部分结合起来，进行群文阅读。

（一）聚焦"文"的某一"点"

笔者曾经观摩过一堂精彩的古诗词教学课，教学篇目是八年级上册第六单元的《春望》，执教者没有局限于《春望》一首，而是以"借景抒情"为主目标，从《春望》"借乐景抒哀情"出发，联系学生第三单元中已经学过的《野望》《钱塘湖春行》和第六单元将要学的《雁门太守行》——这三首诗分别是"借哀景抒哀情""借乐景抒乐情""借哀景抒乐情"。这样的古诗词教学，既符合课标中要求的"工具性与人文性的统一"，通过分析不同的借景抒情的手法体会古诗词所传达的不同感情，又能够调动学生积极性，使学生学有所得。

教学目标在精不在多，抓住一"点"，以"文"载"道"，深入教学即可，不必面面俱到，旁逸斜出。只要能让学生真正掌握这一"点"，教学目标就达成了，诗歌教学的意义和价值也就能实现。

（二）聚焦作者

教师还可以选择某个作者的多篇作品展开群文阅读。以"杜甫的人生"

---

① 于泽元，王雁玲，黄利梅. 群文阅读：从形式变化到理念变革[J]. 中国教育学刊，2013（6）：62–66.

为例，部编本教材共选编了6首杜甫不同时期的诗歌，分别是七年级上册的《江南逢李龟年》、七年级下册的《望岳》、八年级上册的《春望》、八年级下册的《石壕吏》《茅屋为秋风所破歌》、九年级上册的《月夜忆舍弟》。这些作品蕴含的情感和使用的表达方式各不相同，从中可以看到杜甫"漫游齐赵"的浪漫、失意无望的仕途和贫病交迫的生活，体会杜甫的命运变化，理解为什么他能够写出这么多沉郁顿挫的诗歌。这样集中教学，适当补充杜甫的生平资料（可让学生自己去搜集），组织学生讨论对杜甫其诗及杜甫其人的看法，都是可以尝试的教学手段。

（三）聚焦某个题材或主题

教师还可以有意识地将题材相同或主题相似的古诗词整合起来，自主调整教学顺序。如九年级下册第三单元中的《渔家傲·秋思》《破阵子·为陈同甫赋壮词以寄之》等与"课外古诗词诵读"中的《南安军》《别云间》同属"豪情壮志"类，就可以调整教学顺序，把它们放在一起，让学生把握"豪情壮志"类诗词常见的意象，体会作者通过这些意象传达出的情感，在潜移默化之中提高学生的鉴赏能力，锻炼学生的自主学习能力。

总之，充分利用好教材，从文本出发拉近学生与古诗词的距离，引导学生学会自主鉴赏，才是古诗词教学的真正目标与过程方法。

（原载《语文教学通讯》2020年第11期，署名谈嘉悦、王家伦）

请给副板书应有的地位

朱绍禹先生指出:"板书能点睛指要,给人以联想;形式多样,给人以丰富感;结构新颖,给人以美的享受。"[①] 读了《教学月刊·中学版(语文教学)》2017年第10期曹海英的《追求"那凝固的一刹那"——论阅读教学中的板书设计》一文,笔者颇有感触。于是想谈谈副板书。副板书是板书的形式之一,即附属板书,主要指授课时教师在黑板主板书的一侧临时写上的相关内容,是对主板书的辅助和说明。副板书在课堂上具有积极作用。

一、基础知识的"加油站"

学语文不仅需要日常积累,也需要及时复习。副板书在课堂上出现,一定程度上会起到基础知识"加油站"的作用。之前学习过的很多知识,可以用副板书的形式加以回顾,一些课外知识也可以用副板书的形式进行补充。

```
          从百草园到三味书屋
          鲁迅(周树人,字豫才)              树(立)人
                                        豫(预备)才
我的先生(寿怀鉴,字镜吾)                    怀鉴(怀藏镜子)
                                        镜吾
方正    和蔼地答礼    动作描写    带有怜爱    ↓
博学    "怪哉事件"   语言描写    带有刻板    照着我
质朴    学生逃走      语言动作    带有迂腐
```

图1 《从百草园到三味书屋》副板书

如果教师带着副板书意识上课,课堂会比只重视主板书的课堂更有"延伸"意味。一位语文教学论资深教授在苏州市吴中区迎春中学亲自上示范

---

① 俞金爱. 让板书成为语文课堂的点睛之笔[J]. 教学与管理,2012(8):40-41.

课，执教课文《从百草园到三味书屋》时，提到了古人名与姓的关系。这是因为课文中出现了相关的内容，一是文章作者鲁迅先生的名和字之间关系密切，二是文中人物寿怀鉴老先生，字镜吾，其中"鉴"与"镜"都是镜子的意思。借此机会，教师向学生介绍了古人名与字之间关系的知识。这样的课外补充知识在主板书一侧出现就极为合适，见图1。在教学中引入这种内容，一方面可扩充学生的知识面，另一方面则能很好地巩固教学效果。

二、防止出错的"长鸣钟"

认知派的学习理论认为强化是一个非常重要的因素。他们认为学习是通过认知获得意义，继而形成新认知的过程，这个过程需要及时强化。[①] 尤其是学习新知识时，及时强化更为重要。根据这个理论，在课堂教学过程中，如果教师发现学生有哪些地方没有掌握扎实，就可以以副板书的形式在黑板上显示。这样多次重复常错点、易错点，以更好地实现教学目标。

有一位语文教师在执教小学二年级课文《掌声》时关于"落"的教学颇值得回味。"落"是一个多音字，学生虽然之前学习过，但是对"落下"这个词语读音的认知仍然比较模糊，教师发现之后立即在口头上给予纠正。这时候如果教师有一定副板书的意识，就可以以副板书的形式明确地将"落"这个字的四种读音清清楚楚地标注出来，必要时还可组出相应的词语来作为拓展。这样的做法就非常符合强化理论。通过副板书对常错点、易错点进行提醒，可以将错点变为"对点"，甚至是"优点"。

三、内容升华的"催化剂"

语文课堂离不开教师预设。课程标准、教科书及教师在课前基于教材与学生的备课都朝着一个方向：培养学生的核心素养，促进学生语言、思维、审美、文化的发展。在这一方向的指导下，教师在教学中预设出一个个具体的教学方案、一个个问题和相应的活动，其中主板书就是预设性体现的关键一环。因为预设的重点要在板书上显现，板书上的内容也就是一节课"一课一得"中的"一得"。这就是预设与主板书之间的"默契"关系。

但是，课堂不仅仅具有预设，它的精彩之处经常是在生成中体现的，生成是一节课不可或缺的重要部分。新课程强调语文课程是对话和理解的实

---

① 张大均. 教育心理学[M]. 北京：人民教育出版社，1999：63-64.

践，这个对话不仅指的是教师与教材的对话和理解，更指的是学生与教材的对话和理解、教师与学生的对话和理解。在这一过程之中，多个对话主体（教师、学生、教科书、教科书编写者）借由教学内容进行思想与心灵的沟通和碰撞，从而生发对"文"与"道"的深刻理解。在多重主体的多元对话中，教学的临时性生成自然是构成语文课堂的重要部分，它可以体现教师与学生在教学中的灵光一现。这种教学生成，就可以用副板书的形式落在实处。所以在一定程度上可以说，副板书是课堂生成的具体体现。

教学过程中的生成（尤其是来自学生的生成）很可能形成课堂高潮，而课堂高潮一定程度上会对教学内容起到升华的作用。将生成内容转换成副板书，是一种比较切实可行的方法。笔者曾目睹过一位中学语文教师在执教杜甫的《春望》时设计的副板书（图2），很有生成意味。他带领学生将《春望》用散文式的语言进行了改写，并将全文的部分内容留出来，要求学生填空，同时也鼓励学生将自己写的内容填到黑板上的副板书中去。如此，学生以自己的话解读了作品，一方面加深了对诗歌内容的理解，另一方面也使教师全方面地了解学生的学习情况。学生在填空的过程中，将诗歌完全内化，之后教师要求学生大声诵读出自己写的"诗"，课堂高潮迭起。

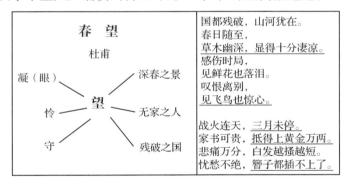

图2 《春望》副板书

四、学习方法的"显示窗"

副板书在帮助学生学习语文方法上也有着重要的作用。教师对小小的副板书的使用，可以帮助学生获得新的学习方法或者巩固之前学到的方法。一方面，教师可以将提倡的学习方法简要地写在副板书上，作为学生学习的提醒；另一方面，教师也可以启示学生去记"副笔记"，作为知识的积累库。如江苏省苏州市吴中区著名特级教师金复耕在执教《阿长与〈山海经〉》

时,就使用了快速阅读的方法。因为鲁迅先生的这篇文章篇幅比较长,这与课堂教学时间存在矛盾。为了解决这个矛盾,金老师根据教学目标找出重点段落进行精讲精读,其余的段落就以"速读法"进行教学。如果课上仅仅以口头形式向学生提示使用"速读法",很难给他们留下深刻的印象,也就是说,当他们在课外遇到相似情况时,能否借用相应的方法进行学习还是一个未知数。在这种情况下,如果将"速读法"写在副板书上(图3),但凡用到该法的时候就让学生的目光在副板书上停留一下,这样肯定会加深学生记忆,对学生的学习方法有所促进。也就是说,这样做不仅能"授之以鱼",还能"授之以渔",从而更好地实现课内课外的相互贯通。两者的关系是:主板书是课堂教学的主体部分,它在课堂教学这个矛盾中处于主体地位,起支配作用,是矛盾的主要方面;而副板书是课堂教学的必要补充,是主板书的拓展延伸以及一定程度的升华,它被主板书支配,是矛盾的次要方面。总之,主板书和副板书都是为了实现教学目标,促进学生核心素养的成功建构。正如裴宁宁老师所说:"副板书是课堂生成的一面'镜子'。"①

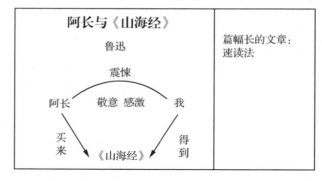

图3 《阿长与〈山海经〉》副板书

(原载《教学月刊》2020年第4期,署名王彦婷、王家伦)

---

① 裴宁宁. 副板书是课堂生成的一面"镜子"[J]. 内蒙古教育, 2013 (6): 63-64.

整本书阅读教学探索

尽管"整本书阅读"早已不是什么新名词,但是,"整本书阅读教学"至今仍然是许多教师及各地教研部门研究的对象。我们也观摩过不少有关"整本书阅读教学"的课堂实践,也曾阅读过一些有关"整本书阅读教学"的论文。但或许是一叶障目,我们发现,为了"整本书阅读",目前有些地方却有不甚重视"单篇阅读"的倾向。我们认为,无论如何,"整本书阅读"的基础还是"单篇阅读",如果连"单篇阅读"也无法胜任,谈何"整本书阅读"!所以,必须正确理解这两者之间的关系,这才是语文教学的"平民"化。

语文教学的"平民化"

"整本书阅读"教学与"整个儿阅读"教学

单篇阅读、群文阅读和整本书阅读是三种主要的阅读形式,对培养学生的阅读素养起着重要作用,但它们的地位和作用各不相同。在日益倡导整本书阅读的今天,我们需要清醒地重视传统单篇阅读及新兴的群文阅读在阅读中的重要作用。把三者统一起来进行"整个儿阅读",是最佳的阅读形式。

一、整本书阅读教学是必要的阅读教学

学生语文素养和人文素养的提高,需要大量阅读——好读书,读好书。显然,如今提倡的"整本书阅读"与此符合。阅读教学是语文教学的核心,整本书阅读教学对学生的语文素养和人文素养的提高意义重大。通过整本书阅读,学生能够更系统、更全面地了解作家及其作品,同时,大量语言材料的接触与积累,也能有效提高学生在语言建构与运用、思维发展与提升、文化传承与理解、审美鉴赏与创造等方面的能力。

(一)重视整本书阅读教学是我国语文教学的优良传统

20世纪20年代至40年代的课程标准里,都相对重视整本书阅读教学,也都较为明确地规定了整本书阅读指导的课时比例。叶圣陶先生1942年在《论中学国文课程的改订》一文中提出:"读惯了单篇短章,老是局促在小规模的范围之中,魄力就不大了;等遇到规模较大的东西,就说是两百页的一本小书吧,将会感到不容易对付。"[①] 20世纪50年代的教学大纲主张课外阅读,并规定了固定的课外阅读指导时间。

《义务教育语文课程标准(2011年版)》提出,课外阅读低年级5万字,

---

① 叶圣陶. 叶圣陶语文教育论集 [M]. 北京:教育科学出版社,2015:59.

中年级40万字，高年级100万字，中学课外阅读总量260万字，这都是保底的课外阅读量。而这必然牵涉到整本书阅读。几十年来，虽然大部分学生可能还没有达到这个阅读目标，但是近几年来，整本书阅读教学越来越受到师生重视。

（二）整本书阅读教学能促进多元化阅读发现

单篇短章的阅读发现常常是单一的"点"，容易形成碎片化阅读的习惯。而整本书因其信息间的关联，阅读是"点"与"点"之间的联系，甚至会形成一条线、一个面。这对学生深入系统的思维习惯的培养有莫大帮助。另外，单篇阅读容易导致浅层阅读与简单思考，使理解趋于简单化、平面化。

《在烈日与暴雨下》（人教版八年级）一文刻画了祥子吃苦耐劳的形象，如果学生没有经过《骆驼祥子》整本书的阅读，就不会了解祥子的其他性格特征，如正直、善良、懦弱，就不会了解祥子人生的三起三落及其命运、性格如何被"吃人"的社会所改变、扭曲。

再如，《三打白骨精》（苏教版六年级）一文，通过讲述孙悟空三打白骨精的故事，塑造了唐僧师徒四人的形象：孙悟空有勇有谋，火眼金睛；唐僧心地善良，人妖不分；八戒好吃懒做，搬弄是非……学生仅通过这篇文章的阅读教学，对唐僧师徒四人的印象可能比较单一，如果阅读《西游记》整本书，学生不但可以了解更多精彩的故事情节，对师徒四人形象的认知也会丰满起来。

显然，整本书（尤其是小说）阅读教学，对把握故事情节、理解人物形象、增加学生阅读的宽度与厚度等，都有着积极作用。

二、整本书阅读教学不能替代单篇阅读教学

本文所指的单篇阅读教学，主要指教师引导下的以课文阅读为主的阅读教学活动。长期以来，作为阅读教学基本形式的单篇阅读，在语文教学中不可忽视，在一定程度上体现了"教材无非是例子"的思想。

（一）单篇阅读教学的目标更细致明确

单篇阅读教学的目标更细致明确，更有操作性，更具备循序渐进的特点，因此也更符合学生的学习规律。一般来说，单篇阅读教学的目标主要有三个维度：一是培养朗读能力或了解文本特点；二是通过分析品悟文本细节，进行深化阅读；三是在理解的基础上得到情志的熏陶。

比如，阅读《昆虫记》整本书时，可将整体阅读目标设置为：

通过阅读，学会科普作品的阅读方法，如借助前言、后记或对作家及其作品的介绍等加深理解，遇到专业性较强的概念术语等，要会查阅相关资料以把握其含义等；

通过阅读，感受科普作品的艺术趣味性；

通过阅读，感受作者为了获得第一手材料的锲而不舍的工作精神，以及全面、细致、深入的观察方法，培养科学思维、科学理念和科学精神；

…………

比如，阅读单篇文本《蝉》（选自《昆虫记》，部编本教材八年级上册），教学目标可设置为：

掌握科学小品文的写作特点及了解与作者有关的文学常识；

学习作者用拟人化的手法来加强说明生动性的写作方法；

理解作者在动物世界的描述中所寄寓的生活哲理；

…………

这样的教学目标清晰具体，更具有可操作性。

相比较而言，单篇阅读教学的教学目标更易达成，而整本书阅读教学的目标要在短时间内达成是有难度的，因为它对学生阅读能力的要求更高。

（二）单篇阅读教学易于培养学生文本细读的能力

细读是语文学习的起点和基础。文本细读是一种以理解文本语言文字为途径来进行作品艺术探究的阅读形式，读者与作者通过文本进行对话，进而实现对文本意义的透彻理解。它不仅是语文教学的需要，更是一个人享受阅读、品味文学之美的过程。单篇教学的一个突出特点就是引导学生重视文本细读。

单篇阅读的教学设计往往从扫清字词开始，再从作者及文本的写作背景入手，然后整体把握线索、感情基调，再到具体的语段的分析及文本的语言、结构分析等，最后深刻理解文章的主旨。无论是群文阅读教学还是整本书阅读教学，都不可能如此面面俱到。

例如，单篇文本《幽径悲剧》（苏教版八年级）的教学，可从赏析描写藤萝的字词开始，进而赏析描写藤萝的句子段落；可从弄清散文的线索到对人性的探讨，以及对整个文章的谋篇布局的掌握；可从分析语言的特点和文章的写法到提炼文章的主旨，再拓展延伸到呼吁我们懂得尊重生命，重视真善美等，对文章的方方面面都做周全的考虑。同样，如果学生拓展阅读24卷的《季羡林文集》，就不需要篇篇细读，只需要感受他散文的那种质朴而不失典雅、率真而不乏睿智的特点即可。

再如，《女娲造人》（部编本教材七年级上册）的教学目标可以设为：

在熟读的基础上复述故事，理解文中联想和想象的运用；

感受文中对于人类诞生所表现的喜悦之情，并激发学生探求未知领域的欲望。

如果拓展阅读整本书《中国神话》，则只需感受神话故事的特点及故事间的异同即可。当然，在阅读中也不必如单篇阅读一样落实细致的阅读目标，但可以在阅读中发现书中对大自然的态度，提高对比思维等能力。

（三）单篇阅读教学能阶梯状提升学生的阅读能力

单篇阅读教学不仅能培养学生的阅读能力，而且能够使经典内化，培养学生的思维能力和写作能力。如培养理解能力，可从理解词义、句意到读懂段、篇；培养复述能力，可由有顺序地详细复述到概括复述、创造性复述；培养文体意识，可由读懂童谣、童话、寓言到读懂散文、小说、简单的古诗文等。

拿学会朗读来说，可通过合适的单篇文本中停顿、节奏、重音、语气来习得。如部编本教材七年级上册第一单元中的《春》《济南的冬天》《雨的四季》《古代诗歌四首》，单元提示是"学习本单元，要重视朗读课文，想象文中描绘的情景，领略景物之美""把握好重音和停连，感受汉语声韵之美"，可见不仅在写景的单篇文本中可以练习朗读，在叙事抒情的单篇文本中仍旧可以培养朗读能力。再如，第二单元中的《秋天的怀念》《散步》《金色花》《荷叶母亲》，单元提示是"要继续重视朗读，把握文章的感情基调，注意语气、节奏的变化"，也涉及朗读能力的培养。除了朗读之外，在训练默读、精读、略读、浏览方面，单篇文章在时间、效率、指导效果方面也比整本书有优势。单篇阅读教学能有效而循序渐进地让学生习得阅读方法与策略，培养学生基础的阅读能力。这些，在整本书阅读教学中是短时间内难以得到有效培养与提高的。

三、群文阅读教学不可忽视

群文阅读教学是针对一个议题而进行的多文本阅读教学。群文中的多文本具有一定的关联性，这种关联可以通过梳理整理、拓展联系、比较异同等方法，促进学生在多文本阅读中关注文本的语言特点、意义建构、结构特征及写作方法等。可见，单篇阅读教学可以根据内容、文本、作者、情感等组合，构成群文阅读教学版块。

群文阅读教学与单篇阅读教学除了文本数量上的不同之外，还有以下区别：单篇阅读一般充当范文，以教读为主，结构、手法的教学目标性较强，教师的主导性较强，一般侧重引导学生解决文本写了什么、怎么写的、为什么写等问题，这些也有可能造成课堂的单一化和程式化。而在群文阅读教学中，教师一般会鼓励学生以合作探究的态度阅读文本，重视个人对文本的理解，采取比较、归纳、质疑等多种教学策略，以帮助学生读懂文本，发展自学能力。

单篇文本常常呈现一种事实、一种表达、一种主要情感、一种风格、一种观点，而群文阅读教学能训练到单篇阅读教学较难练习的阅读策略，如归纳文本的共同点、比较文本的差异、整合信息、阅读判断等。[①]

教学文言文《狼》一文，如果教师单纯地进行单篇阅读教学，通过品味语言文字来体会狼狡猾凶残的本性，课堂的效率可能不高，课堂的张力也不够；此时，可以通过群文阅读教学，尝试让学生感受一下狼在不同文体作品中的不同形象，也就是说，从单独的"狼"进入"狼文化"中。如阅读节选自小说《狼王洛波》中的相关篇章，学生可以感受到狼王洛波虽然凶残，但也智慧、高贵，令牧人佩服，字里行间饱含着作者对狼王的情感；再如，阅读节选自小说《狼图腾》中的相关篇章，了解作者以崭新的视角，塑造了敏锐、团结、强悍、隐忍的群狼形象；说明文《狼》一文中，对狼的介绍更客观，语言更简洁凝练。这样，学生不但能感受到不同的狼形象，还能感受到不同文体的文本特点。

从学生阅读兴趣保持、阅读认知规律发展及教师的教学处理来看，群文阅读教学要求学生在较短的时间内阅读关联性较强的不同文本，在扩大阅读量的同时，综合运用对比、归纳、判断等方式进行阅读思考。所以，群文阅读教学的内容之丰富是单篇阅读教学难以企及的，群文阅读教学的效率之高也是整本书阅读教学难以达到的。如上文提到的《狼王洛波》《狼图腾》等小说，如果需要读完两本著作再来探讨狼的形象，未必比得上一两个课时开

---

① 蒋军晶. 让学生学会阅读——群文阅读这样做［M］. 北京：中国人民大学出版社，2016.

展的群文阅读教学的效果,而且,阅读课堂的阅读目标的达成,也不需要学生读完两本书,这就是群文阅读教学的高效性、目标集中性所在。再如,黄厚江老师在教学李白的《渡荆门送别》时,以此篇为核心拓展了李白的其他送别诗,如《送友人》《赠汪伦》《黄鹤楼送孟浩然之广陵》《金陵酒肆留别》;余映潮老师教学普希金的《假如生活欺骗了你》时,以此篇为核心拓展了宫玺的《假如你欺骗了生活》和邵燕祥的《假如生活重新开始》。

在有效的阅读指导下,学生可以通过群文阅读获得更广阔的知识面,在对比分析中了解不同文体的特点、不同作者的风格及表情达意方面的异同等。

四、三者结合的"整个儿阅读"教学的建构

单篇阅读教学、群文阅读教学与整本书阅读教学各有具体作用,但三者都不是阅读教学的全部,只有三者结合的阅读教学,才是"整个儿阅读"教学。

(一) 三种阅读教学的共同原则

无论是文学作品还是实用性作品,我们在阅读一篇文章或者一本书时,都需要遵循三个原则:一是架构性原则,找出作品的整体及部分结构;二是诠释性原则,定义与诠释书中的共识、主旨与论述;三是评论性原则,评论作者的学说,以赞同或反对的意见完成对作品的理解。[①] 以文学作品为例,其阅读一般都会经过三个阶段:写了什么(文本的主要内容是什么,主题是什么),怎么写的(内容是如何呈现的,形象是如何凸显的,情节是如何安排的等),为什么这么写(为什么要以上述形式呈现,这与主题有什么关系等)。所以,单篇阅读教学、群文阅读教学与整本书阅读教学三者都应遵循上述原则。

(二) 有些书不一定要读"整本"

整本书阅读很重要,但并不是说所有的书籍都适合整本书阅读。

《傅雷家书》的内容比较广泛,除了傅雷指导儿子傅聪如何处理与解决在日常生活中可能遇到的种种问题之外,还有大量篇幅涉及美术、音乐、表现技巧及艺术修养等。这就要求我们教会学生选择性阅读。可以是根据阅读

---

① 吴欣歆,许艳. 书册阅读教学现场 [M]. 北京: 教育科学出版社, 2016: 341.

兴趣进行选择，如对音乐比较感兴趣并有一定修养的同学，可以选择与音乐相关的内容进行阅读；如果为了写读后感，就要关注感受最多、体会最深的内容；如果为了沟通课内外学习，那就要选择与教材内容关联度比较高的内容，有目的地阅读。同样，实用作品可以"冷读"，心平气和、头脑冷静地把握概念，抓住要点，深入理解。而文学作品可以"热读"，调动情感，鼓舞精神，感同身受。所以，有些书不一定要读"整本"，根据学生的阅读经验、阅读兴趣、阅读目的，有选择地阅读整本书中的相关内容，不失为智慧之举。

（三）借助单篇阅读教学、群文阅读教学的方法，指向整本书阅读教学

自由、自主、自发地阅读，不一定会带来阅读能力的提升及阅读素养的提高，所以，教师需要循序渐进、有针对性地开展阅读方法及策略的指导与训练。

阅读教学是教师利用课堂，教给学生阅读方法，组织学生分享阅读感悟的教学形式。它可划分为不同的课堂形式，如导读课、精读课、研读课、展示课等。群文阅读与整本书阅读教学亦然。

导读课是阅读教学的起始，主要以提高学生兴趣及简要梳理文本脉络为目的，读整本书，可以从书名、主题、封面、目录、前言、后记等入手，初步感知内容，并提出阅读期待。这就是单篇阅读教学的方式。

精读课是以感受主要内容、语言形式等为目的的阅读教学课。如阅读小说，可针对具体一个句段或章节探讨人物性格，分析环境、人物、事件等之间的关系。重点训练学生信息提取、整合分析、推理判断等具体方法的能力，帮助学生掌握阅读策略，提高分析品悟能力。如对《海底两万里》整本书的阅读教学，教师可引导学生精读《一颗价值千万的珍珠》一章，进一步精读尼摩艇长救采珠人的相关内容，引导学生通过动作描写、语言描写、神态描写及对比手法去感受尼摩艇长虽然奇怪、冷漠却不乏无畏、正义、机智、果断、善良的特点。这更是单篇阅读教学的方式。

研读课是主要以问题或主题为导向的阅读教学课。可以是单本书阅读，如《朝花夕拾》中以"谁是童年鲁迅最喜欢的人？""童年鲁迅的痛有哪些？"等问题为导向；也可以是多本书的横向比较分析，如对七年级上册必读书目《西游记》与选读书目《哈利·波特与死亡圣器》进行中西方魔幻作品的对比阅读。这里就融合了反思评价、整合分析、对比关联、理解阐释

等具体阅读策略。

展示课是以分享交流阅读成果等为主的阅读教学课。可以是故事情节发展的思维导图展示，如阅读《红星照耀中国》（部编本八年级必读书目）后，可以绘制斯诺在中国的行程路线，或长征的路线图，以及主要人物的经历等各种思维导图；也可以绘制《骆驼祥子》中祥子三起三落的人生轨迹图。展示课还可以采用剧本演出、以绘画方式呈现主要情节等，呈现形式较为灵活多样。这何尝不是单篇阅读教学的经验？

综上所述，整本书阅读教学指导只有建立在单篇（单章）阅读教学的方法与基础之上，才更有深度，更有侧重。

教师除了要重视整本书阅读的策略指导之外，还要关注对学生阅读能力发展的评价，更要重视学生在阅读过程中的过程性评价与阶段性评价，让学生能直观地看到阅读成果，激发他们阅读创新的能力与热情。

整体来说，我们既不能忽视整本书阅读教学，也不能忽视单篇阅读教学和群文阅读教学，既要各有侧重，又要将三者相融合，这才是"整个儿阅读"教学。

（原载《语文教学通讯》2019年第25期，署名张明明、王家伦）

语文教学的"平民化"

"整本书阅读"必须警惕的几个倾向

当下,"整本书阅读"风起潮涌。似乎只要开列大串书目,学生整本整本地多读,即可打通阅读的"任督二脉",一劳永逸地解决阅读的所有问题。整本书阅读中出现的一些问题,不得不引起我们注意。

一、好高骛远,忽略单篇阅读

叶圣陶如是阐述精读与略读之间的关系:"学生从精读方面得到种种经验,应用这些经验,自己去读长篇巨著及其他的单篇短什。不再需要教师的详细指导(不是说不需要指导),这就是略读。就教学而言,精读是主体,略读就是补充;但就效果而言,精读是准备,略读才是应用。"[1] 显而易见,对于绝大多数学生而言,从单篇起步才是正道,就如从《从百草园到三味书屋》指向《朝花夕拾》。

其一,从文本内容入手。《从百草园到三味书屋》文本内容紧贴学生,学生读后易产生共鸣:鲁迅的童年生活中,既有对百草园诸多趣味的无尽眷恋,也有对书塾老师不愿回答"怪哉"这类问题的些许不解。《从百草园到三味书屋》有助于拉近学生与鲁迅的距离,激发学生阅读整本《朝花夕拾》的兴趣。基于单篇的阅读召唤,学生在《朝花夕拾》整本书中,读到鲁迅思乡的情思、青年时代的选择、怀念师友的深情,以及回顾如何走上文学之路……《朝花夕拾》满足学生了解鲁迅从幼年到青年时期的生活经历和心路历程的阅读期待。

其二,从过程与方法入手。《从百草园到三味书屋》所在单元有关于"过程与方法"的要求——重点学习默读(不出声,不动唇,不指读,不回

---

[1] 叶圣陶. 叶圣陶语文教育论集[M]. 北京:教育科学出版社,2015:48.

看，一气读完全文）。在课内相对简短的篇目中，练习阅读的基本方法，掌握了这些方法，学生就能在整本书阅读中运用。凭借默读等阅读方法的应用，学生在整本多篇的阅读中，提要钩玄，入深见奇，发掘出《朝花夕拾》中有意味的形式：柔软温暖与理性批判兼具，叙述中双重视角自如切换……

再如，读艾青的诗歌，是先读《艾青诗选》整本书，还是从单篇的《我爱这土地》入手？笔者以为从课内艾青的《我爱这土地》开始，读透单篇，是为"整本书阅读"奠基。单篇是养成、培植、训练的关键。从《我爱这土地》这一篇读出"篇性"，再与另一篇《大堰河，我的保姆》比对，然后推至整本《艾青诗选》，此时学生"类性"体式熟稔于胸，自能觉悟艾青诗歌充满"雄浑的力量"，以及语言"直截了当"、意象"强烈鲜明"的特点。这就是说，精读了单篇，可以更好地见识"整本书阅读"的真实与精彩，从单篇到整本书，各个击破，连点成线。遵循和契合阅读规律、阅读心理，是学生提升阅读"整体"素养的不二法门。

所以，教师必须紧抓单篇教学，引导学生由内及外，不断历练，用课内通过单篇阅读掌握的方法阅读课外关联的"整本书"，切不可"逆练武功"。

二、舍近求远，忘了教材这一"整本书"

整本书阅读应以部编本语文教材举隅，发挥教材"整本书"应有的指引价值和奠基效用。

（一）整体观照，拿教材这一"整本书"尝鲜

当今，不顾教材这一"整本书"，一味"深挖"其中某一个文本的现象并不少见。笔者认为，教师带领学生对教材先进行"整体"浏览，知其大概，这一环节必不可少。真正会读书的人，在读"整本书"前总是先读前言（序、说明）与后记。这是读"整本书"的首要。虽然说如今的部编本语文教材未设前言，但我们可以从目录和各单元的单元导读入手，厘清这本书双线组元的结构，明确阅读教学与作文教学相融共生，探骊得珠。再关注教材中"综合性学习""口语训练"等有机组成部分，也不疏漏"语文知识补白"；然后教师根据文本在教材中的地位，践行"教读"精教，"自读"自练，"课外导读"自主；引导学生自明：凡读须整体观照，读之有法。这一点对教师而言尤为重要，如果连教材这一"整本书"也不曾阅读，只是在某一个"点"上"深度"纠缠，那怎能指导学生读其他的"整本书"呢？

（二）由此及彼，正确打开更多"整本书"

会读、读好教材这一"整本书"，是走向其他"整本书"的桥梁。有了读教材"整本书"的启蒙经验，就可以在其他要读的"整本书"中历练一番了。以读《水浒传》（人民文学出版社版）为例，先读前言、附录等内容对初步了解该书作用很大。前言篇幅不长，各自然段的主旨依次为作品的成就与地位、对作者的争议、施耐庵生平简历、繁本与简本之别、故事的取材、创作所受影响、主要内容及结构、国外的研究及本次校对说明。学生通读第 7 自然段，即可知悉《水浒传》的结构分为两大部分，前 70 回是第一部分，作者用大量篇幅从正面歌颂了反抗英雄。再浏览评论"梁山人物优劣、文字优劣"的附录一、附录二，认知"《水浒传》者，发愤之所作也""是之谓宋公明也，是以谓之忠义也"，为阅读鉴赏《水浒传》提供了参考依据。

顺着前言中"总之，《水浒传》作者以其高度的艺术表现力，生动丰富的文学语言，叙述了许多引人入胜的故事，塑造了众多可爱的个性鲜明的英雄形象"① 这句，让学生体会目录之用。从目录可知主要人物的故事情节，比如武松的故事，集中在第二十三回至第三十二回，俗称"武十回"。

学生从教材悟出的读"整本书"的方法，在读《水浒传》这一"整本书"时，得到迁移应用。由此，从"一本"走向"另一本"。触类旁通，更多"整本书"阅读的正确路径已经被打开。

三、一视同仁，不顾学生对象

这指的是推荐书目或杂多无序，或局限某类，而指导方法大同小异，不因书制宜。学生阅读时，须注意纵向深入、横向选择和外向延伸。

（一）注意纵向深入

只有纵向深入，才能在"整本书阅读"中走得更远。遵循"入格—出格"的阅读之规，书目的提供须契合阅读心理与年龄特征，由少到多，由易到难，逐级增加。

初中生大多处于由"多读期"走向"思索期"的阶段，选择能力不足，容易出现乱读现象。部编本初中语文教材"名著推荐"提供了 12 本必读名

---

① 施耐庵. 水浒传［M］. 北京：人民文学出版社，1997：4.

著，以及拓展延伸的 24 本名著，这些都是适合初中生这个年龄段的书目。教师宜先用好这些"入格"的基础书目来训练学生进行整本书阅读。以教材九年级下册的《水浒传》为例，其推荐的读书方法指向全体学生：在古典小说阅读时，把握题材特点，了解古代白话小说的艺术手法，分析人物形象，体会语言风格。笔者以为，这些"入格"的要求，初中生在阅读《水浒传》原著时大体上都能落到实处。

当然，基础书目还须有一定量的更替和流动，不能设置"非此不可读"的藩篱。应适时而读，学生阅读"整本书"的价值生成不一，远近深浅各殊。对部分有余力的学生，不妨推荐他们试读金圣叹评点的《第五才子施耐庵水浒传》，其对于提升阅读鉴赏力启示颇多。确有再愿探究的个别者，可荐读潘知常的《谁劫持了我们的美感》、夏志清的《中国古典小说》等。虽说学生将来未必都成为学问家，但必须承认，有梯度的纵向阅读对学生涵养"思维""审美"等核心素养善莫大焉。这就是在其原有的基础上"跳一跳"。

（二）做好横向选择

从读诗歌、小说，到读传记、科学类作品乃至戏剧剧本、哲学著作，学生阅读的结构性渐趋合理。教育部基础教育课程教材发展中心首次向全国中小学生发布阅读指导目录，该目录由"人文社科""文学""自然科学""艺术"四部分组成，突出方向性、代表性、适宜性、基础性、全面性和开放性，力求兼顾多个学科、不同时代、多种文化和世界多个地区。可见，阅读书目须兼收并蓄，丰富学生的语言建构与致用修为并进，求得全面培养语文素养目标的达成。

再有，还须从课内推荐的"整本书"指向课外相关的"整本书"。教师带领学生先读部编本语文教材九年级下册"名著推荐"中的《儒林外史》，就能发现这部作品的特点是作者善于抓住平常生活中的细节，以冷峻的白描进行讥刺，诸如严监生死不瞑目的"两根灯草"，胡屠户治范进喜极而疯的"一记嘴巴"。接着，推荐教材以外的经典讽刺作品《格列佛游记》与之比较，以便学生辨识讽刺手法之同中有异。《格列佛游记》主要通过子虚乌有的情节和夸张变形的描写，曲折地揭示现实矛盾。如此，新旧知识联结整合，丰富了学生关于讽刺笔法的认知。

这里的"横向选择"，也指向"外"的延伸，即指向课标未曾推荐的其他适合学生阅读的书。如《呼啸山庄》《基度山伯爵》《朦胧派诗选》《三体》等作品,在具体读的过程中,不必强求学生亦步亦趋,允许其对书目有所取舍,精读与泛读相间。鼓励越界而读,取长补短。如吴欣歆所言:"针对不同的阅读对象,采用不同的阅读取向,生成有价值的阅读收获,学生会在阅读中会看到自己的变化。立足实现阅读取向的多元,教师要提醒学生努力寻找'不一样'的书,努力采用'不一样'的阅读姿态,努力认识'不一样'的人生和世界。"[①]

四、本末倒置,功利吞噬"阅读"

袁枚在《黄生借书说》中有言:"书非借不能读也。"还书的期限是一种读书的驱动。教师要鼓励学生向图书馆借阅,同学之间形成"书的漂流",把书真正读起来,而不是一买了之,束之高阁。

(一)警惕伪"助读本"

掌握了读的基本方法后,阅读终归是个人的事。一些"省时间""替你读"的"精简版""青少版"的书,简概内容,细节残缺,已丧失"整本书"阅读的实质与价值,理应舍弃。相反,好的助读须拿捏适宜,如部编本语文教材八年级下册"自主阅读推荐"书目路遥《平凡的世界》,编者的推荐导语是:"这是一个平凡的世界。这是一个温暖的世界。这又是一个不平凡的世界。这是一本很适合青少年读的书。"这四句话助引,话不在多,已尽"助读"之用。助读重在"阅读方法",而非阅读结论。针对不同的"整本书"的特质,要助在当助处。教材八年级上册《红星照耀中国》的助读导语:首先,利用序言、目录,迅速获得对作品的整体印象;其次,边读边注意梳理作品中事实的前因后果、发展线索;再次,明白作品想要用"事实"说什么"话";最后,要从作品中获得启迪,用来指导自己的学习与生活。助读有针对性且操作性强,指向学生阅读过程疑难的解答与阅读点拨,引导学生向"思之自得者真"的深处漫溯。

(二)走出"应试刷题"的怪圈

试看考查《昆虫记》的阅读真题:

1. 菜豆像是一种( )。

[①] 吴欣歆. 培养真正的阅读者——整本书阅读之理论基础[M]. 上海:上海教育出版社,2019:30.

A. 大象　　　　B. 昆虫　　　　C. 鸟类

2. "舍腰蜂"喜欢将巢筑在（　　）的环境中。

A. 干燥　　　　B. 寒冷　　　　C. 温暖

所问之题，既非"整本"，亦非"语文"。如此考查阅读所获，可谓买椟还珠。更严重的是，长远的阅读"胃口"被应试刷题败坏殆尽。名著阅读考查设计须观照学生对"整本书"的鞭辟入里，一窥堂奥。以《平凡的世界》举隅，可以这样设问：

作者在书中时常穿插引用"信天游"，结合原文，请探究其表达作用。

如此题目，学生只有通过全书的阅读，找寻多处"信天游"踪影，才能解答。如，在郝红梅与顾养民分手后，一支深情而忧伤的信天游在高原上飘荡——"三十里明沙呀四十里水，五十里路上看妹妹……"引用信天游，将人物彼时抱怨自毁青春年华的情绪诉说得如歌如泣，平添特有的地方文化气息，凸显了作者的行文风格。多些"非功利"的考查，能让学生视野开阔，思路展开，用阅读评价撬动阅读过程，贴着言语形式，促使学生在"整本书阅读"的"整"上下功夫。

一言以蔽之，我们必须警惕错误倾向的干扰，必须让"整本书阅读"回归真正的阅读家园。阅读"整本书"，应该有如享受香喷喷米饭的主食阅读，有品尝"小鲜"般的思想需求的美食阅读，有像蔬菜、水果一样的必要补充需求的阅读，有像甜食、零食般只是追求口感的休闲需求的阅读。"整本书"的阅读如同饮食，贵在均衡有味。阅读之树常青，让学生健康真实地读下去。

（原载《语文教学通讯》2020年第29期，署名张丽峰、王家伦）

语文教学的"平民化"

从三堂课看整本书阅读教学的价值取向

整本书阅读必须姓"整",整本书阅读课堂教学的价值取向必须是教会学生读。2018年9月,由陕西师范大学基础教育研究院、陕西师范大学出版社《中学语文教学参考》编辑部主办的全国"整本书阅读"精品课堂研讨会在江苏南通举行,程翔、王君、肖培东等名师为与会老师执教整本书阅读展示课。笔者谨以这三位老师的课堂教学为例,探求正确价值取向背景下整本书阅读教学的途径。

一、搭建知识支架,读前激兴趣

学生在阅读时,特别是在阅读整本书时,遇到的第一障碍往往就是与书的隔膜——不了解这本书,提不起阅读兴趣。因此,引导学生读整本书,先要关注学生的需要,将学生"引"到书的面前,为他们搭建支架,消除知识盲点,找到合适的兴趣点,如介绍作家作品、补充背景资料、提示内容梗概、简述精彩环节等。通过这些露出"冰山一角",消除学生与整本书的隔膜,激发学生的阅读兴趣,带着学生走进书中的世界。

程翔老师的《论语》整本书阅读教学,以学生的能力起点预设教学目标,这实际上就是阅读前指导。考虑到《论语》是一部文化学术著作,需认真阅读原文(共20篇,每天1篇,争取能读3遍),程老师设计了教师导读、学生阅读、师生研读的教学步骤。这节导读课题目为"听孔子讲课——中学生读《论语》"。起点与落脚点均在学生,是程老师在课堂预设与实施时坚持的原则。

因为是借班上课,程老师一上课就先询问学生对《论语》的了解程度:

家里的藏书中有《论语》这本书的同学请举手。

读过《论语》的同学请举手。

知道书名"论语"怎么理解吗?"论"为什么读"lún"而不读"lùn"呢?

你知道《论语》这本书的作者是谁吗?

你知道《论语》一共有多少篇、多少章、多少字吗?

……

当了解到全班只有一位学生家里有《论语》这本书、几乎没有人读过《论语》时,程老师果断改变了教学内容,化预设课堂为生成课堂——为学生普及《论语》的相关知识,搭建阅读支架,领学生靠近进而走进《论语》。

程老师为学生推荐最佳的版本(中华书局出版,杨伯峻先生译注);告诉学生"论"的意思为"编撰",因此要读第二声;补充了作者、成书时间、语录体等基本常识。在介绍篇章句时,程老师特别提到了"章句之学",把整部《论语》的字数精确到"15900个";探讨该书的核心内容时,程老师介绍了他的阅读方法——字频统计,在书中,"仁"字共出现109次,"礼"字出现了75次,因此判断核心内容应该是"仁"和"礼",为学生阅读经典做了示范。我们都为程老师的博学和做真学问的态度所震撼,试想,学生的印象能不深刻吗?

随后,程老师组织学生小组内互学《里仁》篇。展示阶段,让学生谈自己的理解。当然,学生能读懂的句子并不多,理解更不可能完全正确,但恰恰可以从中看出对《论语》这样的整本书阅读,读前的有效指导十分必要。

整堂课,程老师顺着学情实施教学,弥补学生知识的欠缺,为学生提供帮助,激发学生阅读《论语》的兴趣,这是在学生阅读前立足整本书的导读。但从时间分配来看,接近三分之二的时间教师都在面面俱到地介绍有关《论语》的常识,学生被动记录。笔者认为,这样的方法过于单一,从读前激趣的目的来看,效果不算很好。如果将这些知识制成学习单,提前发给学生自读,可能学生接收的知识会更系统、更全面。课堂上,教师就学生困惑的地方或者学生的兴趣点进行导读,或许更合理些。

二、创设互动情境,读中引生成

就整本书阅读教学而言,由于受时间的限制,学生的主体阅读一般都放在课外,因此,教师对学生阅读过程中的需求缺乏关注。对初中学生来说,一味地"单打独斗",一方面容易产生畏惧心理,不想再读下去,另一方面难免会有些盲目，收获自然也有限。因此，对学生的读中指导非常必要，师生、生生在课堂上共读互动，促进生成，学生的阅读将走向更开放的天地。

肖培东老师在处理《艾青诗选》的时候，课前下发了诗选中的一首诗《我爱这土地》，除此之外，学生并未有太多的学习准备。肖老师带着学生在课上阅读这本诗选，呈现学生最真实的阅读状态，相应地，教师的指导轨迹也清晰可见。

师：你知道艾青吗？知道艾青的诗作吗？（无人回答）

师：你手上拿到的那首诗题目是什么？

生（纷纷）："我爱这土地"。

师：这首诗就是艾青写的。大家对艾青了解多少？

生1：艾青的故乡在大堰河。

师：对，艾青的故乡在浙江金华，大堰河是他的保姆，他从小就寄养在一个贫苦的农民家庭，可以这么说，大堰河就是艾青的故乡。

生2：《大堰河——我的保姆》是艾青发表的第一篇长诗。

师：是的，这首诗是1933年发表的，一发表就引起了轰动，是艾青的成名作。

生3：艾青很爱国。

师：哦，我们读诗的时候要从诗句中去体会他的爱国情怀。还有对艾青的了解吗？

生4：不知道。

师：不知道就对了，说明你对诗人有距离感，记住，要读懂一个诗人，必须了解他的生平经历，只有了解了他背后的故事，他和他的诗作才能成为你心里盛开的花朵。

接着，肖老师出示了诗选中《大堰河——我的保姆》《雪落在中国的土地上》《北方》《手推车》《太阳》《黎明的通知》等十首诗的选段，通过教师范读、学生个别读、齐读、师生共读等形式，让学生掌握了诗歌的特点。同时，通过诵读，让学生体会牛汉所说的"在中国新诗发展的历史当中，艾青是个大形象"中的"大形象"。这是学生的初读体验阶段，解决"读出了什么"的问题。但正如无锡市锡山区教研员张原老师评课时所说，起点定得过高，过早给出了牛汉的评论，容易将学生的思维固定化，学生也缺少了自主体验。诵读可从简短一点的《树》《礁石》开始，逐渐提高难度，再呈现牛汉等人的观点进行激发，去触摸诗人的情感。

在引导学生分析了独特意象、艾青式的忧郁、独特的画面感之后，肖老师呈现了聂华苓先生的评论："艾青的诗，好在那雄浑的力量，直截了当的语言，强烈鲜明的意象。"他向学生提问："你同意聂华苓先生的说法吗？或者，你还有什么补充吗？"随后，师生通过诵读体验对艾青诗歌艺术特色进行总结，进一步清晰了阅读方法，延伸到"读一部陌生的诗作，我们该怎么读"这一问题。授之以渔，这是整本书阅读教学目标的体现。

这堂课的结尾设计很出彩：

你觉得最好用什么方式来展示我们的阅读成果？

如果我们要举办一台艾青诗歌朗诵会，你准备给这台朗诵会取个什么名？准备分几个部分？准备选择哪几首诗？每首诗朗诵前的引导语你又会怎样设计？

取名、选诗、写引导语，对应了学生对艾青诗歌的体验感受，对《艾青诗选》整本书内容的梳理和对艾青诗歌特点的了解，统括了整堂课的内容，指向了整本书的阅读，呼应了这堂课的重点环节——对艾青诗歌的评价。朗诵会的形式，也与文本体式相吻合，实在妙。

这堂课，肖老师自始至终都能扣住"整"字将诗选进行巧妙整合，一步一步引领着学生学会了读整本的《艾青诗选》。

三、铺设交流台阶，读后促深度

学生在阅读后，往往会有与人交流分享的需求，而初中生作为并不成熟的阅读者，受鉴赏能力的限制，他们的交流分享需要教师的指导与引领，需要同伴之间的思维碰撞。作为领读者，教师可通过读后的交流了解学生的阅读情况，更好地整合内容，铺设台阶，让学生拾级而上，不断攀登，实现阅读价值最大化。

王君老师的《小王子》聊书会属于阅读后的第一场分享会。这堂课处处遵循童话的特点，"从整本书的原生价值中寻找教学价值"，让学生在语言活动中实践阅读方法。根据学生的推荐，王老师确定了这场聊书会的话题——"小王子和大人"。针对话题设置三级阅读挑战，通过朗读文中语句、进行话题演讲、素材链接等逐级引导，一步一个脚印，要求、难度不断加深，将学生的阅读引向更深处。

（一）初级挑战：朗读再现

王老师让学生朗读书中孩子们的话：

> 大人们自己不肯动脑筋去理解事情，却让小孩子不停地解释来解释去，这真是太烦人了！
>
> 大人们就是这样的思维方式，别去怪罪他们，孩子对大人应该宽宏大量才是。
>
> 这些大人们真是太奇怪了……

这些句子紧扣话题，这样的起点设置贴合学生，让孩子用自己的口说出了孩子对大人的看法。

（二）中级挑战：理解共鸣

王老师提供了预习时学生推荐的话题，让学生选择话题到前面做简短的演讲，说出自己的体验。这些话题的文字表达对学生很有启发性，容易产生共鸣，如：

> 我发现了《小王子》中描绘大人的艺术手法很有趣，我举一个例子来说明……
>
> 《小王子》中描绘的这一类大人让我会心一笑……
>
> 我对《小王子》中描绘的这一类大人不理解……
>
> 我在生活中遇见到过《小王子》中刻画的某一类大人……

在学生谈了自己的看法后，王老师出示了经典的书评，与学生的观点进行碰撞，如：

> 《小王子》这本书，是人类真正的礼物。它向孩子们讲了一个有趣的故事，也是写给成年人看的一部童话；它向儿童展示了真实的成人世界，也试图把张皇的成年人拉回到淡定的童年。

如果说前面谈自己的观点感性色彩浓一些，这里的安排就增添了较强的理性思维，对学生是一种挑战，更是一种提升。通过由浅入深的阅读理解，学生逐渐接近了作者圣·埃克苏佩里的写作意图，顺利过渡到了更高层次的思辨环节。

（三）高级挑战：联结思辨

到这个阶段，王老师带着学生慢慢地从书中走了出来，开始郑重其事地思考：在当下的时代，我们应该如何面对经典？这是个大话题。

她给学生呈现了丰富的素材：

  法国最新动画片情节：一位小姑娘去寻找小王子，发现小王子长大了，他变成了那个他当年最不希望成为的"大人"的样子……

  新浪看点：安徽怀远县一小学副班长受贿几万元……

  朴树的人生：都说成长是必经的溃烂，但有的人却永远活在清白之年……

  视频：成年人的一生……

接着提问："当这些信息和经典名著《小王子》纠缠在一起时，对'大人'和'孩子'这样的话题，你有新的思考吗？"学生的思维被不断引向更开放的世界。当学生齐声喊出"你一定会成为一个出色的大人"时，不难看出学生汲取了《小王子》的精神养分，他们将重新看待这个世界。读书就是在读自己，读书就是在读人生，这是学生在自主阅读时无法到达的高度。然而，后半节课堂里弥漫的气氛颇有些消极悲观，虽然符合《小王子》"淡淡的伤感"的笔触，但对于初一学生来说，基调可以更偏向阳光、更美好一些。

  1941年，叶圣陶先生在《论中学国文课程的修订》中提出了"整本书阅读"的概念，但目前看来，就如何开展整本书阅读可资借鉴的经验太少，从某种意义上说，我们对整本书阅读教学的探索才刚刚开始。这三堂课，立足整本书，教学目标明确，即教会学生如何阅读整本书，通过对学生不同阅读阶段的导读引领他们"在自主阅读中建构阅读的意义"，优化了整本书阅读的价值，对整本书阅读教学带来的启发和思考，毋庸置疑。

（原载《中学语文教学参考》2018年第35期，署名花玉娟、王家伦）

通过"整读"悟透《水浒传》的悲剧色彩

当前的整本书阅读存在"茫然无措""无所作为""越俎代庖""急功近利""模式僵化"等困局,整本书阅读的推进是个正在探索的课题。① 笔者认为,走由课内到课外、由局部到整体的道路为有效之举。

一、课文精读:归纳某一维度之"整"

阅读教学中,对一些较长的篇目,尤其是内涵深刻的传统篇目做多课时教学处理,是常规。然而,传统阅读教学中的分课时教学往往成了"分段教学",即第一课时教学第一部分,第二课时教学第二部分,第三课时教学第三部分……如此,每个课时遍洒雨露,面面俱到,毫无中心,教学收效甚微。

(一)课堂教学必须有"点"的整体意识

课堂教学必须有"整体意识",这个"整体意识"并不等于"整体感知",而是对知识与能力的某一个"点"的整体把握。如今,一般的阅读教学课堂都有一个"整体感知"的环节,其目标指向,无非是要求学生了解文本的概貌。实际上,这个环节的作用并不大,原因有二:其一,学生在课前预习中已经对文本概貌有了大致的了解,可见此有蛇足之嫌;其二,如此"感知"因为目标不集中,学生往往茫然无措。所以,我们提倡目的性明确、就某一个"点"的"整体感知"。

这某一个"点",应该是"通过工具渗透人文"的具体实施,也就是说,这个"点"既可以是文本的宏观或微观结构,也可以是文本的表达方式

---

① 来凤华. 整本书阅读教学的实践策略 [J]. 语文建设,2019(5):29–33.

（如抒情、议论、描写等），还可以是文本的语言特点；通过对这些"点"的分析，去了解文本负载的内容，形成实实在在的认知。这每一个"点"，都是一个整体，我们这里所谓的"整体意识"的"整体"，就是某一个"点"的"整体"。我们主张一个课时主要解决一个"点"，即"一课一得"，以"点"为整体。一篇课文如果需要多个课时解决，那就多几个这样的"点"；如果需要一个课时解决，就选择一个最为主要的"点"——当然，这些"点"的选择必须考虑到学生的最近发展区、教材的结构体系及文本的"个性"。

我们每一课时的"整体感知"环节，都应该明确指向这个"点"，实际上就是指向课堂教学的目标。如此，学生的学习目的性就非常明确。以后诸环节，不枝不蔓，层层深入围绕之，学生之所得也就是实实在在的了。当然，教学中会有生成，对于课堂生成，我们举双手赞成，但由于篇幅的关系，此处暂不涉及。

（二）从林冲的语言、行动、心理，初步探求人物形象之"整"

让我们回到我们这篇文章的中心，从《林教头风雪山神庙》一文的课堂教学入手。这个课时，围绕的中心"点"就是有关林冲的语言、动作、心理描写，以探求林冲形象之"整"。这个课时可做如下设计：

教学目标：通过对语言、动作、心理描写的分析，较为完整地掌握林冲从委曲求全到奋起反抗的性格变化；初步理解旧社会"官逼民反"的"规律"。

教学重点：山神庙杀仇

教学过程：

第一环节：整体感知，找出文本中有关林冲的语言、动作、心理描写。（阶段目标：为下文的分析做铺垫）

第二环节：逐句分析，通过这些语言、动作、心理描写，了解林冲性格的变化。（阶段目标：了解性格的发展）

第三环节：重点分析山神庙杀仇这个段落，尤其是林冲怒火中烧部分。（阶段目标：认知林冲的忍无可忍）

第四环节：再度仔细阅读课文，看看是什么原因造成了林冲性格的变化。（阶段目标：较为深刻地认知"官逼民反"的内涵）

第五环节：归纳，重申教学目标。

作业布置：课后用一至两个星期的时间，重点阅读《水浒传》中"花和尚倒拔垂杨柳，豹子头误入白虎堂""林教头刺配沧州道，鲁智深大闹野猪林""柴进门招天下客，林冲棒打洪教头""朱贵水亭施号箭，林冲雪夜上梁山""林冲水寨大并火，晁盖梁山小夺泊""梁山泊英雄排座次，宋公明慷慨话凤愿""鲁智深浙江坐化，宋公明衣锦还乡"等章节，略读其他部分。

【按】上文说过，阅读教学的文本解读不能率性而为。具体而言，就是我们除了必须关注学生的最近发展区外，还应该遵循教材体系。违背教材体系的解读，即使是正确的解读，也难以使学生的核心素养得到有规律的循序渐进的提高。当今的高中语文教材，无论是人教版、苏教版还是部编本，都将《林教头风雪山神庙》置于小说单元，所以说，这堂课中解决"小说三要素"之一——人物形象的分析符合教材体系。更为重要的是，如此安排，为林冲形象的展示、为《水浒传》的整本书阅读做了最为恰当的铺垫。至于作业布置，则是为以后的群文阅读做准备。

二、群文阅读：探求人物悲剧命运之"整"

通过本文第一部分介绍的那一节日常阅读教学课，学生必定对林冲的形象有了较为深刻的认知，对阅读《水浒传》有一种跃跃欲试的冲动，但就此立马进入《水浒传》整本书阅读，则操之过急。这里需要过渡，这个过渡的方式就是群文阅读。在上一课时结束时，已布置学生仔细阅读《水浒传》中所有有关林冲的片段。学生在课堂上了解了林冲被逼反的过程，已经趣味盎然，必然想知道以前的林冲怎样，后来的林冲怎样，也就是事情的前因后果是怎样的。所以说，学生完成这项作业的兴致肯定很高。那么，在这个基础上进行群文阅读的指导，就是水到渠成了。用一节课进行群文阅读，可如下安排。

（一）基本课堂设计

教学内容："林教头风雪山神庙，陆虞候火烧草料场"一回，加上前一节课布置的作业中有关林冲的几个主要章回。

教学目标：分析各回文本之间的联系，较为深刻地了解林冲悲剧的全过程。

教学重点：山神庙杀仇

教学过程：

第一环节：分析"花和尚倒拔垂杨柳，豹子头误入白虎堂"一回，了解林冲的特点：武艺高强，为人正派，虽遭小人陷害，仍能委曲求全。

第二环节：分析"林教头刺配沧州道，鲁智深大闹野猪林"与"柴进门迎天下客，林冲棒打洪教头"两个回目，进一步了解林冲的特点：武艺高强，为人正派，虽遭小人陷害，仍能委曲求全。

第三环节：继续分析"林教头风雪山神庙，陆虞候火烧草料场"一回，对上一个课时涉及较少的部分认真仔细阅读，认知林冲性格中"善"的一面，理解他的忍无可忍，认知他最终爆发的必然性。

第四环节：分析"林冲水寨大并火，晁盖梁山小夺泊"与"梁山泊英雄排座次，宋公明慷慨话夙愿"两回，认知林冲性格的复杂性，以及他在梁山上的地位——整体第六把交椅，武将第二把交椅。

第五环节：分析"鲁智深浙江坐化，宋公明衣锦还乡"一回，认知林冲的悲剧命运的终结。

作业布置：用一个星期的时间，阅读《水浒传》中与林冲有关的人物如鲁智深等人的章回。

（二）分析核心问题

如果仅仅是完成以上的环节，紧接着进行整本书阅读，还是操之过急，因为即使阅读到这个程度，学生对林冲的了解还是停留在表面。为了取得《水浒传》整本书阅读的最佳效果，还必须深入了解林冲，将林冲的表现进行前后参照。

通过下面两个核心问题的分析，学生的认知就能由表及里，达到质的变化。[1]

其一，谁也不能否认，梁山上林冲是最恨高俅的人，恨不得食肉寝皮；但是，当梁山好汉三败高俅，宋江竟然放回被抓的高俅时，却没见林冲站出来阻拦，这说明什么问题？

---

[1] 陈烈燕. 整本书阅读中联结策略的运用——名著阅读教学的思考与实践[J]. 教学月刊·中学版（语文教学），2019（3）：25–28.

研讨这个问题，是使学生认知林冲性格的进一步发展。上梁山以后的林冲，锐气已经消失，也就是说，他对自己投奔的梁山失望了。

其二，当梁山镇压同为农民起义的方腊成功后，作者却"安排"林冲"染患风病瘫了"，无法跟随宋江去当官，这是为什么？

研讨这个问题时，学生必须回顾林冲在梁山武将中的排名。排名第二，表明其武艺高强，战死的可能较小；从林冲的经历来看，绝不可能去朝廷当官，所以，这样的"安排"最为恰当——也就是说，林冲的悲剧是必然的。《水浒传》塑造了许许多多的悲剧人物，最让人心痛的便是林冲了。

【按】就"整本书阅读"而言，这个"群文阅读"的操作难度不大，但环节十分重要。首先，通过对这组文本的群文阅读和深入探讨，学生对林冲的形象和他的悲剧有了一个完整的认知；其次，如此定将引起学生关注与林冲密切相关者命运的关心，直至阅读《水浒传》整本书的兴趣，也就是说，为《水浒传》的整本书阅读做了最为恰当的实质性的铺垫。

三、由此及彼：探求整书的悲剧色彩

有了前面两个环节的铺垫，学生的兴趣已经被激发起来了，如此再进行几组群文阅读，整本书阅读的目的就达到了。关于《水浒传》，历来有"林（冲）十回""鲁（智深）十回""武（松）十回""宋（江）十回""李（逵）十回"之说。所谓的"十回"，指的是叙写这个人物主要事迹的十个左右章回。实际上，这每个"十回"，就是一组群文。

（一）分析鲁智深的悲剧

在梁山上，与林冲关系最"铁"的非花和尚鲁智深莫属。《水浒传》中涉及鲁智深的主要章回有"史大郎夜走华阴县，鲁提辖拳打镇关西""赵员外重修文殊院，鲁智深大闹五台山""小霸王醉入销金帐，花和尚大闹桃花村""九纹龙剪径赤松林，鲁智深火烧瓦罐寺""花和尚倒拔垂杨柳，豹子头误入白虎堂""林教头刺配沧州道，鲁智深大闹野猪林""花和尚解脱缘缠井，混江龙水灌太原城""鲁智深浙江坐化，宋公明衣锦还乡"。

将这些章回作群文阅读，就能深刻了解鲁智深的悲剧。鲁智深的性格甚为突出，最早的他疾恶如仇，脾气急躁，不守清规戒律，为朋友能两肋插刀。然而，这个杀人放火、喝酒吃肉的胖大和尚，竟然能在"缘缠井"中悟出禅机，最终听钱塘江的潮水而彻底解脱，直至坐化。这个"解脱"，就是

悲剧的终结，总不能也让鲁智深跟随宋江去当官吧！《水浒传》通过鲁智深形象的塑造，显示了林冲悲剧的普遍意义。鲁智深的悲剧，实际上也是整个梁山的悲剧，是《水浒传》悲剧的尽情演绎。

（二）分析宋江和其他人的悲剧

读完了有关林冲和与林冲密切相关的鲁智深等人，必须还要借助群文读一读与林冲关系不是十分密切的一些人。

《水浒传》的背景是封建社会的民不聊生，官逼民反，然而"民"中的大部分受自古以来的尊卑、君臣思想的影响，虽然被逼反，却又不想彻底地反，始终对统治阶级存在着幻想，希望"光宗耀祖"。其中最有代表性的就是宋江等人。读《水浒传》，不得不对宋江做深刻的认知。所以，下一步可进行有关"宋十回"的群文阅读。

梁山"替天行道"，这个"天"，实际上由其"儿子"——"天子"执掌，所以，梁山好汉们反贪官不反皇帝。但是，他们又怎能知道皇帝与贪官本来就是一丘之貉呢？宋江带领梁山弟兄投降朝廷，损失了三分之二的弟兄，剿灭了"不替天行道"的方腊，终于得到一个五品的"楚州安抚使"头衔。但没多久，"上面"送来一杯毒酒，他找来了莽撞的李逵共赴黄泉。这，更是一出悲剧，实际上是为《水浒传》的悲剧画上了句号。

至于因征方腊断了一条胳膊的打虎英雄武松，在彻底灰心之后对宋江说："小弟今已残疾，不愿赴京朝觐。尽将身边金银赏赐，都纳此六和寺中，陪堂公用，已作清闲道人，十分好了。哥哥造册，休写小弟进京。"悲哉！

在此基础上，再去读《水浒传》中的其他人物，就容易多了。如此纵横交错，对《水浒传》整本书理解的任务就基本完成了。

（原载《语文教学与研究》2020年第11期，署名曹海英、王家伦）

对"同课异构"的思考

"同课异构"在语文界推行已经将近20年了。一般情况下,"同"指的是同一篇课文,"异"指的是不同的教法。我们承认"同课异构"对发展语文教师的思维、开阔语文教师的眼界起过巨大的作用,但是,对"同课异构"的负面影响至今还没有深入的讨论。至少,"同课异构"这一形式轻视教材体系,导致了对教学文本的没意义的"深挖",导致了"平民"语文教师的无所适从。我等认为,对"同课异构"的反思迫在眉睫,至少,这个"同"和"异"应该有新的定位,以适应新的形势。

"同课异构"还能走多远?

——对语文教学公开课形式的思考

2005年,在第八届海峡两岸暨香港、澳门地区小学语文观摩研讨会上,来自海峡两岸及港、澳地区的教师用各自的教学设计来教相同的内容——著名诗人罗青的两首诗《枯树之歌》和《锯》。据笔者所知,这就是"同课异构"的滥觞。此后,"同课异构"便成为许多小学语文观摩研讨会的"保留节目",并且逐步推广到初高中各个学段,成为流行的公开课或教学评比的形式。

一、"同课异构"的异峰突起

从课堂教学来看,"同课"就是指相同的课文,也就是相同的文本,"异构"就是指不同的教法。"同课异构"也就是"同文异教",教师根据给定文本,以构建不同课堂。所给文本可以来自教材,也可以来自课外。教师自行决定教学目标,自由选择教学方式,只要能通过对该文本的教学活动达到提高学生语文能力的目的即可。

在"同课异构"这一形式出现之前,传统的大型公开课大多采用"异课异构"的形式,不同的教师选择的文本各不相同,课堂展示各异。这种"异课异构"的形式,虽然具有丰富性,但由于课文难度不一,教师教学方式各异,较难做出客观、科学、公正的评价。作为教学研究对象,也有一定的局限性:难以就同一个问题进行集中探讨,不利于深入研究。针对"异课异构"形式的不足,为了充分体现公开课交流研讨的作用,"同课异构"这一形式应运而生,并逐渐成为公开课的主流。

与传统的"异课异构"形式相比,"同课异构"的优越性主要体现在以下三方面。

其一,就交流而言,基于同一文本构建的不同课堂,教师选择的教学重点、使用的教学方法各异,能更丰富地展现文本的教学价值,更好地起到交流作用。

其二,就选拔和竞赛而言,对相同文本进行的教学活动,排除了"异课异构"情况下文本自身难易程度不同对课堂教学的影响,可以更鲜明地体现出教师的文本解读能力及课堂教学水平的高低。

其三,就研究而言,不同教师的教学,展现出来的相同或相异之处,能更准确地反映出目前语文教学的状况,因此更具研究价值。

这些就是"同课异构"能够"异峰突起",成为目前语文公开课的主流形式的主要原因。

二、"同课异构"的"走火入魔"

"同课异构"的起源,决定了它不是日常的教学形式,而更适用于人才选拔、优质课评比及示范展示。随着"同课异构"日渐得到广泛使用,其弊端也逐渐显现出来。

(一) 难以脱离同质性过强的藩篱

"同课异构"的精彩虽在"异",但受课标、教材、学生水平等条件的限制,难以摆脱同质性过强的问题。

某次市级青年教师基本功大赛选择了苏教版必修二"慢慢走,欣赏啊"专题"总借俊眼传出来"版块的《林黛玉进贾府》一文,让参赛教师同台竞技。笔者观摩了此次活动的全部七堂课,每位选手都展现出不同的风貌。但是仔细比较就会发现,至少有四位选手不约而同地把研究王熙凤的出场作为主要的教学任务,具体操作也无非是从王熙凤的外貌、语言、动作等方面分析人物的性格特点等。如此相似的课堂,难免让听课者心生倦意。人物众多、内涵丰富的《林黛玉进贾府》一文,可以说可讲的内容很多,为什么参赛者如此"心有灵犀"呢?一方面,王熙凤"先声夺人"的出场确实是精彩的段落,教材课后的"活动体验"中,也把王熙凤的出场作为教学内容的重点;另一方面,掌握小说塑造人物的方法的确也符合本专题的教学要求。我们不能说这些选手不够匠心独具,只能说现有的"同课异构"的形式,在某种程度上限制了教师水平的发挥。太多雷同的内容,也削弱了公开课的研究、示范作用。

(二) 误入"深度"与"广度"的陷阱

"同课异构"之"异",是最能展现教师匠心独运的地方,因而成为评价的焦点。为了追求脱颖而出的效果，教师会在课堂的广度和深度两方面过度下功夫，造成"走火入魔"的现象。

为体现广度，教师常会罔顾语文课程的本质属性，过多地把关注焦点从文本的语言形式转移到文本的思想内涵上，把语文课上成政治课或者泛文化课。

笔者曾参与了一次"同课异构"的校际教研活动，选择的课文为苏教版高中语文必修三中高尔斯华绥的小说《品质》。有授课教师将教学目标设置为"传承工匠精神，打造中国制造"，在简单梳理完小说情节后，给格拉斯兄弟贴上了"真正的工匠"的标签。在补充了当时大工业时代的背景及当下"中国制造"的相关内容后，引导学生从工匠精神的角度，思考如何打造"中国制造"这一品牌。甚至还引入影片《霸王别姬》中陈蝶衣"不疯魔，不成活"的台词，以及小说《穆斯林的葬礼》中对玉匠"殉道"精神的叙述，要求学生联系传统技艺后继乏人的现实，思考如何传承珍贵的传统手艺的问题。对"中国制造"的打造和传统手艺的传承这两个问题的探讨，占用了课堂近一半的时间。当然，对工匠精神的解读，确实对人物形象的理解有些帮助；而对传承传统技艺的思考，则已经脱离了小说阅读教学的范畴，脱离了语文课应有之义。课堂上看似精彩不断，学生讨论热烈，但离"语文"渐行渐远了。课后，学生可能会记得"工匠精神"这四个字，但其阅读能力没有得到切实的提升，对阅读其他小说并没有直接帮助。

为了体现"深度"，教师在文本解读上往往别出心裁，超限度"深挖"。这样的解读固然可能出新意，但也易超出学生的理解力，甚至导致对文章的误读。

笔者曾从头至尾观摩了一次"同课异构"青年教师基本功大赛，指定文本为苏教版选修教材《现代散文选读》中林清玄的《可以预约的雪》一文。一位授课教师从文章标题"可以预约的雪"入手，指导学生理解菅芒花的美年年都能见到，是可以预约的；再从文本中找到"我"及陪"我"看菅芒花的朋友都遭遇了难以预料的人生变故的文字，得出人生不可以预约这一结论；在此基础上，引入"以理化情"的概念，花大量的时间，引导学生得出"只要心怀对美好的期待，就可以消除对不可知的人生的畏惧茫然"这一结论；最后要求学生思考如何用"以理化情"观念来面对生活中的无常。对"以理化情"概念的理解，确实能起到提升文本阅读深度的作用，然而就占绝大多数的普通高中"非精英"学生来说，难度明显过大，将其作为教学目标甚为不妥。

更有甚者,在上文提到的《品质》的"同课异构"中,竟有教师要求学生讨论"谁该为格拉斯兄弟的不幸遭遇负责",并引导学生得出"归咎于顾客"的结论!这不同于教参的解读虽然显示了执教者思考的独特性,但显然是对文本的误读。这样的课堂对学生阅读能力的提升又有何切实的帮助?

三、原因探讨

以上列举的种种"走火入魔"的现象,在公开课中不是个例。"同课异构"的"走火入魔",表面上看是由其评比的性质决定的。在"戴着镣铐跳舞"的情况下,为了能在选拔、比赛中脱颖而出,不少教师剑走偏锋,将"异构"课堂异化为展现个人魅力的"表演秀"。

而深入思考后我们会发现,"同课异构"评价标准上的"先天不足"是造成前文列举的现象的根本原因。

在"同课异构"给定文本而不确定教学目标的前提下,评委很难从教学目标的完成情况,也就是"学生所得"的角度去评判教学效果。课堂上最突出的只能是教师的表现。要想"夺人眼球",似乎就要有超出常人的深入解读。至于教师的个人解读是否是从文本的教学价值出发,很难成为评价的主要标准。由此导致了前文所举的罔顾文本教学价值,误入"深度""广度"陷阱的现象。

事实上,文本只是教学的凭借,正如叶圣陶老先生所说,语文教材无非是个例子,凭这个例子要使学生能够举一反三,练成阅读和作文的熟练技能。也就是说,需要深挖的不是文本本身的丰富意蕴,而是文本的教学价值,也就是如何通过对文本的教学,实现学生语文读写听说能力的提升。前文提到的《品质》一文中对"谁该为格拉斯兄弟的死负责"这一问题的探讨,可以看作对文本价值的挖掘,但很难将其看作对文本语文教学价值的挖掘,学生无法把这一能力迁移到其他小说的阅读过程中。

那么,是不是只要能够紧贴文本、把握住文本的教学价值来设立教学目标,就算是圆满完成任务了呢?如前文提到的《林黛玉进贾府》一课,除了四位教师不约而同地选择了"通过王熙凤的出场分析其人物形象"作为教学目标之外,另外三位教师分别选择了分析贾宝玉的出场及其人物形象,分析林黛玉的人物形象,以及通过比较刘姥姥进大观园的片段分析林黛玉眼中的贾府有何特点。上述这些教学目标都算是紧贴文本,体现了文本的一部分教学价值。如果我们上升到教材层面去观察就会发现,《林黛玉进贾府》一文所在的专题版块为"总借俊眼传出来",可见,选择分析林黛玉眼中贾府的特点作为教学目标,是更贴合教材编写者认为的文本教学价值的。这一点是这位参赛选手及其背后强大的备课团队的智慧结晶。从比赛的情况来看,并不是每一位参赛选手都有能力从教材层面来准确把握文本的教学价值,大多只是孤立地审视文本。这些参加市级比赛的选手都是各个学校选拔出来的优秀教师,他们的背后大多还有备课组其他成员的智力支持,在这种情况下,对文本教学目标的设置都仍有未尽善之处,可见要求教师个体完成挖掘文本教学价值、精准设置教学目标的任务,确实是有难度的。精心准备、反复打磨的精品课尚有这样的问题,可以想见在日常教学中,教学目标的设置问题肯定更加突出。

这一问题的产生并不能说是教师自身能力不强,也不能片面地认为是"同课异构"导致了此类现象的发生。事实上,现行的语文教学确实存在语文课程目标的具体、明晰尚有待改进,语文课程内容研制落后乃至空缺的问题。[①] 教学目标的设置需要以对语文课程有科学准确的认识作为前提,更需要有切实可行的权威参考作为依据。而这是现行的"同课异构"形式本身无法解决的问题。

公开课具备的交流、示范、研究的作用,使其成为沟通教学实践层面和课程设置层面的媒介。现有"同课异构"的形式,只能给观摩者留下教师可以随意设置文本教学目标的错误印象,并不能引导教师正确认识文本教学价值的作用。这一形式的"走火入魔",固然是由其本身的局限性所致,但根本上还是源于课程设置层面的不足。也可以这么说,"同课异构"对"异"的要求使得课程设置层面存在的对语文学科性质理解的偏差、语文课程目标设置得不够具体明晰等问题,在教学实践层面暴露出来。所以,"同课异构"应该朝着推动语文课程开发、构建具体明晰的课程目标体系的方向变革,从而为教师挖掘文本教学价值、科学设置教学目标提供正确的导向。

(原载《中学语文》2019年第10期,署名钱晓敏、王家伦)

---

① 王荣生. 听王荣生教授评课[M]. 上海:华东师范大学出版社,2007:3.

从"同课异构"到"同题异构"

——对语文公开课形式改变的探索

从"同课异构"的缘起来看,"同课"就是指"相同的课文",也就是相同的文本。目前大多数"同课异构"采用的都是"同文异教"的形式,即选择同一文本,构建不同课堂。所选文本可以来自教材,也可以来自课外。教师自行决定教学目标,自由选择教学方式,只要能通过对该文本的教学活动达到提高学生语文能力的目的即可。

"同课异构"的起源,决定了它不是日常的教学形式,而是适用于人才选拔、优质课评比及示范展示等的教学形式。

然而,为了能在选拔、比赛中脱颖而出,不少教师不考虑学生的接受能力及课程要求,剑走偏锋,过度深挖文本,从而将"异构"课堂异化为展现个人魅力的"表演秀",造成"走火入魔"的现象。"同课异构"已无法真正起到研讨和示范的作用,甚至还会误导日常教学,其作为选拔手段的可信度也将降低。

课堂上,教师的教和学生的学同步进行,同样重要,但教师的表现再精彩,最终还是为了让学生学有所获。因此,评价一堂课,最应该关注的是学生的"得",也就是学生对教学目标的掌握情况。而在现行"同课异构"的实施过程中,鲜有统一的教学目标,因此很难对学生的"得"做出客观、公正、科学的评价。

为了纠正乱象,让公开课回归语文的基本属性,应该从源头入手,对现行的"同课异构"进行改革。为此,我们提出"同题异构"的设想,即围绕统一的教学目标,构建不同的课堂。"同题异构"和"同课异构"虽然只有一字之差,却有着新的突破,因为它明确了语文课堂的任务,体现了语文课程的本质,是改变以教师"教"为主的评价导向的关键。

一、"同题异构"的内涵

"同课异构"强调的是文本的一致性,把教文本作为教学任务。如果把杨绛的《老王》作为"同课异构"的文本,那么课堂只要是围绕《老王》的内容展开,则无论教学目标是梳理"我"一家与老王的交往过程,还是分析老王的人物形象特点,都可以认为切题。

"同题异构"的"题",是指相同的教学目标指向。例如,以"掌握细节描写塑造人物形象的方法"为题,教师可以选择《老王》,也可以选择《金岳霖先生》甚至《祝福》作为教学的篇目,只要保证学生掌握通过细节描写分析人物特点的能力即可。文本只是教学凭借,学生语文能力的提升才是教学目的。

由此可见,从"同课异构"到"同题异构",就是把学生的"得"放在首位,体现的是从"教文本"到"教教学目标"的根本转变,这是对语文教学本质的更准确的理解。

二、拨乱反正的积极作用

"同题异构"的形式可以做到让教学目标更明确,"语文"特性更突出,有效避免前文分析的"同课异构"中出现的"走火入魔"现象,对语文课程的发展起到拨乱反正的作用。

其一,受"题"的限制,只要命"题"者对语文的认知正确,从政治或泛文化的维度教授语文的现象就将难以为继。一旦教学目标指向正确,"培养学生的读写听说能力"就能在课堂上唱主角,让课堂活动能围绕既定的教学目标进行,更能体现"语文"的本质属性,还语文课以本来面目。

其二,不同文本的异彩纷呈,避免了对单一文本的过度深挖。众所周知,教师讲解文本的目的是达成教学目标,关注的是文本的教学价值,而不在于文本本身。在教学目标的引领下,对教师的评价,也由只聚焦对文本的解读转移到对教学有效性的探讨。从文本的选择到教学过程的设计再到课堂的展示,教师在各个阶段都可以尽情发挥,各显神通,比拼的不仅是教师个人文本解读的"功力"有多高强,更是全方位、"接地气"地提高学生的语文能力,如此,公开课不再"曲高和寡"。

其三,由于教学目标统一,课后的教学评价能更趋向科学性、客观性和可行性。不管教师选用怎样的文本,运用怎样的教学方法,学生对教学目标指向的有关内容的掌握程度，才是教学评价的主要内容。显然，这样的评价机制能引导教师更加关注学生的"得"，充分体现学生在课堂上的主体地位。

三、"同题异构"，"题"从何来？

为了保证"同题异构"这一新的课堂示范和竞赛形式能顺利实施，防止出现偏差，试做如下设想。

"同题异构"的实施，以教学目标即"题"的确定为前提。这就需要学界形成对语文读写听说核心素养的共识，构建尽可能完善的知识能力"点线"。

新课程强调语文课程工具性与人文性结合的性质，但就现状而言，语文课程"工具"属性的体现还颇为薄弱，主要表现为语文知识能力体系的不完备。现行语文课程标准对学生语文素养的内涵及需要达到的要求的表述都较为宏观，但具体到一节课，其教学目标必须是具体的、可操作的。

如《普通高中语文课程标准（实验）》将诗歌与散文的阅读归纳到一起作为一个系列，对诗歌与散文阅读教学的要求都是"学习鉴赏诗歌、散文的基本方法，初步把握中外诗歌、散文各自的艺术特性，注意从不同角度和层面发现作品意蕴，不断获得新的阅读体验"。其中，"鉴赏诗歌、散文的基本方法"具体包括哪些，"艺术特征"都有些什么，如何"从不同角度和层面发现作品意蕴"，课程标准中都缺少具体的表述，如此，又怎能具体地运用到课堂上，使之成为教学目标呢？

因此，要实施"同题异构"，就需要我们根据语文学科的性质和学生的实际需要，归纳出一些公认的、具体的、细化的、逻辑关系明晰的、可操作性强的语文知识能力"点线"，包含语文教学读写听说各个方面。例如，诗歌教学中，诗歌中的抒发情感的手法有哪些，常用的艺术手法有哪些，分别起到哪些作用等。

"点线"的归纳，有助于对语文课程性质的全面准确认识，是语文这门学科课程化的重要环节，更是"同题异构"得以实施的前提。它不仅能为"同题异构"的公开课提供依据，也能为语文日常教学"保驾护航"，切实有效地提高语文教学的精度和效度。

至于教学文本的选择，可以根据教学目标的要求，尽量选择教材中的课文，也可选择课外的高质量文本，组成资料库。按照篇幅长短、难度大小等要素分等归类。选手可自由选择，亦可抽签选取，使比赛更公平、评价更科学。

四、"同题异构"评价体系的建构

"同题异构"课堂示范与竞赛的具体实施，必须关注评价体系的建构。考虑到教育的特殊性，此评价应该是总结性评价和形成性评价相结合。

评价一堂课，最主要的应该是检测学生对教学目标的掌握情况，最恰当的是采用课后测验的方式。开课前，评课专家事先就这个"题"（教学目标）出一两道检测题，在授课完毕后拿来考查学生的实际掌握情况，尤其是举一反三的能力，以确定教学效果的优劣。如以"掌握间接抒情的表达方式"为题，就可预先准备两三个间接描写比较典型的语段，课堂教学一结束，即可从中选取与选手教学文本相异的语段，让学生就"间接抒情"进行分析，观其掌握程度。当然，也可要求学生用"间接抒情"的手法写一小段文字，以观其掌握程度。如果条件允许，甚至可考虑两者兼用。

另外，教学的过程与方法也应该是评价的内容之一，如：教师对教学内容的理解是否正确，所采用方法是否科学；学生的学习兴趣如何，投入程度如何；等等。可采用课堂观察法，对选手做出科学、全面的评价。

具体来说，就是要预先设置尽可能科学的评分标准。实际上，这种评价也为参赛教师的课后反思、观赛教师的课后研讨提供了宝贵素材。

综上，从"同课异构"到"同题异构"，不仅是公开课组织形式的变化，更是从"教教材"到"教教学目标"的教学理念的变化，把学生的"得"放在重要位置。其对改变公开课异化为"表演秀"的现状，能起到拨乱反正的作用，能更科学有效地选拔人才，能对日常教学更好地起到示范作用，也能够为教学研究提供有价值的素材。

（原载《中学语文教学》2017年第9期，署名钱晓敏、王家伦）

"同课异构"之"同"与"异"

由于语文教学目标、教学内容和教学方法的非一致性,"同课异构"的具体呈现越来越丰富,但部分教师片面"求新""求异",把教学重点集中在对文本内容的挖掘上,而将"同"限定在"同"一文本上,使语文课堂失去了语文本色和常态。探究"同课异构"之"同"与"异"的真正取向,能将"同课异构"引向正途,在真正意义上实现其理想价值。

一、对"同课异构"的一般认知

"同课异构"模式,如若秉承语文课程理念来实施,对语文教学与教研及师生发展会有推动作用。但现实中的"同课异构"是否能达到预期的效果呢?

(一)理想的"同课异构"

"同课异构"这一概念最早是在 2005 年被提出,但在当时尚未引起广泛重视。2016 年以来,专家学者及一线教师对其不断进行研究开发,尝试从不同角度进行解读。现在比较统一的认知是,"同课异构"指的是采用同样的教学文本,由不同的教师根据自身特点设计教学内容,对不同学生群体实施教学,并伴随教师之间互相观摩、评价、反思、学习的一种教学教研活动。

理想中的"同课异构"对教学教研、教师、学生等都有积极意义。首先,"同课异构"大多以公开课的形式呈现,授课者大多为骨干教师,可以为教学教研提供新思路、新方向,不断优化教学方式,促进教研水平的提高。其次,"同课异构"通常伴随着评课,将推动教学观念的互换、先进理念的吸收,为教师提供展现自我的"舞台"及开阔视野的"窗口",打破封闭单一的授课环境,将直接经验与间接经验结合。最后,"同课异构"是教师对文本的多维解读，灵活多样的教学程序及适时适量的课堂互动，都将促进学生知识能力的提升与人格的发展。

(二) 当今的"同课异构"能起到积极作用吗？

传统意义上的"同课异构"中的"同"是指同一个教学文本，"异"的指向却比较多元，很多教师为了追求"异"，为了能在赛课中脱颖而出，试图以种种非常规的教学手段博得眼球。这种"异"主要表现为文本解读之"异"，尤其是对文本内容解读之"异"。

其一，重"道"轻"文"。在一次"同课异构"活动中，某教师教授高二课文《管仲列传》，整节课都在对管仲其人及管鲍之交大张旗鼓地进行探究，最后指出"读书想见其为人"，明确管仲不算完人，却是一个贤人。"管鲍之交"的文本其实有着较为典型的侧面描写，教师虽然提出了这个问题，却未将教学关键引到侧面描写手法上，而是把重点放在了对人物的评价上。这样一节语文课与文学鉴赏课、历史课有何区别？语文课程的本体属性是"工具性"与"人文性"的统一，必须通过"工具"渗透"人文"。当前的语文教学中，很多教师将课文解读与一般意义上的文学解读混为一谈，忽视了课文的语文教育和教学价值，最终"种了别人的田，荒了自家的园"。

其二，对"道"的过度深挖。在一次《背影》的"同课异构"中，教师A以"生命中有隔膜的爱"为主旨，从了解"家庭变故"后父子之情的转化入手，引导学生理解家庭矛盾引发的"有隔膜的爱"才是真爱；教师B以"唤醒生命意识"为主旨，抓住"背影"中的"背"组词，引导学生组出"背运""命背"，引发学生对父亲"背运"表现的思考，从而将学生引导到"生命意识"的话题上。这样的两节公开课，虽然体现了"同课异构"对于"同课"的"异教"，但如此解读文本，却严重偏离了文本教学的规律。这种抓住一个次要点位进行挖掘的解读，是一种不足为信的过度阐释。

"同课异构"虽然给了广大教师自由设置教学目标、选择教学内容、采用教学方法的权力，但如果不能深刻理解语文课程的本质，就很容易使课堂偏离"语文"的道路。

二、"同课异构"之"同"在何处？

要解决上述分析指出的"同课异构"中存在的问题，首先应从"同"入手。"同课异构"之同，不仅指文本上的相同，还指教学目标上的趋同性，因此在"同课异构"前,应该对"同课"教学目标的设置进行规范,即"同课"的教学目标必须与课程标准、教材体系、学生情况相吻合。这样的"吻合",是指符合、适应、尊重。

(一)"同"在教学目标的设置

在"同课异构"教学教研活动中,很多教师把侧重点放在"异"上,而简单地将"同"视作"任教文本之统一",忽视了本应受到重视的"同"。语文教学本身具有很大的不确定性,教学文本确实有多元的解读方向,特别是一些文学类文本。但是这并不能成为教师可以任意解读文本,并从文本解读上的"异"开始,就此建构"同课异构"的基础。"同课异构"之始,只有在教学目标上先规范,使其与"语文本色"趋同,才不会丢了"语文"根本,才不会背离"同课异构"的初衷。

(二)教学目标的设置受多方面因素的限制

设置教学目标时所指的"同",是指教学目标要与多种因素相契合或吻合,而不是一种随意发挥或任性而为。

首先,教学目标必须与课程标准的要求吻合。《义务教育语文课程标准(2011年版)》明确了"工具性与人文性的统一,是语文课程的基本特点"。因此,教师在设置教学目标时,一定要考虑工具性和人文性两方面的因素,切忌有所偏倚。目前的较大问题是忽视工具性而深挖人文性。

其次,教学目标必须与教材体系吻合。文本被选入教材,便成了教学的凭借,不光要考虑自身特点,还要尊重教材体系。以部编本八年级上册第四单元为例,该单元教授散文,根据单元提示,学习写人记事、托物言志、写景抒情等方法,着重培养学生的审美情趣,丰富其精神世界。那么该单元总的教学目标可定位为"学习写人记事、托物言志、写景抒情",根据"文"阐发"道",而其他可学习的点如"形散神聚""象征手法""欲扬先抑"等,则可在具体的文本教学时酌情考虑,或者作为"剩余价值",等日后学到这些知识点时再作拓展延伸。

最后,教学目标的设置必须与学生需求吻合。教学目标的设置应考虑大多数学生的认知水平,是对学生原有经验的改组和改造,应符合"跳一跳,摘桃子"的原则,而不是使学生脱离原有经验被动吸收。如果将《背影》的教学目标解读为"这不是一个简单的'父子情深'故事,这是一个'祖、父、子、孙，又祖、父、子、孙的生命之水不息流淌、不断传递的故事"①，且不说如此解读是否合理，至少也是以个人经验为基础的挖掘，并不能被大多数学生理解，因此不能真实地增长学生的生活经验；课堂上，这一结论也并不是通过运用正常学理支撑的解读方法顺理成章地得出来的，因此也不能增长学生的语文经验。

三、"同课异构"之"异"应指向何处？

在教学目标"同"的前提下，"过程与方法"选择之"异"和课堂生成之"异"，就更能真切地反映教师的知识素养和教学素养，同时也能激发学生的兴趣，活跃学生的思维，促进知能转化，从而提高学生的语文素养，也才是"同课异构"的正确指向。

（一）"异"在过程与方法的选择

在合理教学目标的前提下，教师想在"同课异构"中脱颖而出，就必须在过程与方法上大下功夫，因为一堂语文课要能收到良好的效果，学生要能将知识很好地内化，都要依靠过程与方法。

四川师范大学李华平老师曾经利用《背影》一文进行过三个维度的"同课异构"，为我们提供了一个很好的范例。异构其一，指向一般阅读方法的学习，教学过程与方法为：初步感知，了解大意—筛选信息，理解背景—提炼信息，把握内容—细读文本，体会情感—课时小结，明确学法；异构其二，指向散文阅读方法的阅读学习，教学过程与方法为：初步感知，了解学情—确定体裁，明确重点—细读文本，概括叙事—深入文本，体会情感—课时小结，明确学法；异构其三，指向用语文的方式教语文，教学过程与方法为：以学定教，明了目标—三个词语，勾连全文—两个段落，品读悟情—一个熟字，熟中见新。②纵观此"同课异构"的三个维度建构，李老师是从宏观、中观、微观三个层面来教读《背影》的，目的是使学生从会读所有文本，到会读一类文本，再到会读单篇文本。如果语文课都能这样上，何愁学生的语文素养提高不了呢？

---

① 韩军. 生之背，死之影：不能承受的生命之轻——《背影》新解码（上）[J]. 语文教学通讯，2012（2）：41-44.

② 李华平. 怎样用《背影》教语文——李华平《背影》教学实录两例[J]. 语文教学通讯，2016（2）：8-15.

过程与方法的选择是多种多样的,"一千个读者就有一千个哈姆雷特"。必须承认,不同的教师有不同的风格和取向,但过程与方法的选择却不是没有界限的,仍然必须符合以下两个方面。

一方面,要与教学目标相适应。"过程与方法"的选择有很多,但必须围绕本节课的教学目标展开,再好的过程与方法,如果偏离了教学目标的正轨,则将失去其根本意义。教学就像写作文,过程与方法就是写作素材,所选写作素材如果和题意无关,就算辞藻再华丽、构思再精巧、情感再真挚,也不会是一篇好作文。

另一方面,应以语用能力为基础。"同课异构"鼓励教师探索不同的过程与方法,但不等于必须充斥着"声、色、光、影",热闹非凡的课也不一定就是好课。某教师在教授《女娲造人》时,以播放女娲造人动画视频作为导入,学生看得津津有味、兴趣盎然。但这是一堂语文课,而不是一堂艺术鉴赏课。还有的教师喜欢让学生进行角色扮演,所用时间很多,课堂气氛是调动起来了,但作为一堂语文课,学生的语言文字运用能力又提高了多少?

(二)"异"在教学过程中的巧妙生成

教学过程中,虽然有既定教学目标和预设教学过程,但由于每堂课学生的不同参与,教学的实际情况也会有所不同。面对课堂上的突发情况,不同的教师有不同的方法。如果教师运用教学机智灵活应对,就会为课堂带来新的突破和升华。在同课异构中,这一应对之"异",也是考察教师教学素养的一个重要指标。

李华平老师在用"同课异构"的形式教学《背影》时,都设计了赏析"不"字的环节,引导学生理解"我"对父亲的愧悔之情。但三个维度的教学生成各有千秋,可谓"殊途同归",此正是"同课异构"之妙也。

异构其一,李老师让学生找出所示句子中最能体现作者思想感情的词。同学们纷纷举手,答案有"最不能忘记""背影""已"等,这些答案虽然不在预设之内,但有些回答已经超越了学生既有水平,李老师因此表示了鼓励并做了升华,将课堂气氛推向了高潮,之后才启发学生用自己的话表述该句子,引出"不"和"没有"的区别。

异构其二,李老师启发学生用自己的话表述所示句子,引出"没有"和"不"的区别。学生通过举"我不吃饭"和"我没有吃饭"的例子,发现"不"更能表达主观情感。然后李老师让学生对"不"组词,学生给出"不肯""不愿""不敢""不忍"等,李老师引导学生分析,从而体会到作者的愧悔之情。

异构其三,李老师因为学生没能马上找出"不"字,所以让学生转换说法,再次引出"不"和"没有"的区别,学生前后勾连,用第7自然段里面的话来解释"不",得出"不"出于主观情感,"没有"强调客观事实,进而理解作者内心的愧悔之情。

综上可见,这个"异"是"异峰突起"之"异"。

总之,如何使"同课异构"更为有效、成熟、可行,是一个值得探讨和反思的问题,不能只看重形式而忽略其实效。一切新颖的教学实践都要把握好语文课程的本质属性,以学生语文素养的提高为最终目的,使学生能真正有所得。

(原载《语文教学通讯》2020年第5期,署名周嘉怡、王家伦)

作文教学的"平民"建构

作文教学难是大家公认的。如果我们以所谓的"满分作文"为榜样,把学生作文当成文学创作,那么,作文教学确实是"老""大""难"。我们是否想过作文就是说话呢?作文就是用笔把自己的话说出来呢?如果我们只要求学生写"像"作文,那么,作文教学的难度就会大大降低,作文也就成了"平民"学生的一碟"小菜",作文教学也就成了"平民"语文教师的简单活动。当然,教学生写"像"作文仅仅是第一步,实实在在的第一步。我们的作文教学,应该使学生在写"像"的基础上再写得"好"些。

语文教学的"平民化"

论学生语文读写能力转换的梯度

一直以来,"阅读"占据了语文课程的半壁江山,"写作"教学名义上很受重视,实际上却逐渐被"边缘化",成为语文教学中最令教师与学生头疼的环节。"阅读"与"写作"之间的密切联系一直得不到应有的重视,两者逐渐"分道扬镳"。随着语文课程改革的深入,语文教师更应重视综合性理念在教学中的运用,加强读写之间的联系,以切实提高学生的语文核心素养。

一、新课程背景下的读写结合理念

在每一次语文课程改革中,语文课程的性质及语文教学的目标都是关注的重点,也是具体教学实践重要的出发点。如今,语文教学应该以提高学生运用祖国语言文字的能力,提升学生的语文素养为终极目标的观念越来越深入人心。在这样的改革背景下,提倡整合教学,注重读写结合,促进读写能力的转换便成为语文教学新的探索点。

(一) 读写结合是教学大纲、课程标准的一贯要求

强调读写结合,加强阅读与写作之间的联系,促进学生读写能力的转换,这是语文教学一直延续的思考与探索,在历份教学大纲、课程标准中皆可找到依据。

1956年《小学语文教学大纲(草案)》便明确地提出阅读教学与写作教学应当密切结合的要求,认为阅读文章是学生进一步学习写作的基础,并直接将作文教学的效果与阅读教学的质量相联系。

1963年《全日制小学语文教学大纲(草案)》承续1956年教学大纲的理念,进一步指出课文不仅适用于阅读教学,同时也是写作教学的重要依

据,并要求教师在对文章的讲读分析中示以"用词造句、篇章结构"之范例,以求更好地为写作教学服务。

1978年《全日制十年制学校小学语文教学大纲(试用)》则从"如何将写作教学与阅读教学密切配合"出发,将两者转换的连接点更加具体化,注重从选择素材、确定中心、选词造句等方面构建阅读与写作之间的内在联系,并提出了"作文教学时,要指导学生灵活运用在阅读中学到的知识和技能"的要求。

1986年《全日制小学语文教学大纲》及1992年《九年义务教育全日制小学语文教学大纲(试用)》进一步继承了读写结合的理念,并进一步将其具体化、系统化、完整化,不仅要求学生学习观察分析事物的方法,而且也提出了学习遣词造句、连句成段、连段成篇等方法的建议,从而进一步"引导学生把从阅读中学到的基本功,运用到自己的作文中去"。

总之,要求加强阅读教学与写作教学之间的联系,促进读写能力的转换是语文教学大纲和课程标准的一贯要求。

(二)新课程标准对读写结合的要求更为具体

作为课程改革具体"产物"的新课程标准对读写结合的要求更为具体。

2001年《义务教育语文课程标准(实验稿)》指出,写作教学的总目标为"能具体明确、文从字顺地表述自己的意思。能根据日常生活需要,运用常见的表达方式写作"。这里的"表达方式"并不是教师专门教授的语文知识,而是在具体的阅读教学中不断学习总结的结果;同时,在阅读文章的过程中,学生可以学习作者的写作技巧与手法,感受具体生动的表达。这些都是"读写结合"理念的具体体现。再者,该课程标准对各个教学阶段的阶段目标也有明确的表述。比如,第一学段中明确指出,"在写话中乐于运用阅读和生活中学到的词语";在其他学段的目标中也表现出阅读与写作在语句、标点符号、语法、情感等方面的联系。

2003年《普通高中语文课程标准(实验)》中对读写结合的要求也有相应的体现。在"阅读与鉴赏"模块中要求学生在阅读过程中把握内容,揣摩文章语言,并要有自己的判断、思考,这些都基于一个出发点,即培养学生独立的思维与想法,而这正可以服务于学生之后的独立写作;同时阅读中涉及不同体裁、不同类别的文章,学生通过阅读可以学习到多种表现手法与表达技巧,这样在写作中便可以根据表达目的做出合理的选择,从而不断提高记叙、说明、议论等基本表达能力。

《义务教育语文课程标准（2011年版）》适应语文课程改革的浪潮，承袭了《义务教育语文课程标准（实验稿）》中的一些观点。其中，它明确要求教师在教学中"注重听说读写之间的有机联系""重视写作教学与阅读教学、口语交际教学之间的联系，善于将读与写、说与写有机结合，相互促进"。各个阶段目标也从标点符号、语言材料、表达方式等方面进行了具体阐述。凡此种种，都体现出通过阅读积累知识，培养语感，输入语言材料，并在写作中将其输出运用，不断促进读写能力转换的要求。

《普通高中语文课程标准（2017年版）》指出，"语文课程是一门学习祖国语言文字的综合性、实践性课程"。"综合性"既是学习与生活的综合，也是听说读写等语言运用的综合，这同样也要求加强阅读与写作之间的联系，以促进学生读写能力的转换。"实践性"是说学生获得的语文知识及取得的语文能力必须在真实的语文学习情境中具体练习运用，也就是说学生从阅读中学得的语文知识、积累的语文材料，可以借助写作得到运用与实践，从而化"学得"为"习得"，不断实现读写能力的积极转换，不断提高学生的语文核心素养。这些既是对教师组织教学提出的具体要求，也是相应的建议与引导。

（三）部编本语文教材读写能力转换理念的体现

在课程标准的指导下，部编本语文教材深入贯彻"整合教学"的理念，切实注重语文教学的综合性。首先，从语文教材的版块结构来看，仍然是分单元组织教学。以七年级上册教材为例，本册教材共有六个单元，每个单元都设有阅读教学，紧随其后的便是写作教学版块。除这两个版块之外还设有三次综合性学习、两个名著导读和两个课外古诗词诵读版块。如此设计，不仅突出了阅读与写作的重要地位，也体现了综合性的设计理念，彰显了编者力求通过读写结合切实促进学生读写能力转换的思考。

其次，从版块的具体内容来看，较以往也有新的调整。各个单元不同版块的内容都有统一的指向，阅读教学与写作教学版块的内容相互联系，彼此相关。如第三单元中，在阅读版块有《从百草园到三味书屋》《再塑生命的人》两篇现代文，皆为写人记事的文章，运用不同的描写技巧，各用其能，各显神通，刻画出神态不一、性格各异的不同人物；在写作版块，则围绕阅读所教所学设置了"写人要抓住特点"的要求，如此一来，学生便可以将从阅读课上学习到的知识与技能及时地运用于写作练习中进行消化吸收，促进读写能力的积极转换。

最后，从版块目标来看，各个版块都遵循"文道各一，文道结合"的原则，注重"工具性"和"人文性"的双重教育。以第一单元为例，阅读版块的导语中说"本单元课文用优美的语言，描绘了多姿多彩的四季美景，抒发了亲近自然、热爱生活的情怀"，力求帮助学生培养热爱生活、热爱自然的思想情感；同时也谈到学习本单元文章的一些方法与重点，"要重视朗读课文""把握好重音和停连""体会比喻和拟人等修辞手法的表达效果"。凡此种种，都立足于语文教学的"工具性"，力求培养学生的语感，帮助他们积累语言素材，提高语文素养。而写作版块同样从"文""道"出发，基于阅读版块的学习有针对性地设置教学目标，以使学生及时将所学运用于写作，切实促进读写结合。如此，精准把握读写结合的理念，力求加强阅读与写作之间的联系，促进读写能力的转换，可谓用心良苦。

二、读写能力转换的价值取向

众所周知，"工具性"和"人文性"的统一是语文课程的基本性质。语文教学不仅要本着以德树人的原则，培养学生健康的情感态度价值观，帮助学生树立正确的人格信仰，还要关注课程的"语文性"，通过教学不断提高学生的语文核心素养。因而，读写能力的转换，不仅仅是立足于思想方面的结合，更为重要的是要注重语言的建构与运用，使学生学会并熟练地将从阅读课中学习到的语文知识与能力顺利运用到书面表达中，促进学生读写能力的积极转换，切实提高学生的语文素养。

（一）读写能力转换不应限于"道"

在具体的教学探索过程中，常有从"道"出发关注读与写之间转换的现象。如不少语文教师在教学完朱自清的散文《背影》之后，在父子情深上大做文章，极力渲染父爱的深沉伟大，要求学生在课后模仿课文来写"母爱"。这种基于"道"来进行语文读写转换的教学设计，确实有必要，但又有本末倒置之嫌。单纯的思想陶冶，不仅会使学生产生"被说教"的不悦情绪，而且由于背离语文教学的主旋律，很难使学生关注语文课程的重点。也就是说，语文课与思想品德课抢起了"饭碗"，其结果必然是学生忽视语文教学的真谛，全面提高学生的语文核心素养成了一句空话。

（二）应该从语言的建构与运用出发

语言文字的建构与运用是语文教学的出发点和立足点，"致力于培养学生的语言文字运用能力，提升学生的综合素养"是语文课程的本质要求。因此，教师在读写结合教学设计时主要应从语言的建构与运用出发，立足语文课程的本质属性，使学生在阅读教学过程中品味语言，培养语感，不断积累丰富的词汇、语句等语言材料，体会具体的表达方式的用法，学习各种修辞手法的运用，为书面表达准备充足的写作素材。如此，教师在写作教学中便可以链接阅读教学中涉及的这些知识点与能力点，使学生通过学习模仿，不断运用，不断创新，掌握书面表达的技巧，提高语言文字运用的能力和水平，从而实现读写能力的转换。

以部编本七年级上册第三单元的"写作"为例——"写人要抓住特点"。教师首先要指导学生仔细观察想要描写的人物，抓住人物的特点；接着要引导学生对其进行描写。那么"描写什么"及"如何描写"便成为指导写作的关键。教材在写作提示中也给出了描写五官、描绘衣着等方面的建议。如何将人物的特点用书面语言表达出来，且表现得传神独特呢？这时教师便可以回归课文，将文章中描写精彩的句、段、篇作为学生模仿学习的例子。由于这些课文已经过系统的讲解，学生比较熟悉，稍加点拨，学生便能够理解并接受。接着，指导学生一步步模仿创作，将积累的语言材料付诸运用，从而成功完成写作。基于语言文字建构与运用指导学生写作，以课文为学习范本，将写作作为表达的手段，能够不断提高学生语言文字的表达能力，促进读写能力的积极转换。

三、从模仿到创新的读写能力转换

阅读教学中的每一篇文质兼美的文章基本上都可以作为写作教学的范文，供学生学习模仿，进而提高学生的书面表达水平。一般而言，写作教学主要关注"写什么""怎么写""为何这样写"三个方面。就记叙文写作而言，"写什么"是文章的选材立意问题，这可与阅读教学中的"写了什么"相对接，即在阅读文章时让学生体会作者为表达某一情感都写了哪些内容，启发学生写文章时选取典型事件，这一方面较易掌握；"怎么写"是写作教学及学生独立写作的关键，学生"谈写作色变"大多是因为不知道该如何写，因此要与阅读教学中"怎么写的"相联系；"为何这样写"与阅读中

"为什么这样写"相对接，主要用于修改环节检查语言文字运用得合理与否，这一环节又以"怎么写"为基础。因此，阅读与写作教学衔接点应主要放在"怎么写"上。但是，"冰冻三尺，非一日之寒"，读写能力的成功转换不可能一蹴而就，同样需要通过句、段、篇三个梯度进行层递式训练。下文以记述性文本的读写转换为例进行阐述。

（一）第一梯度：仿句、造句

一座座拔地而起的精美建筑，都始于一砖一瓦的精心堆砌；一篇篇优秀作文，同样离不开一词一句的斟酌组合。因此，读写结合的第一梯度应着眼于句子的练习。即在阅读教学过程中，教师应指导学生关注一些表达生动的语句和一些优美新颖的词语，并进行仿句、造句练习，进一步使习得的语言材料得到运用，从而丰富学生的书面表达素材。

仿句、造句的练习目的在于每一句话的生动准确表达，所以关注的对象不妨放在修辞格的运用、标点符号的正确使用及某些程度副词的改写上。

比如，在教学朱自清的《春》这篇文章时，教师首先便可以将文中表达生动新颖的语句作为例子供学生模仿练习。开头一句"盼望着，盼望着，东风来了，春天的脚步近了"运用了拟人的修辞，将春拟人化，既传达出春天到来的讯息，同时也让人感受到了春天来临时的喜悦与期盼，给人以充满生机的感觉。这时可让学生随堂运用拟人的修辞，模仿描写其他季节到来时的场景。学生可能会写出如"冬爷爷拖着长长的白胡子，迈着小碎步缓缓来到人间"这类句子。如此，便将僵硬的诸如"冬天来了"的表达"改装"得更为生动形象，大大增强了语言的感染力。文中还有许多运用修辞的语句，教师都可将之作为范例，指导学生感悟学习，并练习运用，以丰富学生的表达。

其次，文中标点符号的运用也较为丰富，教师也要在教学中指导学生学习运用，以增强语句的节奏感。

最后，恰当表述"程度"也应作为学生写作训练的要点。例如文中表现小草很嫩的形态时，并没直接用"很嫩很绿"来修饰，而是化"很"为叠词，"小草偷偷地从土里钻出来，嫩嫩的，绿绿的"，将程度副词改成形象具体的描绘。这也可以让学生以"这里的风景真好看"为例做模仿练习，变死板的程度副词为生动具体的描绘，从而丰富学生的语言表达，增强可读性。

（二）第二梯度：连段

连段练习是促进读写能力转换的第二个梯度。每一个段落大多由一个个完整的句子连缀而成。如果说基于句子练习的读写转换更多的是集中于组词技巧的学习，那么，段落的连缀则需要从描写视角和思路着手，其关注重点应放在写作角度及句与句之间的组织逻辑上。

同样以《春》这篇文章为例。在教学描写花儿的这个段落时，教师应指导学生了解作者的描写思路：先是正面描写了桃花、杏花、梨花的形态与香味，接着从侧面描写蝴蝶、蜜蜂的活动，进一步烘托花之香，最后将视角从高转低，描写了遍地的野花。作者充分调动了视觉、嗅觉等感觉器官，将正面描写与侧面描写相结合，同时高低转换视角，将一个个句子巧妙排列组合，使整个段落具体完整，而且充分展现出事物的特点，可谓独具匠心。以此为范例，教师可以指导学生"描写校园一角"，要求学生运用多种感官、多种描写方法或者转换视角进行连段练习。久而久之，学生便可以真正地掌握连段的技能，进一步提高语言的组合表达能力，进而实现读写能力更深入的转换。

（三）第三梯度：成篇

成篇练习是读写能力转换的第三个梯度。要想室内装修得实用并精致华美，不仅需要精心选择每一件家具，还要关注家具的位置摆放。文章也是如此，打造好段落之后，还需要将其合理归置。在这一梯度的练习中，读写结合的立脚点应当放在文章的结构、详略安排及写作的顺序上。

首先，结构的好坏直接关系到文章的整体效果，因此，结构的安排是写作教学的关键。当然，在有限的写作教学课堂中难以系统讲解结构的安排方式，或者说单纯讲一些结构理论并不利于学生学习与消化。这时，教师不妨通过不同结构文本的阅读教学，顺势引导学生分析并学习文章的结构方式。生动形象的范例，有利于学生的学习。比如，教师在讲解《春》这篇文章时，可以引导学生学习并列式的结构方式；也可以通过《雨的四季》这篇文章，使学生对总—分—总的结构有更清晰的认识；抑或通过对《白杨礼赞》的分析，学习先抑后扬的独特结构……如此一来，教师便可以引导学生学习多种具体的结构安排方式，体味各种方式的布局谋篇。课后也可以指导学生根据某个主题做"列提纲式"训练，进一步将心中所想，运用所学，化为笔尖的表达，逐步提高自己谋篇布局的能力，促进读写能力的转换。

其次，详略的安排也是整个成篇训练中需要关注的要点。教师在阅读教学过程中同样需要指导学生关注并学习文章的详略布局，如"哪些部分要详写""哪些部分可以略写""为什么要详写"以及"如何详写"等。比如通过《阿长与〈山海经〉》《秋天的怀念》等多篇文章的学习,引导学生理解详略叙述的要义及作用,学习详略安排的方法。之后给以某个主题及素材,让学生构思时考虑应该详写什么东西,略写什么东西,从而不断提高学生在写作中详略得当、主次分明的意识,进一步提升雕饰文章的功力,进而更好地促进读写能力的积极转换。

最后,写作的顺序也是需要学习借鉴的部分。叙述一件事时,先叙述什么,后叙述什么,都要有一定的顺序,可以按照事情发生的先后来安排,也可以按照空间转换的顺序来安排,等等。通过文章来学习具体的写作顺序更能收获事半功倍之成效。比如,通过《雨的四季》《再塑生命的人》《猫》等文章的分析,学习按时间展开故事的方法;通过《从百草园到三味书屋》等文章的学习,分析空间转换的具体方法……安排情节时同样可以通过具体文本来学习顺叙、倒叙、插叙等多种记叙顺序,在学生头脑中储存丰富的写作方法,形成相关的知识框架,并进行一些相关的成篇练习,从而将其内化为自觉的思维意识,转换为切实可行的书面表达能力,促进学生读写能力的转换,不断提高学生的语文核心素养。

以阅读为基础,以写作为升华,从句的组织到段落的连缀,再到整个篇章的布局,一步步指导学生学会合理地进行语言表达,不仅可以使从阅读中学到的知识与技能逐渐在写作中得到运用,而且能够进一步提高学生的书面表达能力,切实促进学生读写能力的转换。基于语言的建构与运用,将阅读教学与写作教学紧密联系,进而提高学生合理运用祖国语言文字的能力,提升学生的语文核心素养,这符合语文教学的真谛,也符合学生学习的规律,是较为理想的教学方式。当然,在具体的实践过程中仍然需要教学工作者的共同探索与尝试,需要教学工作者的不断更改与创新!

(原载《江苏第二师范学院学报》2020年第2期,署名王家伦、和苗苗)

论"语言的建构与运用"在作文教学中的落实

《普通高中语文课程标准（2017年版）》曰："语文课程是一门学习祖国语言文字运用的综合性、实践性课程。"又曰："语言建构与运用是语文学科核心素养的基础，在语文课程中，学生的思维发展与提升、审美鉴赏与创造、文化传承与理解，都是以语言的建构与运用为基础，并在学生个体言语经验发展过程中得以实现的。"我们认为，作文教学中的"语言的建构与运用"可从以下几个维度来考虑。

一、基础：遣词造句的规范与表达的准确

遣词造句是作文的基础，错别字连篇、句子不通、表达不准确是当今中小学生作文的通病。对错别字连篇的现象我们将另行撰文阐述，这里分析另几种现象。

（一）"典型"病句的频繁出现

这一轮语文课程改革中，在"限制科学主义"的口号下，语法教学一度成了"反对人文精神""限制学生思维""追求应试教学"的代名词。于是，初中课本中的汉语语法知识系统被无限"淡化"，即使是高考，改病句的题型也在逐步消失。

在这种情况下，一些"典型"的病句不断地出现在学生的作文中。

其一为搭配不当，如"加快教育改革发展的规模与速度"，"加快"可以配"速度"，但能配"规模"吗？

其二为指代不明，如"我站在窗前向操场一看，这里有很多同学在打球"，句中的"这里"究竟是何处？

其三为概念误用，如"这位同学出身于教育世家，他家有很多文学作

品，如'四大名著'、《辞源》等"，《辞源》是文学作品吗？

其四为误用双重否定，如"全校师生没有一个人不否认他的学习能力强，为典型的'学霸'"，此处的"不"究竟起的是什么作用？

其五为成分残缺，如"这个学校目前已成为拥有20个高中班级、30个初中班级以及大量现代化教学设备"，谓语"成为"的宾语是什么？再如"通过这次考试，使他知道了自己与其他同学的差距"，主语何在？

其六为复句关系混乱，如"由于今天是公园里游园活动的最后一天，因此游人寥寥无几"，游人少与游园活动的最后一天之间有因果关系吗？

（二）追求时髦，盲目"与时俱进"

其一，大量的网络语言进入了学生的作文，如称"人"为"银"，称"我"为"偶"，称"年轻人"为"小P孩"，称"喜欢"为"稀饭"……我们不反对词汇的创新，但这种创新必须符合语言发展的规律，必须经得起时间的考验，而不是想当然。当然，有时候为了表达的需要，偶尔用一下未被正式承认的"时髦"词语也未尝不可，但至少得加上引号吧，否则，别人很可能不知所云。

其二，一些学生受港台剧的影响，自觉或不自觉地将港台习惯用语引入自己的作文。主要表现为不区分词类的特性，最为典型的是用副词直接修饰名词，如"很书面语""最中国"……另外，将不及物动词当作及物动词用，如将"给我津贴"称作"津贴我"……乱加词语的现象也很典型，特别是"有"字的误用，如将"我吃过饭了"称作"我有吃过饭"……词序颠倒，如将"先走一步"称作"走一步先"。如此等等。

（三）为了显示"有文化"，莫名其妙地"复古"

受某些电视剧字幕的影响，一些学生自以为使用繁体字就是"有文化"。在电脑打字普及的前提下，常常不假思索，任性地一按键盘，将简体字转化为"繁体字"，如将"茶几"误作"茶幾"，将"邻里"误作"邻裏"……殊不知在古代，"几"与"幾"、"里"与"裏"不是同一个字，词义相差甚远。

就数词而言，一般情况下"两"是基数词，"二"是序数词，这是常识。由于文言遗留的影响，大部分学生甚至大多数教师搞不清"两"与"二"的区别，将"二"代替"两"的现象甚是普遍。语文教科书应该是语言规范的典范，然而，即使是部编本中，"散文诗二首""《世说新语》二则""诗二首""外国诗二首"赫然在目，实在令人无语。这应该是当今绝大部分学生和许多语文教师不会正确使用"两"和"二"的根源吧。

（四）以部编本为契机，逐步解决问题

总体来说，部编本教材的问世是解决这些问题的契机，因为其中终于有了汉语语法知识系统。虽然这个系统还不够完整，但对学生而言，至少不再是无章可循了。作为初中教师，应以此为基础对学生进行语法教学，必要时，也可参照"现代汉语"的语法现象和学生的实际情况做一些调整，当然，绝对不要上成高校中文系的"现代汉语"课。关于这，1987—1988 年人教版初中语文教材的语法系统给了我们教训：初一课本的知识短文竟然将副词分为 11 种。初中生的逻辑思维能力尚在逐步发育中，这种过于理论化的内容教学效果很差，这也成为某些反对语法教学者的口实。

平时多进行造句训练，造句是学习语法必不可少的环节。不要怕有人扣上"应试教学"的大帽子，训练不等于应试。从另一个维度来说，应试能力何尝不是素养的体现！

二、写"像"：体式的规范与结构的完整

解决遣词造句的问题是作文教学的基础，就真正意义上的作文教学而言，第一步是写"像"文章，然后才是写"好"文章。所谓的写"像"文章，就是追求"法式"，即掌握一些较为典型规范的文章的结构范式。

（一）"文体不限"误解成"淡化文体"，导致没有文体

文体，是人们对已有的文章进行概括后总结归纳出来的结构体裁、基本范式，是从长期的实践中得出的形式规范。文体是形式，内容与形式密不可分是普遍真理，某种形式期待某种与之相适应的内容，某种内容也必然表现为某种特定的形式，也就是说内容必然依靠某种特定的形式才能表现出来，类似皮与毛的关系。

文体能唤起人们的阅读期待。阅读记叙文，就希望对作者的写人叙事有所感；阅读说明文，就希望对作者笔下的事物或事理有所知；阅读议论文，就希望对作者的观点有所信；阅读文学作品，更有对美的渴望与追求。

课程改革以来，由于对人文性的过度追求，教材选文较少顾及谋篇布局典型的文本，一些"四不像"的文本出现在语文课本中，尤其是议论性的文本，如《就任北京大学校长之演说》《我有一个梦想》《父母与孩子之间的

爱》《热爱生命》《人是一根能思想的苇草》《信条》……基本就是"思想品德"课程的教学材料，就"语言的建构与运用"而言，这些文本与典型的议论文相去甚远，不知这样的范文对提高学生的议论文写作能力究竟能起多少作用！即使是一片叫好声中的部编本教材，从已经公开发行的几册来看，也过度追求作品的文学性，对其他的典型文体甚不注意，也就是说，选材很少从"文章学"的维度出发。

实际上，在基础教育阶段，离开了典型的形式规范，教学和测试都难以操作，尤其是对绝大部分的"平民"学生而言，他们的写作没有了能供模仿的范式，这会让他们陷入迷惘。

（二）盲目模仿，形成"新八股"

话题作文解放了中学作文教学的思想，打破了几十年中学写作教学的樊篱，功不可没。但是话题作文也有其"原罪"，就是客观上催生了中学作文教学不重视文体这种流行病。文体不限，其目的是便于学生选择自己擅长的文体或者是最适合表达题意的文体，其本意是为了解放文体对思想的束缚。但是在具体操作中，"文体不限"错误地引发了"淡化文体"的倾向，乃至有人鼓吹"不要文体"。话题作文要求"自选文体"，但是到了一些语文教师那里就变成了"不要文体"。加上课程改革以来的语文课本轻视文体知识，于是，中学生文体感极度薄弱就成了必然，许多考生的作文文体"四不像"也成了必然。

也有画虎不成反类犬的。由于对余秋雨等散文大家的盲目模仿，再由于"高考满分作文"的影响，在我们现实的作文教学中，自称为"夹叙夹议"文章的影响越来越大，甚至成为一种"范式"：开头一段"题记"，无病呻吟，动不动就请出屈原或李白，感叹几句，却没有任何实质性的东西。

这种"夹叙夹议"式的"新八股"，其实概念含混不清。"叙"和"议"总得有一个归属，到底是记叙为主还是议论为主？如果本质上是记叙文，就不该出现大段的议论性文字，夹的议论只能点到即止；如果本质上是议论文，就不能出现比较详细的记叙尤其是描写，夸张一点，议论文中的事实论据不要超过三句话。这样或许有点绝对，但至少表明了坚持文体之纯的观点。至于文学评论类的议论文，可以有一点内容的复述，但是要高度概括，不能有描写的成分（原文摘引除外，但是要高度精练，毕竟我们的作文一般只有 800 字），越短越好。

语文教学的"平民化"

江苏长期负责高考作文阅卷的何永康教授有一个"三分之一原则",就是记叙文中,议论部分不得超过三分之一,议论文反之亦如是,如果超过三分之一,就视为文体不纯。

(三) 采取措施,教会学生掌握"规范"的文体

从"无法"到"有法",再从"有法"到"无法",是一般人学习写作的必由之路,所以,写"像"文章的第一步就是"有法"。而所谓的"有法",就是掌握"规范"文体。"榜样的力量是无穷的",要让一般的"平民"学生掌握"规范"文体,就必须有规范的样本,在教材选文缺乏"标准"文本的前提下,我们可以从以下几个维度考虑。

其一,从教材文本中寻找"规范"的语段。虽然说我们的教材文本少有整体结构"规范"的文本,但一些文本的某个语段往往结构比较规范。

如《烛之武退秦师》中烛之武说服秦王的一段话就是一篇微型的"规范"议论文,从第一句"若亡郑而有益于君,敢以烦执事"可知中心论是"亡郑不利于秦",然后从"焉用亡郑以陪邻?邻之厚,君之薄也"可知第一分论点是"亡郑有利于敌国",从"若舍郑以为东道主,行李之往来,共其乏困,君亦无所害"可知第二分论点是"留着郑能给秦很多方便",从"且君尝为晋君赐矣,许君焦、瑕,朝济而夕设版焉,君之所知也"可知第三分论点为"晋国没有信誉,您帮助他灭郑毫无意义",从"夫晋,何厌之有?既东封郑,又欲肆其西封,若不阙秦,将焉取之"可知第四分论点为"晋灭了郑以后的下一个目标就伤害秦"。

再如《鸿门宴》中樊哙的一段话:

怀王与诸将约曰:"先破秦入咸阳者王之。"今沛公先破秦入咸阳,毫毛不敢有所近,封闭宫室,还军霸上,以待大王来。故遣将守关者,备他盗出入与非常也。劳苦而功高如此,未有封侯之赏,而听细说,欲诛有功之人,此亡秦之续耳。窃为大王不取也!

这段话就是一篇典型的简短的演绎论证的议论文,大前提是"先破秦入咸阳者王之",小前提是"沛公先破秦入咸阳",结论是"沛公应该得到封赏",推论就是"窃为大王不取也"。

其二,从课外选择"规范"的文本。课本之外(包括读本和被种种原因剔除的课文)有一些很典型的"规范"文章,如人民网的《人民时评》栏目就有很多规范的标准的议论文。实际上,只要留心,定能有所发现。笔

者从 20 世纪末开始积累，已收集到许多典型的文本，如原载于 2001 年 4 月 5 日《新民晚报》的袁传伟的文章《难忘母亲》，就是典型的双重倒叙文；再如原载于 1998 年 4 月 17 日《光明日报》上的黄朴民的文章《李广的悲剧》，就是一篇典型的驳论文。

其三，"人造"标准范文。想当年，叶圣陶先生为了教学的需要，曾刻意写作了一些范文，如《记金华的两个岩洞》（现在小学语文课本截取其中的"一个岩洞"，名为"记金华的双龙洞"）和《景泰蓝的制作》，前者是典型的移步换景式游记，后者是典型的程序性说明文。我们为什么不可以学习这种方式呢？为了教会学生议论文的基本模式，笔者曾"人造"了下面这篇小文章：

满招损，谦受益

"满招损，谦受益"，这是两千多年前的《尚书》留给我们的至理名言，这句话之所以至今仍为人们所津津乐道，自有其深刻的内涵。

首先，谦虚能发现自身的不足。很难想象一个狂妄自大的人能够正确地审视自身的不足。只有谦虚的人，才会如曾子所说的那样"吾日三省吾身"；正因为"吾日三省吾身"，所以才能发现自身的不足，才能及时弥补，才能进步。夜郎国的国王不懂得谦虚，不知天高地厚，竟然将自己的弹丸之地与汉朝比拼谁大，留下了千古笑柄。北宋司马光是谦虚的典范，他总是审视自身的不足，于是演绎出了流传古今的"司马警枕"的故事。

其次，谦虚能发现别人的长处。很难想象一个狂妄自大的人能够耐心地去挖掘别人的优点。只有谦虚的人，才会发出"三人行，必有我师焉"的感叹。孔子虚怀若谷，才能发现苌弘、师襄、老聃的才能超过了自己，才会"师苌弘、师襄、老聃"，才能学到以前未知的东西，才能成为一代宗师；如果没有谦虚的胸怀，那么，孔丘永远成不了孔子。在那个狂妄的马谡眼中，司马懿才不及中人，简直不堪一击；然而他自己却落得个兵败被斩的悲剧。

最后，谦虚能得到别人的帮助。你谦虚了，你必定尊重别人，将心比心，尊重别人的人必将得到别人的尊重；你狂妄自大，你从来不懂得尊重别人，你能得到别人的帮助吗？想当年，关羽目中无人，当他败走麦城向孟达、刘封求救时，得到的是拒绝。李翊谦虚好学，于是得到了韩愈的尊重，一篇《答李翊书》，韩愈将自己做人作文的感受倾囊相授，结果是李翊受益终身。

既然谦虚能发现自身的不足，既然谦虚能发现别人的长处，既然谦虚能得到别人的帮助，那么，谦者受益就是理所当然的了。感谢《尚书》，为我们做出了科学的提示。

这篇文章并不是什么优秀的作品，拿到高考阅卷现场，得分最多在"二类卷（下）"。但是，就初学议论文者而言，却较为典型：一个中心论点，三个分论点，分论点与中心论点之间为典型的因果关系；每个分论点都由一正一反两个事例支撑，同时或引用名言，或简单讲道理。学生以此为"范本"，学写议论文就很容易入手。

三、写"好"：语言的求精与结构的调整

写"像"了文章仅仅是第一步，因为语言平淡如水是"像"，结构过于标准也是"像"，所以，我们还要向更高的层次——写"好"发展。文章的好与坏，标准很复杂，我们这里的"好"暂不说语言构建以外的问题，因为这不是我们这篇文章要解决的问题。学生写好文章，不一定指达到"优秀"，不一定指达到文学作品发表的要求，主要指在"像"的基础上更上一层楼，把文章写得"好看一些"，即努力使文章提高一个档次，使读者愿意看。这主要应该从两个维度考虑。

（一）对书面语表达的精益求精

语文教师必须教会学生追求积极修辞。消极修辞只追求语言表达的准确、明白，而积极修辞还要求语言表达的形象、生动、活泼。积极修辞包括遣词造句和主动运用各种辞格等，总之，积极修辞的作用就是让读者读得高兴。实际上，积极修辞就是一种"人文"追求，就是语文教学的"人文性"。人文性不仅仅局限于阅读教学中对文本人文内涵的挖掘，也不仅仅局限于作文中所负载的人文内涵。

语言苍白、寡淡如水是不少学生作文的共同毛病，对此，语文教师完全可以指导学生追求写得"好一些"。

同义词多是汉语的主要特点之一。教师必须使学生明白，写文章应该根据表达的需要，尽可能地从众多同义词中找出最适合的词语。如"食堂"适用于文中人物的口语，而"饭厅"则适用于叙述中的书面语。

再有，褒义词和贬义词有时候能反用。如"你可真聪明啊，自己不做作业却抄别人的"，此处的"聪明"在句中显然就没有赞扬之意；再如"你这个坏小子，又得了第一名"，此处的"坏小子"就表达了喜爱的情感。

另外，比喻可使表达生动形象，对比能突出主体的特征，排比能增加文章的气势……就此，教师可以取出阅读文本中运用辞格成功的句子，反复带领学生作仿句训练——这难道仅仅是应试教学吗？

这里不妨给大家提供一个语言表达的范例。张岱的小品《湖心亭看雪》中有这样几句话：

> 湖上影子，惟长堤一痕，湖心亭一点，与余舟一芥，舟中人两三粒而已。

这里的量词就是精心的积极修辞，把天地空阔写活了。多借鉴这样的范例，语言自能出彩。

（二）调整文章结构，使文章更吸引人

写"像"的文章，很大程度上是谋篇布局过于标准，过于标准的文章难以引起读者的新鲜感，所以要精心安排文章结构，力求出新。前人给我们提供了文章结构很好的范例，就如教材选文中曾经有过的节选自刘鹗《老残游记》的《明湖居听书》，使用层层铺垫的写法为白妞出场起烘云托月的作用，令人倍觉精彩；就如教材中曾经有过的唐弢的文章《同志的信任》，运用倒叙和插叙相结合的结构；就如教材中曾经有过的鲁迅的《药》和都德的《柏林之围》，都是用两条线索表现故事；再如教材中曾经有过的陶铸的文章《崇高的理想》，用的是递进式论证……这些都是文章结构的范例，可以引导学生好好体悟。

至于上文所举的例子《满招损，谦受益》，只能称为"像"文章，作为写作的低级阶段尚可，离"好"文章尚有距离。然而，我们为什么不可以将这种文章变得"好"一点呢？

从宏观上来看，可以用驳论的形式表达"满招损，谦受益"的观点，也就是说可以将这篇文章改成驳论文，只要给这篇文章"戴一顶帽子"和"穿一双靴子"即可。首先，在第一自然段之前增添一小段："如今，一些自以为是的狂人常发出这样的感叹：现在的世界上，人不能太谦虚，太谦虚会吃亏。对此，笔者实在不敢苟同。"而在文章的最后，再加上一句："奉劝那些狂人，还是研读一下两千多年前《尚书》对我们的规劝吧。"如此，文

章就增色不少。

从微观上看，可在正反对比论证的基础上主动运用比喻论证、类比论证或归谬论证。

如写作记叙文，我们既可以主动运用倒叙结构制造悬念，也可以运用插叙使文章丰富多彩。总之，在文章结构方面不能太随意，也不能太刻板，要主动求变，方能见"好"。

当然，真正意义上的"好"文章，还必须在内容上下功夫。

由于对语文性质的误解，或者说是故意的曲解，一些人硬是将"语言的建构与运用"视作洪水猛兽，实际上他们不理解或者故意无视"语言的建构与运用"是"思维发展与提升、审美鉴赏与创造、文化传承与理解"的基础，不理解必须借助"工具"渗透"人文"。

［原载《姑苏语林何其芳》（苏州大学出版社2021年版），署名王家伦、张长霖］

论古诗文在写作教学中的运用价值

教材就是个例子，应充分发挥教材的教学价值。编入教材的古诗文，经过大浪淘沙，是精华中的精华。若能充分发挥古诗文的教学价值，通过古诗文学习写作，将是一条提高学生作文能力的有效途径。

一、从古诗文中积累写作素材

教师引导学生进行写作要有正确的价值观、人生观的导向。在写作中体现爱国之情，不能只是喊口号，要充分利用教材，从文言文中选取有关高尚情操的内容作为素材。如《岳阳楼记》中的范仲淹，将个人荣辱置之度外，有着"先天下之忧而忧，后天下之乐而乐"的广阔胸襟。《唐雎不辱使命》一文中，身负重任的唐雎面对咄咄逼人的秦王，不卑不亢，用"布衣之怒"表达与秦王同归于尽的决心，最终维护了国家利益……这些比较有代表性的人物及其事件，运用在表达爱国之情的作文中，可充实文章内容。

学生在选材时，有相当一部分内容是与学习相关的，学习方面的文章又多为"挑灯夜战"类，内容雷同且缺乏新意。古诗文中关于学习的文章可以让学生打开运用素材的思路。如《送东阳马生序》中，作者通过自述青年时期求学之难和读书之勤的经历，并与当时太学生求学之易对比，得出业有不精、德有不成，主要是因为用心不专，不知勤苦求学之理的结论，以劝勉马生及太学生在优越的学习环境中更要勤奋、专心致志地学习。文中的作者就是一个勤学好问、专心致志的典型。

古诗文可以为学生展现当时的社会面貌与民间习俗，这可以让学生挖掘出社会及写作背景资源。如《醉翁亭记》中，作者就为我们展现了山水之乐图、宴酣之乐图、与民同乐图，让我们感受到当时民风淳朴、其乐融融的场景。如果说这是实写，那《桃花源记》中对民风的描写就是虚写。在此文中，作者为我们展现了阡陌交通、鸡犬相闻、黄发垂髫并怡然自乐的场景，虽然作者描写的是一个理想的世外桃源，但我们也可以窥探出当时社会并不如作者意，作者无法在现实社会中找到出路，只能寄托在理想之中的写作意图。实际上，这就是对"文化的传承与理解"的最好诠释。

古诗文的主题还有描绘大好河山、表达个人情志、叙说人物经历等。面对众多的古诗文，应及时分类，而分类的指向就是写作的需要。

二、从古诗文中学习篇章结构

实际上，学生中的绝大部分，之所以学习写作，并不是为了写出"高大上"的文学作品，仅仅是为了表达的需要。就学生而言，最现实的是有能够模仿的"样本"。模仿是最基本也最有效的一种学习方法，更是写作指导中重要的策略。模仿是有心理学基础的，也是人的社会化的主要手段。儿童的动作、语言、技能及行为习惯、品质等的形成和发展都离不开模仿。入选教材的文章，绝大部分是文质兼美的经典篇章，教材编者之所以选用它们并将它们编入合适的单元，不仅因为它们有阅读鉴赏价值，还因为它们有写作指导价值。对教材文本进行阅读教学，是必要的教学环节。阅读教学中，教师带着学生阅读文本，要理清文章结构，把握文本内容，分析文本写法，同时将写作指导融入阅读教学，以"物尽其用"。

（一）学构思

教材选用的古诗文不仅经典且有代表性，是不同文体的典范。如《杞人忧天》是寓言典范，《木兰诗》是民歌典范，《愚公移山》是神话典范，《小石潭记》是游记典范，《鱼我所欲也》是议论典范，《核舟记》是说明典范，《醉翁亭记》是写景典范。构思巧妙是佳作重要的特色，古诗文的构思应该是非常值得关注的教学重点。如《鱼我所欲也》，就论证角度而言，有对比论证，特别是作者进行"舍生取义"论点的论证时，主要运用一正一反的方式，层层相扣，论证严密，论点鲜明；就论据使用而言，有道理论证、举例论证，还有类比论证……如果将论证的结构技巧运用于学生的写作，可有效解决议论文写作的构思问题。抒情性散文《岳阳楼记》的构思也很巧妙，值得教师迁移到作文指导之中。文中采用对比手法，如春和景明之景与淫雨霏霏之景一明一晦作对比，春和景明触发之情与淫雨霏霏触发之情一喜一悲作对比，面对春和景明与淫雨霏霏时"以物喜，以己悲"的迁客骚人与"不以物喜，不以己悲"的古仁人作对比。这样的构思巧妙且清晰，很适合学生模仿写作。

（二）学描写

在初中教材中，写景的古诗文相对比较多，教师不妨选取一个训练点进行有针对性的指导。如《醉翁亭记》描写了朝暮之景与四时之景，这六幅画面，生动描绘了山间的迷人景象。"朝"通过"日出""林霏开"凸显明亮，"暮"通过"云归""岩穴暝"凸显晦暗；通过野芳开放且花香凸显春美，通过树木繁茂成荫凸显夏秀，通过风霜高洁凸显秋清，通过水落石出凸显冬寒。由此可以看出，对景的描写，不仅要抓住景的特点，还要会选择能表现其特点的典型景物。所以，可以让学生把抓住特征描写景色的写作技巧运用于描写学校或者家乡的朝暮或四季景色之中。需要提醒的是，训练写作内容的设置，要让学生有话可说。从古诗文中学描写也适用于人物描写。欲使人物形象鲜明丰满，使用恰当的描写方法必不可少。在《周亚夫军细柳》中，作者使用正侧面描写相结合、多次对比衬托的手法，凸显周亚夫治军严明、不卑不亢的"真将军"形象。教师在指导学生进行写人叙事的作文时，可以灵活运用描写手法。

三、从古诗文中学习遣词造句技巧

古诗文凝练隽永，言简义丰，寥寥数语便能展现画面，阐明道理。古诗文的学习重在积累，积累多了，可在一定程度上避免写作中重复堆砌的弊病，还能增添文采。

（一）品味精妙的炼字法

古诗文中有很多用得极其精妙的字词句，非常值得玩味。比如《湖心亭看雪》中的"惟长堤一痕，湖心亭一点，与余舟一芥，舟中人两三粒而已"，通过量词的传神使用与白描的手法，寥寥数笔便传达出景物的形与神，极其形象生动地表现出了"上下一白"时，在这寂寥空旷的雪景之中，极其"渺小"的人物与苍茫的自然构成的梦幻般的意境。这里便可以引导学生在描写景物时模仿量词的使用，也可以用在描写人物外貌之中，避免重复用"有"字。《湖心亭看雪》中的"痴"字也值得玩味——"莫说相公痴，更有痴似相公者"，这一句与"湖中焉得更有此人"一句相呼应，前者借"客"偶遇知己的惊喜来赞美作者"痴"，后者借舟子的话说"客"之

"痴"，让人若有所悟。一字传神，透出作者的情感。这里与《记承天寺夜游》有异曲同工之妙，"但少闲人如吾两人者耳"中的"闲"字，表露出作者的复杂情感。如此，我们可以通过一字传神法，引导学生在写作中注意炼字，注意围绕立意去组织材料，组织语言。

（二）合理运用各种修辞手法

要把文章写得生动形象，必要的修辞手法是不可少的。在古诗文中，这方面的素材也很多。如《小石潭记》中关于潭水清澈的描写"潭中鱼可百许头，皆若空游无所依，日光下澈，影布石上。佁然不动，俶尔远逝，往来翕忽。似与游者相乐"这句话，综合运用了夸张、拟人等手法，突出了潭水的清澈，体现了作者的游玩之乐。又如《马说》："策之不以其道，食之不能尽其才，鸣之而不能通其意，执策而临之，曰'天下无马！'呜呼！其真无马邪？其真不知马也！"作者连用排比、反问，增强了语气，点明了主旨。

综上，学生从古诗文中学会写作，尝到了"甜头"，很可能就此喜欢上古诗文，于是，古诗文教学难的问题或许就能在很大程度上得到解决，一举两得，何乐而不为！

（原载《新作文》2021年第17期，署名张明明、王家伦）

论"随文练笔"之"随"与"不随"

提高学生的写作能力,单凭作文课显然不够,如果从阅读教学入手,就能收到意想不到的效果,而随文练笔正是阅读和写作的"中介"。从一定意义上说,随文练笔就是阅读教学知识建构的另一维度。然而,语文教学中的"随文练笔"往往不尽如人意。

一、"随"就是"随意"吗?

随文练笔的潜在价值取决于教师适时合理地有效开发文本资源,指向语言文字的运用。然而,这个"随"就是"随意"吗?

(一) 练笔的内容随意化

笔者观摩过一些小学语文课堂的随文练笔活动,发现有部分教师认为在小学语文阅读教学课堂上一定要有写,若没有写,便是与"读写听说相辅相成"相违背,便是与新课程理念背道而驰,于是挖空心思设置练笔的环节。有这个意识,很可喜,学生的语文能力主要体现在读写听说上,但如果教师没有关注学情,没有关注文本何处有练笔价值,没有关注通过何种方式体现出练笔的价值,为了写而写,那么,其意义何在?

关于随文练笔,我们常看到的要求是:"此时你想到了什么?此时你想对他(她、它)说什么?请写下来。"这样的要求,貌似为学生指明了练习方向,实际上是禁锢、僵化了学生的思维。这样的要求,除了个别表达能力强的学生写得出新意之外,不少学生写出的内容大同小异。

笔者曾观摩过一位教师执教《我不是最弱小的》一文,在学习到"萨沙朝着蔷薇丛走去。他掀起雨衣,盖在粉红的蔷薇花上。滂沱大雨已经冲掉了几片花瓣,花儿低垂着头,因为它娇嫩纤弱,毫无抵抗能力"时,教师安排了一个练笔环节：如果你是这朵花，会对萨沙说些什么呢？想一想，说一说，再写下来。

生1：谢谢你，萨沙，为我披上了你的雨衣。

生2：谢谢你，萨沙，你不是最弱小的。

生3：萨沙，你帮助了我，谢谢你。

…………

这种练习，确实有强化互助自强的品德教育作用，但是对于语文课来说，这样的练习对学生语文素养的训练及提高又有多大的帮助呢？

（二）练笔的形式随意化

如今的随文练笔除了内容随意外，形式随意也颇多见。教师进行随文练笔的形式单一，这样造成的结果必定是学生形成思维定式。除此外，学生缺乏必要的写作技巧的指导，有时候"茶壶里煮饺子，倒不出来"；有时候"有胜于无"，随意写写，形成语言惰性。

例如，一位教师教学《槐香五月》这篇文章，在学到"'嗡嗡嗡……'小蜜蜂飞来了，采走了香的粉，酿出了甜的蜜。'啪啪啪……'孩子们跑来了，篮儿挎走白生生的槐花，心里装着喜盈盈的满足"时，设计了小练笔环节，要求用拟声词以诗的形式续写：

_____……_____，_____，_____。

给学生几分钟时间后，便进行交流评价。听课教师此时也犯了难，该怎么填呢？这种教师都拿不定主意，拓展不开思路的题目，学生如何填写？而且还要按照诗歌的形式！学生交流的内容可想而知。即便个别学生写出了一两种常见的事物，也不足以达到语用训练的目的。因为学生主要考虑的是能写什么，什么能发声，而不是该如何遣词造句，完善小诗。这种无意义的小练笔，已经偏离了训练目标。

现在语文界有一种声音——教师也要写写下水文，笔者颇以为然。如果教师布置的练笔连自己都写不出来，怎么能随意拿出来让学生写呢？

二、"随"，可体现在两个维度

随文练笔是提高小学生习作能力的良好途径，也是小学语文教学必须完成的学习任务之一。然而，"随"究竟应该体现在哪些方面呢？

（一）"随"，是一种顺水推舟

练笔，往往是情动而辞发。阅读教学凭借语言文字的情味、意境，使学生产生不同的情感体验,这便为我们提供了丰富的练笔资源。在阅读教学中,可以根据课文的具体内容,根据学生的接受程度,适当拓展延伸,进行读写结合的训练,哪怕只写一两句,只要勤于动笔,必将积少成多,厚积而薄发。这也是提高语文素养的一条有效途径。

一位名师曾执教《去年的树》一文。在结尾部分,她设计了这样的读写结合训练:

> 这篇童话告诉我们:珍爱友情,信守诺言,是世间最美好的情感。课文学完了,作为读者,你肯定还有很多话想说,你想对谁说呢?对鸟儿、对逝去的树、对人们、对作者、对自己……把自己最想说的话写下来吧。

教师设计的随文练笔,不仅为学生设置了富有创意的情境,还为学生提供了倾诉的对象,如鸟儿、逝去的树、人们、作者、自己等,但又不让学生拘泥于限定对象。学生因情动而辞发,从自己的视角,表达着自己独特的感受,纷纷写下自己最想说的话,使语文学习伸向了更为广阔的空间。

(二)"随",也可以逆水行舟

写作过程是一个错综复杂的高级思维过程,若尊重了学生的内心情感和潜在思维,学生的习作会更有灵性。随文练笔,除了顺水推舟的"顺理成章",也不妨逆水行舟,作逆向思维训练。

笔者在执教《我和祖父的园子》一文时,通过抓住关键词句体悟文本细腻的情感,引导学生感受"我"在祖父的疼爱下,那种无忧无虑、自由自在的生活。而文本后面的"作家卡片——萧红"中的头像,眼神却是那么忧郁、伤感、孤寂。此时,便拓展到《呼兰河传》中与本文相关的环节:

> 吃饭的时候,我饮了酒,用祖父的酒杯饮的。饭后我跑到后园玫瑰树下去卧倒,园中飞着蜂子和蝴蝶,绿草的清凉的气味,这都和十年前一样。可是十年前死了妈妈。妈妈死后我仍是在园中扑蝴蝶;这回祖父死去,我却饮了酒。(萧红《呼兰河传·祖父死了的时候》)

祖父去世,喝酒消愁,面对自己最亲最爱的亲人离去的深切痛苦与无限眷恋,此时的萧红会回想些什么?让学生去感受并将其诉于笔端。

这样的情景创设练笔,不仅让学生更深切地体悟文中洋溢着的祖孙情,还能让学生回顾课文,用自己的深切感受"逆流而上"去文本里找答案,去感悟，去组织语言。

当然，无论是"顺水推舟"还是"逆水行舟"，都可以从原来文本的形式和内容两个维度考虑。

三、对随文练笔不"随"的追求

教师应该根据教材特点，带上自己的一颗慧心，巧妙挖掘训练的"泉眼"，先让学生"心动"，而后"笔动"，这样才能更好地落实课程标准中的读写目标，使阅读教学得到进一步深化，焕发出光彩。

（一）立足"语文"，不"任性"

在阅读教学中，教师应有意识地找准读写结合点，为学生读写训练提供更广阔的空间。找准读写结合点，需要教师适时适度优化练笔，立足文本，超越文本，让学生适时将课堂所得进行语用转换，这是读写结合，更是学用结合，能让学生及时巩固课堂所学，提高其学习能力。读写结合，可设计之处甚多，是否需要每一处都练笔？是否需要每一节课都练笔？这需要教师优化，在最能服务于本课教学之时，在最能提高学生的读写语用能力之处设计练笔。另外，随文练笔的选题角度要小，要让学生有话可写，这样学生才乐写。

特级教师贾志敏老师曾执教《惊弓之鸟》，在结尾处，他设计了一个为故事续写结尾的练习：

请看文章的结尾。更赢一段精彩的独白之后，作者没有写魏王的话。是魏王无话可说，还是另有思考？也许，是编者百密也有一疏，漏写了魏王的话。那么，魏王会说些什么话呢？请你用笔写下来。你可以选择对话的一种或几种形式给课文加个结尾，写一写魏王听了更赢的话以后有什么动作，是什么表情，怎么说的……随便你写。话不要多，不要长，重在有点睛之笔。

这是就一则成语故事作的随文训练。该设计可谓匠心独运，既关注了写什么，也引导了怎么写。这个设计从语用训练的角度凸显了语文学科的本质属性。这样的随文练笔形式，既训练了学生的思维，也培养了学生的写作能力，是阅读教学知识建构的经典之作。

（二）立足学情，不"随意"

《义务教育语文课程标准（2011年版）》颁布后，小学语文课程改革逐渐走向了理性的时代，在"致力于培养学生语言文字运用能力，提升学生综合素养"的目标指引下，语文阅读教学的格局悄然发生了变化。越来越多的教师从最先关注自己"怎么教"，转变为关注语文课"教什么""为谁教"与"怎么教"相结合的由下而上的目标追问。这种目标追问，就关注到了学情。学情，本文把它界定为"学生在课堂里的学习情况"，以区别于在没有教师干预状态下学生的自发学习情况。学情视角，界定的是小学生阅读课堂学习起点、学习状态、学习结果三个维度下教学内容的选择和调整，它解决的是"阅读课为谁教"的问题。

笔者在执教《渔歌子》时，拓展到《江雪》，设计了练笔环节：

同是渔翁，两位诗人，在诗中遣词用字、思想情感、意象意境等方面，有什么不同？可以写一点，也可以写几点。

笔者所教班级学生语文水平差距颇大，这个练笔，既立足学情，又分层教学，让不同层次的学生都能有话可说，有话可写。

（三）有效评价，不"随众"

语文教学不必追求喧闹华丽的课堂。曾听一位老教师这样评价一个六年级学生的随文练笔："如果这次练笔的满分为 100 分，如果把作文成绩分为四类，你可以进入第一类，一类中，得 90 分。如果刚才那句话重新改一下，教师可能会在'是否给你加 2 分'方面，再仔细权衡一下。"这样的评价"惟陈言之务去"，不随众，它不仅如实地告诉了学生自己的习作水平停留在哪个层面，也具体细致地指出了学生应该如何修改，明确了学生今后需要努力的方向。这是真正的以学生为本的课堂。拥有这种评价的课堂，是一种境界。同样，虽然随文练笔评价不像整文习作评价那样细致耗时，但是，教师不同于一般的评价要求、评价用语，也能对学生练笔质量的提高起到重要的作用。

（原载《语文教学通讯》2017 年第 33 期，署名张明明、王家伦）

单元教学与群文阅读

目前,"群文阅读""整本书阅读""任务群"等方兴未艾,而单元教学却有被"冷落"的迹象。实际上,"单元教学"与"群文阅读""拓展延伸"甚至现在的"任务群"之间的关系非常密切,它们同中有异,异中有同,研究它们之间的关系,其意义并不比单纯地研究"群文阅读"要小。站在教材体系的维度,可以发现单元教学更为重要。如果在单元的基础上解读文本,就不会任性地率意"深挖",就不会使大多数"平民"教师难以适从,就不会使大多数"平民"学生对语文望而生畏。

认知·归纳·演绎

——论单元教学的"三部曲"

在越发注重学生听说读写能力的综合培养，注重学生对祖国语言文字的建构与运用的中小学语文教学中，那种对每篇课文精讲少练的单篇阅读教学法显然已经难以适应形势了。于是，真正意义上的单元教学闪亮登场。笔者认为，进行单元教学，应走好三个环节。下文以部编本语文教材七年级上册第三单元的单元教学设计为例具体阐述。

一、确认目标

语文课程是一个具有丰富联系的结构体，教师在设计教学目标时一定要有全局观。确立单元总目标时既要"仰起头"，又要"俯下身"。也就是说，在确定单元教学目标时，既要在宏观上立足于语文课程阅读教学的总体目标，以及学段教学目标的要求，又要深入单元各篇选文，探寻它们之间的关联性，从微观上形成对单元教学的整体、系统的认知。

（一）仰起头来——上承课程标准，把握单元教学总体方向

首先，我们要"仰起头"，即上承课程目标，把握单元教学目标的总体方向。《义务教育语文课程标（2011年版）》（下文简称"课标"）指出，语文课程是一门学习语言文字的综合性、实践性的课程，工具性与人文性的统一是语文课程的基本特点。这就要求每一位语文教师在确定教学目标时，必须从"工具"和"人文"两个维度考虑。

该单元的单元导语说道："本单元课文主要是写学习生活的，从中我们可以了解不同时代少年儿童的学习状况和成长经历，感受到永恒的童真、童趣、友谊和爱。"这指向的是目标的"人文性"，对应三维课程目标中的"情感态度与价值观"。

"本单元重点学习默读……标题、开头、结尾及文段中的关键语句,都是阅读时需要重点关注的。"这是对应语文课程"工具性"方面的要求。当然,我们还要兼顾教材的各个单元,找寻教学要求的共同要素。比如,该单元不仅提出了"默读"的要求,而且要求学生在读的同时"保证阅读感知的完整性和一定的阅读速度";在该册教科书第六单元的单元导语中也提到"学习快速阅读,力争每分钟不少于400字"。显然,后者的指向更为具体。那么,在进行单元设计时便可将两者结合起来。从一定意义上说,这对应的是三维课程目标中的"过程与方法"。

(二)俯下身去——深入文本,把握课程多维目标

在"仰起头"之余,我们还需要"俯下身",即深入该单元的各个文本内部,去解读分析,要特别关注预习提示、课后练习及写作要求的设置,异中求同,准确找到它们之间的共同语言要素,从而更加具体、精准地把握三维课程目标中的"知识与能力"的对应点。在对该单元文本的分析与解读中,我们不难发现其共性——"抓住特点表现人物",因此,结合该单元的"写作"要求,我们可以将此作为具体的"知识与能力"维度的单元教学目标。

综上,我们便可以将该单元的目标设置为"通过快速阅读,深刻地感知学习生活中各类人物形象个性;通过默读,进一步学习抓住特点描写人物形象的方法"。这样,我们便可准确地找寻到该单元教学的方向,收到事半功倍的效果。

当然,我们也可以从其他维度考虑,将"知识与能力"维度的目标设置如下:"通过默读,进一步学习利用典型事件塑造人物的方法",或者"通过默读,进一步学习语言及动作描写对人物塑造的积极作用",等等。

二、举三反一

确定了单元教学的目标后,就要开始真正意义上的教学活动。首先,应该是"举三反一","语文教育必须强调积累,言语能力形成是,积累'三'('多'的意思),才能在学生自身言语能力与素养上反刍'一',形成'一',我把它叫作'举三反一'"[①]。这涉及逻辑推理中的归纳推理。

---

① 韩军. 循故求新,激浊扬清——再论"新语文教育"[J]. 中学语文,2004(13):10-12.

语文教学的"平民化"

（一）归纳推理的启示：对"三"与"一"的正确理解

归纳推理是一种逻辑思维方法，它是"指从个别事实走向一般概念、结论，是从个别上升到一般的思维运动"①。此"三"并不是数学上的"3"，而是指"多个个别事实"，即在单元阅读教学中对多个文本的解读。此"一"指"一般概念、结论"，它实际指向的是教学目标的达成，即学生最终习得的知识能力点，或是阅读方法，或是某种表现手法，抑或是语感的积累。

（二）根据自己设置的目标，到单元文本中寻找"三"

确定好该单元的教学目标后，接下来要做的就是解读并寻找体现教学目标的重点学习对象。就如该单元，它由《从百草园到三味书屋》《再塑生命的人》和《〈论语〉十二章》构成，显然《从百草园到三味书屋》与《再塑生命的人》这两个文本便可作为"举三"的依据。比如，在鲁迅的这篇文章中，描写最为精彩丰富的人物便是"先生"，文中刻画出一位方正中又带有些怜爱、博学中又带有些刻板、质朴中又带有些迂腐的独一无二的老先生形象，使人过目难忘。那么，我们便可以将这一部分作为单元教学的重点。再如，在《再塑生命的人》的教学中，也应紧紧抓住对安妮·沙莉文老师的描写，让学生清楚地把握到她高超的教育艺术，以及对"我"的帮助。当然，这两篇文章塑造人物时既有动作描写又有语言描写，既有神态描写又有肖像描写……多管齐下，独特的人物形象便展现出来了。这些内容正可作为学生学习人物描写的经典范例，以使学生领会人物描写的真谛，掌握多样的人物描写的方法与手段。

（三）充分利用已读文本的"剩余价值"，补充"三"

我们提倡教学目标的设计要遵循"一课一得"的原则，但绝不代表每个文本只能从一个维度进行解读，相反，每篇选文都可以从多种角度进行多元解读。如《从百草园到三味书屋》，就"文"而言，如果将教学目标设置在"通过默读，进一步学习抓住特点描写人物形象的方法"上，那么，"景物描写的层次"等就成了"剩余价值"。教学中，我们重点运用了其中的某一"元"，但其"剩余价值"仍然可以作为其他文章的辅助阅读材料，以供学

---

① 焦冉.论马克思主义的归纳—演绎法［J］.理论月刊，2015（1）：10-14.

生充分去解读和挖掘。①

该单元的教学，我们可以从学生已学过的文本（因为是初一新生，学过的初中文本不多，也可以考虑小学已学文本）中寻找这些"剩余价值"，当然，也可以寻找以前被当作重点学过的内容，实际上，这就是一种复习。比如，本册教材第二单元中学生刚刚学习过史铁生的文章《秋天的怀念》。根据第二单元的单元提示和该篇课文的预习提示，"文"的主要教学指向应当是引导学生通过反复朗读，领会语句中蕴含的丰富情感。但是，我们不难发现，文章中也有大量笔墨的人物描写，如"她又悄悄地进来，眼边儿红红的，看着我"，"她憔悴的脸上现出央求般的神色"等，这些精彩片段便可视作"剩余价值"，在第三单元的教学中作为"三"，供学生继续解读、学习。

（四）举"三"的几个层次

在具体的教学过程中，我们选中的这个"三"可以是并列的，也可以是略作递进的。比如，可以将《从百草园到三味书屋》"文"的教学目标设置为"学习抓住特点描写人物形象的方法"，将《再塑生命的人》"文"的教学目标设置为"学习语言描写及动作描写对刻画人物的作用"，将《秋天的怀念》"文"的教学目标设置为"学习通过神态表现人物的方法"，如此层层推进，不断提高学生的认知，即可实现文本各方面教学价值的充分利用，使学生更加全面地掌握人物描写的方法，从而进一步提高学生的阅读理解能力等语文素养，实现文本价值的最大化。

如此，通过广泛阅读，"掌握某一个知识能力点"则是最后得到的结果，也就是说，使学生切实提高阅读理解水平——习得某种阅读方法，学会某种表达方式，等等。比如，通过《从百草园到三味书屋》《再塑生命的人》《秋天的怀念》三个文本的阅读，学生能够学会默读与快速阅读的方法，也可以掌握描写刻画人物的多种方法，进而不断提高阅读理解能力，提升语文素养。

三、举一反三

阅读教学到此是否即可止步？答案当然是否定的。学生通过前一环节习

---

① 高群，王家伦. 论教材文本"剩余价值"的开发［J］. 语文教学与研究，2010（11）：106-107.

得知识能力点后，往往会有一种顿悟的感觉，这时应该"趁热打铁"，将这种顿悟感延伸向其他文本的阅读和写作。如此一来，不仅使知识能力点被多次运用于实践，并进一步内化为学生的语文素养，还可以以课内带课外，以读促写，"一举而三役济"，岂不妙哉？

（一）演绎推理的启示：对"一"与"三"的正确理解

演绎推理是指"从一般理论、概念走向个别结论，是从一般到个别的思维运动"①。其特点在于将一般结论运用于个别事实，加深对结论的理解与巩固，达到举"一"反"三"的效果。在单元教学中，此"一"指知识能力点，也即从本文前面所谓的"三"中归纳出来的语文知识与能力；此"三"即是知识能力的运用与迁移的多个指向：以教读带自读、以课内带课外及以读促写等。如此，方可进一步夯实知识能力点，提升学生的语文素养。

（二）指向本册教材其他未读文本及教材外文本的阅读

"课标"在"实施建议"中指出："加强对课外阅读的指导，开展各种课外阅读活动……营造人人爱读书的良好氛围。"因此，阅读教学要由课内指向课外之"三"，促进语文能力的迁移与运用。

教师在完成单元内文本后，可以将空间延展，围绕所学，指向相关的读物。这个"相关读物"既可以是本册教材中其他的未读文本（甚至一个段落），也可以是教材之外的文本，或者从网络等现代化媒体设备中搜集到的相关资料。这样可以将学习到的知识、能力与方法进一步迁移运用，以增加阅读量，提高阅读理解水平，进而不断提高语文素养。

例如，在该单元的阅读拓展中，教师可以以"人物描写"为出发点，建议学生课外阅读该单元《名著导读》栏目中所附的《五猖会》、第四单元中的《植树的牧羊人》及七年级下册教材中的《阿长与〈山海经〉》，甚至是《朝花夕拾》整本书，让学生继续领会学习人物描写的方法与手段。这样既可以进一步将学生掌握的知识能力点做及时的迁移运用，又可以将空间由课内指向课外，以课内带课外，充分激发学生学习语文的兴趣，提升阅读理解能力，进而不断提高语文素养。

（三）指向读写能力的转换

"课标"指出："……注重听说读写之间的有机联系，加强教学内容的

---

① 焦冉. 论马克思主义的归纳—演绎法［J］. 理论月刊，2015（1）：10-14.

整合……"阅读教学也要寻求与写作教学的链接,读写共融,以读促写。在阅读单元的设计中,最后大多设计有《写作》栏目,并且写作要求与该单元阅读教学的目标相一致。比如,该单元的《写作》栏目的要求就是"写人要抓住特点",同时在指导性文字中为学生提出了不同的方法与建议,这些既是对前面阅读教学的一个总结,更是阅读与写作的一个链接。通过写作,学生进一步将知识能力点迁移并运用,以读带写,促进读写转换,不断提高自己的语文素养。这也是"举一反三"的具体实施之一。

四、余论

这样的单元安排还有一个问题,即如何处理该单元中的《〈论语〉十二章》。教材编者将《〈论语〉十二章》放在这个单元,显然是从"学习生活"出发的,但就"文"而言,却与单元内的其他文本关系不大。从"文""道"结合来看,如果将其更换为一篇与学习生活有关且人物形象较为丰满的文言短文是否更加合适呢?对于这篇非教不可的课文,可从"过程与方法"维度入手,抓默读,认知内容,然后按教材的预习提示或思考练习开展教学活动。事后,我们还可以将其重新归整到基础文言文的单元学习中,引导学生学习文言实词、虚词与特殊句式等基本的文言知识。七年级上册第六单元也有两篇文言文——《穿井得一人》与《杞人忧天》,它们便可以同《〈论语〉十二章》组成"三"。这样,通过多篇阅读,学生可进一步积累文言词汇,学会分析句式,进而掌握文言文的学习方法,达成"一"。那么,在之后的学习中,学生便可以利用这个"一"去完成更多"三"的解读与分析。

(原载《读写月报》2020年第9期,署名和苗苗、王家伦)

语文教学的"平民化"

关注单元导语，切中肯綮教语文

单元导语作为体现编者意图、点明单元主题、揭示单元学习内容的重要载体，是语文教材的重要组成部分。部编本语文教材中的单元导语从"学什么"和"怎样学"两个维度对本单元的学习进行有效提示，对教师备课和学生自主学习均起到了重要的指引、提示作用。

一、通过单元导语窥"全豹"

导，引也，本义是以手牵引、引导的意思。单元导语是单元教与学的提示语，安排在单元之首，占有专门的版面。从内容上看，单元导语简明扼要地介绍单元主题，指出单元教学重点；从表达上看，单元导语语言生动优美，读来赏心悦目，能较好地激发学生的阅读兴趣。如部编本七年级上册语文教材第一单元的导语第一段这样写道：

日月经天，江河行地，春风夏雨，秋霜冬雪，大自然生生不息，四时景物美不胜收。本单元课文用优美的语言，描绘了多姿多彩的四季美景，抒发了亲近自然、热爱生活的情怀。

这一段话从表达上看，首句语言对仗工整，简洁明快，读来令人心生喜悦；从内容上看，点明单元主题为四季之景，作者要表达的情感是亲近自然、热爱生活，提示我们通过本单元需要"学习什么"。正是这样一段简短的话，令我们在阅读时至少可以带着以下问题去思考：本单元课文语言美在何处？既然是多姿多彩的四季之景，那么它们各自的姿态是怎样的？作者又是如何把眼前之景和心中之情联系到一起的？在正式学习课文之前，认真阅读这样的单元导语，从而提出一系列的问题，在阅读课文的过程中寻求问题的解决。

因此，单元导语绝对不是可有可无的存在，作为单元的"总纲"，它是单元课文主题的高度概括，应该认真研读。

虽然《义务教育语文课程标准（2011年版）》在课程性质中指出，"工具性与人文性的统一，是语文课程的基本特点"，但是，课程改革以来，轻"工具"重"人文"的语文课却充斥教坛。应该认识到，工具性才是语文学科区别于其他学科的本质特征，脱离或忽略语言工具性的语文课都不是真正意义上的语文课。

如此现象也反映到教材编写中，可以看到，课程改革以来的各版本语文教材，大多以主题单元结构为主，每单元都有明确的主题。比如苏教版七年级上册的六个单元主题依次是"亲近文学""往事依依""民俗风情""多彩四季""关注科学""奇思妙想"，这是单元主题人文性的体现。人文组元拉近了语文与生活、与学生之间的距离，这是值得赞扬的，但难免顾此失彼，加上课程改革以来淡化语文知识的学习，导致学生学得云里雾里，教师越教越不会教，语文课上成了政治课或者泛人文课。正如王荣生教授所说，语文课上得如同乱耕别人的田，而荒了自己的地。

通过对部编本单元导语的梳理，笔者意外地发现，较之以往各版本教材，部编本单元导语全部由两个自然段组成。一个自然段揭示单元人文主题和学习内容，另一个自然段点明语文要素和学习方法。如此"双线组元"，可以看出教材对语文工具性的回归。

以部编本七年级上册语文教材为例，全书人文主题和语文要素安排如表1：

表1　七年级上册人文主题及语文要素

	第一单元	第二单元	第三单元	第四单元	第五单元	第六单元
人文主题	四季之景	亲情之爱	学习之乐	人生之舟	生命之趣	想象之翼
语文要素	朗读一：感受语言之美；品味精彩语句。	朗读二：体会思想感情；把握作者情感。	默读一：一气呵成；整体感知，了解文章大意。	默读二：圈点勾画；抓关键语句，理清作者思路。	默读三：摘录勾画；概括文章的中心思想。	快速阅读：寻找关键词，提高阅读速度；理解联想和想象。

由以上表格不难看出，全书安排主题鲜明，目标清晰。正是这样的导语设置，为我们解读编者意图，窥全书之面貌，了解整体之变化打开了突破口。

二、通过单元导语"知一斑"

单元导语本应从"学什么"和"怎样学"两个维度对教学进行指引,而从以往教材中可以发现,单元导语的内容往往只提示了"学什么",对于"怎样学""学到怎样的程度"这样的问题几乎未提。在这样人文组元的背景下,单元导语对于语文教师备课、学生学习所提供的参考意义并不大,因为没有实实在在的"干货"。以苏教版七年级下册第二单元为例,该单元主题是"童年记事",导语除了告诉我们这一单元展示了不同的童年生活画卷,童年的生活是宝藏,童年生活是生命长河不竭的源泉以外,对于怎样学习该单元课文,需要重点关注什么,有什么样的注意事项,都不曾提及。因而,对于我们的教学也没有任何实质上的建议和指引。

同样是童年生活单元,部编本七年级上册第三单元除了让我们了解不同时代少年儿童的学习状况和成长经历,感受童年的美好之外,还有如下文字:

本单元重点学习默读。

不出声,不动唇,不指读,不回看,一气读完全文,以保证阅读感知的完整性和一定的阅读速度。

还要学会在阅读中把握基本内容,了解文章大意。

标题、开头、结尾及文段中的关键语句,都是阅读时需要重点关注的。

这样的单元导语,真正聚焦在了选文的言语形式上,从"怎样学"的角度出发,给予了建议和指引。根据上面四句话,教师在备课时至少能够清楚,学习本单元课文的方法是默读,要求是在默读中能够一气呵成地读完全文,并且保证一定的速度。在完整阅读的基础上,要能够把握课文基本内容,了解大意。学习过程中,重点关注标题、开头、结尾及文中关键语句。显而易见,这样的单元导语,线索清晰,重点突出,能真正打开学生自学的思路和教师教学的思路,使备课"有法可依"。

比如,作为初一学生第一次接触的相对较长的课文《从百草园到三味书屋》,在这样的单元导语提示下,教师备课时就不能仅仅停留在分析文中写的景物、三味书屋的特点等上面,而应把关注的焦点放在课文的言语形式上。另外,该单元所选的课文,篇幅都相对较长,倘若不能在默读中一气呵成,又很容易犯一叶障目的毛病。长文短教,一方面要选准切入口,且尽可能要小一点,另一方面则要精心取舍,突出重点。因此,抓住文中关键语句，是教师备课过程中需要重点关注的。根据这样的单元导语提示，结合单篇课文的"个性"，不难设置如下两课时教学目标：

第一课时：

不停顿地默读全文，理解抓住特点描写景物的写作手法；

默读全文，体会作者童年时期的无限趣味。

第二课时：

默读"三味书屋"部分，理解"先生"的人物形象，初步学会通过外貌、语言、动作描写人物的方法；

默读全文，体会作者童年时期的学习之乐。

可见，部编本语文教材的单元导语设置颇具语文味，通过单元导语"知一斑"，这是语文工具性与人文性结合的"一斑"。它为我们解读新教材，用好新教材，切中肯綮地找准训练点指明了方向。

三、单元导语指引下的教学目标设置分析

借助单元导语进行宏观上的教学安排为教师的备课提供了一种参考和建议，使教师备课能够高瞻远瞩，不走错路。但微观上，要想避免语文教学过程中的效率低下问题，不仅不能走错路，还必须尽量不走弯路。体现在教学中，教师的备课要能着眼当下，紧扣重点，一课一得，得得相连。

从"全豹"的角度来看，教学过程要能够做到温故知新，但要减少重复的"得"。

以部编本七年级上册《植树的牧羊人》一课为例，结合单元导语和课文"预习"中的提示，可以从以下角度考虑设置教学目标：

1. 默读全文，圈出关键语句，理清全文详略结合的结构安排；
2. 默读全文，理解抓住特点描写人物的写作手法；
3. 默读全文，品味文章叙议结合的语言对彰显主题的好处。

从单篇课文来说，从这几个方面设置教学目标，能够较好地体现课文的教学价值，也能够借助这些"文"的目标，让学生体会牧羊人执着坚毅、无私奉献的品质。而从"全豹"，也就是从各单元前后联系、重点突出的角度来看，上述第二个教学目标在这篇课文中便可以作为次要目标处理。首先，作为训练默读的第二个单元，其重点在于让学生能够画出关键语句，理清行文思路；其次，在第三单元中的几篇课文中，我们已经学习了一些人物描写的手法，如《从百草园到三味书屋》中对寿镜吾老先生的人物描写，且写作

部分还特意安排了"写人要抓住特点"这一专题。因此，在《植树的牧羊人》一文中，对于如何围绕特点写人物，学生完全可以自主学习，教师适度点拨即可。进而将文章重点放在目标1或目标3上，做到避免重复，突出重点。

部编本七年级下册第一单元导语中说道："本单元学习精读的方法。在通览全篇、了解大意的基础上，把握关键语句或段落，字斟句酌，揣摩品味其含义和表达的妙处。"在精读教学中，把握课文的语言文字是研究篇章结构、体悟人文内涵的前提。所以，课文的语言特点是需要重点学习的，如《邓稼先》语言的平实，《说和做——记闻一多先生言行片段》语言的精致凝练，《回忆鲁迅先生（节选）》语言的细腻，《孙权劝学》语言的简洁。可以说，课文的个性，正是它与其他课文的最根本不同之处。这也是教师备课中的"肯綮"。

同时，经典性文章往往隐藏着许多有价值的教学因素，以朱自清的散文《春》为例。文中画龙点睛般的用词、灵性生动的修辞、各尽其妙的长短句、多感官的描写手法及叠音词的巧用皆是有价值的教学点。而通过单元导语的"筛选"，教师便能在众多可教的内容中迅速取舍，切中肯綮。

如根据导语的提示：学习本单元，要把握好重音和停连，感受汉语声韵之美；揣摩和品味语言，体会比喻和拟人等修辞手法的表达效果。我们在"文"的方面，可以设置如下两课时的课堂教学目标：

通过朗读，感受叠音词的妙处，体会语言的韵律美；

通过反复朗读，体会比喻修辞手法的表达效果。

因此，从"一斑"的角度来看，在教学过程中我们要重视"一课一得，得到的是关键的，是最重要的"；从"全豹"角度来看，我们要"得得"相连，"得"与"得"之间是有联系的，但不是重复的。如果借《春》学习比喻，那么，就可以借《济南的冬天》学习拟人，同时继续复习比喻。最后，借《雨的四季》举一反三，让学生自行找出比喻、拟人修辞手法的运用，体会其表达效果。[①]

俗话说，"举一纲而万目张"，单元导语既是单元总纲，也是单元"要害"所在处，它点明了重点，指出了关键。教师唯有善加利用，切中肯綮，方能在语文教学的道路上提高效率，不走弯路。

（原载《新课程研究》2017年第12期，署名王家伦、田显蓓）

[①] 黄淑琴."部编本"初中语文教材知识教学刍议［J］.课程教学研究，2017（5）：40–43.

对"群文阅读"的深入思考

围绕一个或一组议题,选择一系列文章,学生和老师共同阅读分析,解读探究,以达成一个或一系列目标的活动,就是群文阅读。然而,群文阅读作为一种较新的阅读模式,教师在其中如何站位才能实现学生思维的发展和提升需要我们不断深入思考和实践。

一、"群文阅读"与"单元教学"

《普通高中语文课程标准(2017年版)》提炼出核心素养的四个维度:"语言建构与运用""思维发展与提升""审美鉴赏与创造""文化传承与理解"。群文阅读之所以在这个背景下被提出,是因为它对学生思维和语言的提升有着积极的作用和影响。但是,无论是什么样的阅读活动,都必须从语文学科本身出发,牢牢把握对整个阅读活动的宏观控制。

(一)"群文阅读"的产生与学理

在强调语文核心素养的背景下,如何在阅读教学中提高学生的思维能力成为所有教育工作者关注和探索的热点。"群文阅读"在这个背景下被提出,受到了教育界的广泛关注。群文阅读起源于台湾地区小语会原理事长赵镜中先生在全国第七届阅读教学观摩会的主题演讲:"……随着统整课程的概念推广,教师也开始尝试群文的阅读教学活动,结合教材及课外读物,针对相同的议题,进行多文本的阅读教学。"[①] 群文阅读就是这样一种通过引导学生自主阅读大量文本、书籍,完成课题任务,培养学生的自主阅读能力,从而提高学生批判性思维和整合思维的新型阅读教学概念。这与部编本初中教材

---

① 李祖文. 关于"群文阅读"教学的一些冷思考[J]. 语文教学通讯,2015(3):15-18.

"1+X"的编写理念也相契合：语文课更重视学生自主的阅读实践，包括课外阅读，努力做到课程标准要求的"多读书，读好书，好读书，读整本的书"，力图把教读、自读和课外阅读三者结合起来。

（二）"群文阅读"与"单元教学"的异同

教科书将若干文本按照一定的文体特点分类组合在一起，教师对分类组合的文章进行整体教学的方式叫单元教学。单元教学与群文阅读同样是对一组文本进行阅读和解读，但群文阅读区别于单元教学，主要体现在以下三个方面：

第一，活动目的不同。单元教学是传统教学方式，强调对学生读写听说基本能力的培养，它的根本目的在于教学生获得"知识点"，并形成知识系统和结构。而群文阅读的根本目的在于培养学生对阅读的兴趣，解决具体问题，提高阅读品位和阅读能力。学生可以自由选择阅读方式、阅读方向，自主确定阅读任务，更加有兴趣地阅读。所以，群文阅读更加侧重于学生独立阅读能力和思维能力的提升。

第二，活动方式不同。单元教学中，教师根据教科书编排的内容预设一定的形式和环节引导学生学习，进行讲解、纠正、批改，指导学生达到一定的知识能力水平；群文阅读中，教师则鼓励学生自主确定适合的活动方式，如演讲、读书笔记、讨论交流等，通过一定的策略引导学生自己提出问题、处理问题、解决问题。活动方式更灵活，对学生来说有利于提升发散性思维。

第三，活动评价方式不同。传统的单元教学，受到课堂时间、空间的限制，教师往往不能够及时全面地对学生进行评价；群文阅读的评价则可以弥补这个缺陷，如小说阅读，学生既可以针对系列文本的人物形象作汇报，也可以针对文本的情节设置特点作报告，甚至可以对某个动作作解读。这种多样性的文本解读角度，既发展了学生的整合思维，也在一定程度上培养了学生的创造性思维。

二、教师在"群文阅读"中的积极作用

在群文阅读中，学生仍然是主体，但在一定程度上有自我主导的能力和权力。然而阅读教学归根结底仍然是教学，教师在群文阅读中仍然需要找到准确的站位，对整个阅读活动进行宏观把握。也就是说，教师在群文阅读中

可以也必须起到积极的作用。

（一）控制"群文阅读"活动的节奏

一方面，教师在群文阅读活动中可以把握活动的规模、时间跨度。教师根据群文阅读活动文本的实际情况规定一定的合理时间，既保证学生的阅读时间，也给予学生足够的自我支配时间。另一方面，教师可以有力把控活动环节。教师需要适时地询问学生一定时间段后的任务完成情况，以免学生产生懒惰心理。相较于传统的单元教学，教师在把控阅读活动过程的同时，也给予了学生足够的自主掌控活动的空间，从而锻炼了学生的独立阅读能力。

（二）保证系列文本阅读的科学合理

从浩如烟海、文质兼美的文本中挑选出在学生的最近发展区内的可以解读并且探究的文本显得尤为重要。例如鲁迅的文章是很好的示范，但是相对于《祝福》，《孔乙己》就更适合七年级的学生解读。《祝福》中明线暗线复杂，作者态度隐晦，虽然是一篇值得学生深入品读的文本，但是《孔乙己》鲜明的人物形象、清晰稳健的表达手法更加接近学生的最近发展区。如果教师不能把控文本选择，让学生自由阅读文本，学生会自然地选择他感兴趣的文本，文本的多样性、质量等都无法保证。且网络文学中有许多对青少年身心健康有消极影响的作品，阅读这样的作品，不仅不能起到训练思维、拓宽视野的作用，反而沦为一种浪费时间且无任何收益的活动。更多的文本选择不仅对拓宽学生视野有利，对教师而言，也是一种发挥更广泛的教书育人作用的契机。教材中的文本一定程度上限制了教师想向学生传达的知识与能力及态度、价值观的广度，群文阅读能够从这个层面体现其进步性。

（三）确保议题任务的完成

议题任务的完成有两种情况，一是学生完成阅读任务，自主完成议题探究。这种情况下，教师可以通过听取学生对阅读任务的报告来确保完成进度。二是学生能够从群文阅读的活动中培养起独立的阅读能力，实现思维的提升和发展。这是一种长远的收效，教师能够在课堂的提问或作文的批阅中得到答案，并且根据学生的思维反馈确定下一项群文阅读活动的任务议题，从而形成长远的思维及其他能力培养计划。

三、把握"群文阅读"的三个核心环节

在群文阅读中，教师应该如何定位？群文阅读在教学中应该如何应用？

教师应该如何实施？如何对活动结果进行评价？要回答这些问题必须把握好三个核心环节。

（一）议题和任务群的确定

群文阅读是确定了一个阅读目标或议题后，学生自主阅读并独立完成目标的过程。在这个活动开展之前，目标和议题的确定这一环节至关重要。这个环节需要教师把握"从语文本位出发"和"走在学生前面"两点。

第一，从"语文"本位出发。例如，"人物形象的多面性""对人物性格的认识""作者是如何对情节进行设置的""在什么样的社会环境下会产生这样的文章"都是可以考虑的议题。教师必须做议题选择的决策者，群文阅读归根结底要为语文阅读教学服务。"什么样的社会环境下会产生这样的文章"这样的议题更具文学性，"从文学作品中可以看到一个什么样的社会"这样的议题则更加偏向社会性，语文老师在取舍和统筹时需要确定一个更加"语文"的议题，如确定为"人物形象的多面性"。从这个角度来说，群文阅读与单元阅读同样以提高学生的读写听说能力为目的。

第二，教师必须走在学生前面。单元教学中，教师的预设与生成在课堂中是不断相互渗透、相互补充的。相对来说，群文阅读在时间和空间上不会实时地相互渗透和补充。比如，对于"如何写一个人"这个议题，可选择的文本浩如烟海，从中挑选出在学生的最近发展区内、适合学生阅读、可以解读并且探究的文本显得尤为重要。除此之外，群文阅读的数量与难度、中与外、古与今、经典与时文都在教师的统筹考虑范围内。教师还需要在亲身体验整个阅读过程和探究过程后，实际判断议题的合理性和任务量，在合理的范围内将文本和议题交给学生。

（二）对文本的解读和探究

《吕氏春秋·察传》第一句说："夫得言不可以不察。""思维发展与提升"作为语文核心素养之一被提出，阅读不仅仅是对文本的浏览，教师需要有意识地引导学生进行思辨性阅读，思辨性阅读要抓住的是三个要素：理性的阅读态度、思辨的过程、对旧知识的创造。[1]

理性的阅读态度指的就是"言不可以不察"。学生在接触文本作者的观点时，要辩证地认同或拒绝。除此之外，教师指定的文本是预设，学生在阅

---

[1] 张玉新. 整合：思辨性阅读的有效策略[J]. 中学语文教学，2017（8）：8-12.

读和解读的过程中必然会有所生成,所以,教师在设置阅读目标或任务群时,要留有灵活调度的空间,选取的文本也要具有多元解读的性质。思辨的过程在于理解、质疑和求证。对于与自己价值观或知识概念相冲突或存疑的地方,学生在辩证地认识的同时,要进一步学会针对某个点进行质疑。求证是利用已有的知识工具认识世界获取知识的过程,这个过程能使质疑实现价值,激发学生对知识的探究意识;对旧知识的改造则会在思辨的过程后自然形成,学生求证后获得的新知识会自然地融入旧知识体系,丰满本来的知识系统。

传统的单元教学中,我们往往主张"一课一得",但是在群文阅读中,教师则要为学生放宽教学目标,让学生在思辨的过程中达到自我的阅读目标、兴趣目标。完整的解读和求证过程可以说是学生在群文阅读中沉浸于语文和文学的阶段。在这个阶段,教师要善于抓住关键时期,诱导和启迪学生思考,从兴趣出发,热爱阅读,钟情探究。

(三) 整合知识碎片,使之系统化

从确定议题到文本的解读过程,学生获得了大量的碎片知识,将新旧知识整合到学生的个人知识系统中,获得世界观和知识体系的建构及完善才是整个群文阅读活动的完成。"就思维而言,哲学范畴的思维是指相对于存在的意识或精神,或指理性认识——思想,或指理性认识的过程——思考。"[①]"思维的发展与提升"并不是碎片化的思绪,实现思维的发展和提升需要宏观的整合能力——对碎片知识点的挑选和拼凑,对片段知识点的整合和消化。这就需要学生能将新旧知识整合。如何实现新旧知识的整合?学生在文本阅读的过程中随时做好阅读感悟和问题记录,并在求证过程中将探究过程和所得的已被证明了的新结论记录下来。如何验证新旧知识的整合?所有的阅读教学包括群文阅读的目标都在于可操作、可实现、可检验。学生将自己的质疑与所得进行分享和汇报时,能够将自己的观点清晰明了地表达出来,即是知识已经内化和条理化了。

整合是群文阅读的出发点和归宿。手段是整合,终点也是整合。正如单元教学中的课堂提问和回答,思维的养成不是来自训练,而是来自启迪和诱导。因为思想以宏观的完整的思维作为支撑,需要无数细枝末节的知识点的

---

① 张玉新. 整合:思辨性阅读的有效策略 [J]. 中学语文教学,2017 (8):8-12.

汇聚，思想的根茎才能破土，才能茁壮生长。对于学生来说，整合和接受更是一种鉴赏和情感态度价值观的升华。在阅读中看到历史人物的沉浮，感受到旧时王谢堂前燕的落寞，文学作品和语文的魅力在群文阅读活动中得以交融，共同灌溉学生蓬勃生长的思维思想根茎。

一个新的教学设想凝结着无数学者和一线教师的思想与勇气，这种教学设想，对于学生来说，不能成为一种负担或者形式，对于教师来说，不能成为一种不敢尝试的冒险。为了学生的发展和思维的提升，群文阅读的教学设想需要教师全心全力地实践，尽力让每一次活动都能使学生有所得，教师有所反思。从这个立场出发，教师和理论工作者都要义不容辞地走在学生的前面，要切实从学生的能力和思维层面考虑，做好每个环节的衔接工作，做好整个活动的宏观调控工作，为每一个学生的每一点进步倾心尽力。

（原载《中学语文》2018年第10期，署名张星奕、王家伦）

群文阅读教学评价的"应有之义"

群文阅读教学质量，不仅指学生阅读知识和技能的掌握程度，也涵盖学生阅读过程中阅读态度、阅读习惯、阅读思维品质素养的成长状况。群文阅读教学评价须立足评价主体，精准分析评价主体阶段性学习过程的成长程度，并促进评价主体努力发展进步，不断体验自我获得感和成就感。我们有必要从以下几个方面关注群文阅读教学评价的"应有之义"。

一、聚焦实处：教学目标的设置与达成

群文阅读教学较之单篇教学，篇目增多，但并不意味着教学目标的简单叠加。群文阅读教学的目标设置仍须如单篇教学，追求"一课一得"，规避"空"与"泛"。整合、重构群文，是为了更有力地达成教学目标。在"教、学、评"一体化视域下，评价应和教学紧密关联。所以，群文阅读的教学评价也应该聚焦实处，看其教学目标是否集中。

昆山市城北中学陆燕婷老师《文言文中的劝说艺术》群文阅读教学一课（2021年苏州市初三语文中考专题复习研讨会公开课），关联、整合了《孙权劝学》《与朱元思书》《邹忌讽齐王纳谏》《陈涉世家》四篇文言文，主议题为：你认为哪位人物的劝说最具艺术性？这四个文言文文本，从单篇教学维度来看，篇性不同，教学价值各殊。"整合"是为了锻炼能力和积淀素养，学生从梳理人物关系、明确劝说目的、梳理劝说过程、概括劝说方法、判断劝说结果等联结点进行高质量的"比对读议"，开掘整体阅读价值。再引导学生解决实际问题：你如何劝勉即将参加比赛的同学克服畏难情绪？你如何劝说小区的邻居自觉垃圾分类？陆老师评点学生作答时，紧扣主议题"最具艺术性"的探究所得，指向策略性和元认知。显然，陆老师在具体的教学实施过程中，知道学生可以理解、掌握什么知识能力，能够运用、解决什么问

题。主议题和当堂练习聚焦教学目标，评价指向和教学目标达成自然契合。

某位老师执教《探究初中教材中家庭型的女性形象》群文阅读，重点整合《秋天的怀念》《回忆我的母亲》《我的叔叔于勒》《台阶》《孤独之旅》《动物笑谈》等六个文本，主议题是探究教材选编女性形象的固化、窄化现象。要求学生给部编本初中语文教材编委会写一封信，就有关"丰富完善初中语文教材中的女性形象"提出修订建议。首先，这个议题涉及部编本初中语文教材中近40篇课文，其中大多数的女性角色，只是蜻蜓点水似的涉及。就其重点整合的六个文本中的母亲形象看，真的是"固化""雷同"吗？还是只滞留在"母亲"这个共同角色身份的浅表，而非探究文本实际呈现"母亲"人物形象的迥异？再者，学生写建议信的教学设计与主议题设置之间，所用与所学并非有机统整，前后有割裂之痕，这实际上就是教学目标的游离。这样的群文阅读，难以称善。

"教学、学习的目标同样是评价的目标。"① 参照上述两位老师群文阅读教学的处理，我们认为，群文阅读教学的"为什么而教""教什么内容""教到什么程度"，三者应保持一致。如果教学目标与评价指向相悖，甚至南辕北辙，那么群文阅读教学必然迷失方向。

二、指向明处：语言的建构与运用

群文阅读教学是语文的群文阅读教学，所以，其评价也须在"语言的建构与运用"紧要处用力。毕竟，语言的建构与运用是带动其他三项核心素养——思维发展与提升、审美鉴赏与创造、文化传承与理解——的第一要义。群文阅读，须在教学中揣摩、涵泳语言的形式秘妙，以此为基础，积淀语文核心素养。

常熟市周行中学罗国锋老师执教《外国诗歌三首》群文阅读教学（2021年常熟市初中语文评优课决赛一等奖），组合《你不快乐的每一天都不是你的》《远方》《火光》三首外国诗。群文阅读教学离不开"语言的咀嚼"。比如《你不快乐的每一天都不是你的》第一节起始：

你不快乐的每一天都不是你的：/你只是虚度了它。

教师问：第一行诗句后面的冒号，如果用一个关联词来替换，可以用哪

---

① 杨向东，崔允漷. 课堂评价：促进学生的学习和发展 [M]. 上海：华东师范大学出版社，2012：30.

个?学生作答:"因为。"教师不作能否替换的简单评价,而是追问学生如此表达的"形式秘妙"。为什么要用冒号,不用"因为"呢?诗歌追求简洁的表达,用冒号引起我们"快乐是源于不虚度"这样的思考。学生知悉"不一样的表达",触碰诗歌精练、含蓄的语言特质。

再如《远方》一诗:

那天是如此辽远,/辽远地展着翅膀,/即使爱是静止的,/静止着让记忆流淌。

教师设问:"那天是如此辽远"如何断句?学生认为:"那"与"天"之间可断可不断,"远"不仅是空间的远,也可以是时间的远。教师即时做出合乎逻辑、辩证客观的评价:我们不必拘泥"标准"答案,大家的断句各有理据,重要的是,我听到了同学们对"远方"的感受。诗歌是独特而深沉的,远方不只是地方的遥远,还有心灵的辽远。如是点评,极具张力,激荡学生思维,促进学习向更深处漫溯。

然后,设计有挑战性的"以诗解诗"环节,要求学生观照群文整体,可选择每首诗的关键词或短语,把一首题为"前方是什么"的半成品小诗补充完整。搭建读写转化的支架,从语言欣赏走向语言创生,深挖群文,构建问题链:写完后,你能够看到怎样的画面?将三段倒过来读一遍,又会是怎样?三位诗人的前方究竟是什么?师生交流反馈环节,教师围绕"语言的形式秘妙",评价节制而富有理性。基于文本,学生来来回回、脚踏实地地走,正着想,倒着想,体悟、品析、创生,从有意思走向有思考。当然,学习深度不可无限开掘,须收放有界,立足学生"最近发展区",聚焦原有认知阈限,实现自我突破。

同样是这组群文的阅读,如果一味地在蕴含"困境人生,诗意生命"的哲理角度拓展,"没有真正参与到语言实践活动之中"①,那么,我们不该肯定这种离开"语言"土壤的所谓"深挖"。

三、促进成长:评价工具的运用

为避免对群文阅读成果泛泛而评,我们须开发和应用适宜的阅读评价工具。其一,师生共同开发评价等级量表,分解评价要素,用可操作的描述语评定。其二,教师导引学生应用评价工具,循序渐进,层级提升质量。

---

① 徐鹏.群文阅读教学的学理审视[J].中学语文教学,2021(1):4-7.

语文教学的"平民化"

笔者执教《部编初中语文教材苏轼作品》群文阅读，关联整合部编本初中语文教材中《记承天寺夜游》（小品文，八年级上册），《卜算子·黄州定慧院寓居作》（词，八年级下册），《水调歌头》（明月几时有）（词，九年级上册），《江城子·密州出猎》（词，九年级下册），以及《定风波》（莫听穿林打叶声）（词，九年级下册）等五个文本，并联系林语堂先生的《苏东坡传》[①] 整本书，单篇、群文、整本书，三者形成结构化的阅读场域。任务驱动之一："走近苏轼"班级读书成果展，要求学生写一段200字左右的短评，点评苏轼的精神世界。如果是教师直接评价学生的短评，容易流于形式，笔者选择师生合作，将评价对象"短评"分解为"观点""论据""篇幅"等要素，用"可操作描述语"阐释明晰等级。具体如下：

评价主体	要素		可操作描述语
短评	观点明确，辩证严密	优秀层	围绕佛、儒、道三位一体阐述观点，辩证看待苏轼出世与入世的精神实质。
		良好层	围绕佛、儒、道中的一两种阐述观点，观点明确。
		普通层	只围绕佛、儒、道中的一种阐述观点，以偏概全。
	论据充分，适当引用	优秀层	整合苏轼作品，列举出两个及以上有力证据，引用至少两处专家学者的评价印证。论证符合逻辑。
		良好层	能结合苏轼作品，列举出一个有力证据，有一两处专家学者的评价印证。论证符合逻辑。
		普通层	脱离苏轼作品，证据单薄，没有引用专家学者的评价。论证符合逻辑。
	篇幅适宜，言简意赅	优秀层	150～200字，文从字顺，言简意赅。
		良好层	比规定字数少或多50字，通顺，语言简洁。
		普通层	比规定字数少或多100字，有语病，语言不简洁。

教师须发挥等级量表的导向、鉴定、调控、提升作用，评判学生阶段性阅读成果水准，预期可能的增长幅度，促使学生基于原有层级升格，对固有体认图式进阶突围。阅读成果经由同伴互评，学生对标自评，提质升层，教师再做总评点拨，群文阅读成果质量得到持续性提升。下面是被评为"优

---

① 林语堂. 苏东坡传［M］. 张振玉，译. 长沙：湖南人民出版社，2018.

秀"层级的样本之一：

> 苏东坡的精神世界自足圆满，儒、道、佛三者相融共生。佛教的否定人生，儒家的正视人生，道家的简化人生，都是他人生不可或缺的部分。任职时，以儒的"起舞弄清影，何似在人间"为担当，守正不阿，政绩出色。他是"黎民百姓的好朋友"，是"士大夫"，是"皇帝的秘书"，是"政治上的坚持己见者"。贬居时，以道的"自然"、佛的"出世"解脱，"但少闲人如吾两人者耳"，旷达闲适。他是"散文作家""月下漫步者""诗人""新派的画家""伟大的书法家""生性诙谐爱开玩笑的人"。

学生渐谙群文阅读之门道，阅读态度、阅读习惯、阅读思维品质素养与核心素养，内隐外现，同生共长。这既符合课标阅读教学的要求，也是"坚持科学有效，改进结果评价，强化过程评价，探索增值评价，健全综合评价"① 评价改革纲领性文件精神的重要践行。

（原载《中学语文》2021 年第 31 期，署名张丽峰、王家伦）

---

① 中共中央，国务院. 深化新时代教育评价改革总体方案［M］. 北京：人民出版社，2020：10.

基于文本特征再发现的群文阅读教学新论

自赵镜中教授提出"群文阅读"一词后,与之相关的理论研究和实践探索便日益升温,经过一段时间的积淀,"议题""集体建构和共识""多文本"成为群文阅读公认的核心特征。[①] 相较传统的单篇研读,其颠覆性突出表现在"群"上,因此更多的目光也聚焦到了"群"上:关注组成"群"的文本数量如何确定;关注文本构成"群"的逻辑关系如何考量;等等。而"文"本身,因其显而易见,经常被研究者忽视,没有得到足够的关注和深度的挖掘,至今仍存在一定的"盲区"。

一、群文阅读的文本特征再发现

事实上,只要认真梳理,我们就能发现"群文"的"文"存在着诸多不同的说法,如"文章""文本""选文"等,不一而足。然而,众多的称呼并不意味着群文类型的丰富,这些名目繁多的"文"实际上都不约而同地指向了公开发表的文章,其中大多为名家名篇,单一的标准在无形中限制并缩小了群文选择的范围。时间一长,课堂教学中涉及的阅读视野逐渐窄化,学生的阅读能力也随之定向化,只适用于所谓的"经典名篇",难以在阅读日常生活中门类繁多的"时文"时进行有效迁移,最终导致课堂学习和生活阅读实践相互割裂,影响学生学习内驱力的提高。因此,想要最大程度地发挥群文阅读的效能,我们有必要对群文的文本特征进行一番再发现。

(一)来源的多样性

不管是单篇还是群文,也不管群文的"文"如何表述,我们都应当将它

[①] 于泽元,王雁玲,黄利梅. 群文阅读:从形式变化到理念变革[J]. 中国教育学刊,2013(6):62–66.

们置于教育教学的视域下加以考量，进而目标鲜明地找准它们的定位——课堂教学中师生传递信息的教学媒介。① 而作为教学媒介的"文"，从本质上来说应当服务于教学，做到兼收并蓄，不可一家独大：除了公开发表的名家名篇外，也可以是局部区域使用的一般文本；除了教师创作整合的相关材料外，也可以是学生的作文；除了文学色彩浓厚的作品外，也可以是实用性较强的文本……多一种来源，就多一种选择。只有这样，学生才能围绕某个议题接触不同水平的语言样例，从而在比较中阅读、鉴赏和交流，高效地进行语言的建构和运用。

（二）形式的丰富性

"多文本"的"多"不仅仅是数量上的"多个"，更是文本类型上的"多样"。具体来说，这种"多样"不仅包含前文所说的文本来源多，还有文本形式的丰富多样。除了传统意义上的纸质文本外，也可以是现代化的各种媒体视听材料。我们从不同维度、不同范围中选出要用的教学文本后，还应当根据具体的学情、教学实际，对其中的相关文本进行适当的加工：或删或改，或截取片段，或配以图、表，或转换成音频，或呈现相关视频，或进行非连续组合，等等。只有以不同形式的文本营造不同层次、不同类型的阅读体验，才能让不同能力水平的学生都参与其中，激发阅读兴趣，进而在集体建构的思维碰撞中提升审美和思维能力。

（三）类型的多元性

关于教学文本的类型有诸多不同的观点，其中影响较大的是王荣生提出的"定篇、例文、样本、用件"四类。从其分类的依据和发挥的功效来看，不同类型的文本在落实语文学科的核心素养时所起的作用各不相同。例如"定篇"中蕴含的文学、文化素养等具有独一无二的经典性和权威性，值得每个学生了解、涵泳、欣赏、体悟，其对文化的传承和发展有着得天独厚的优势。因此，从某种程度来说，群文阅读中的任何一个议题，都需要且应该兼顾不同类型的文本，避免仅仅依据议题和内容选择单一类型的教学文本，进而确保语文学科的核心素养得到全面均衡的发展。

---

① 韩雪屏. 与教学文本对话——阅读教学中的多重对话之三 [J]. 语文教学通讯，2004（3）：9-11.

二、基于文本特征的群文组合方式拓展

由上所述，我们可以发现，群文阅读的文本不再仅仅是浅层次的数量多，还体现出来源的多样性、形式的丰富性及类型的多元性。这种真正意义上的多层次、多文本，一方面最大限度地拓宽了文本的选择视野和范围，由此必然会带动群文文本内容和类型的变化，另一方面由于内容决定形式，不同层次和类型的文本内容又需要与之相适应的恰当的组合形式。

（一）完篇式群文的困境

受传统教材选文观念的影响，将一篇篇完整的文章有机组合在一起，让学生在阅读过程中进行探讨和思考，进而提升学生的语文核心素养，就成为群文阅读的基础选择。再加上经典名篇意蕴丰富、教学价值大，对其进行类似"掐头去尾"的改动，似乎更是"暴殄天物"。于是长久以来，完篇式文本就成为群文阅读最主要的呈现方式。但是这种完篇指向的群文选择一味地将视野和范围狭隘地圈定在完整的篇章中，无形之中导致了文本选择难度的增加。而且围绕某一个议题费时费力地挑选到相应的文本后，经常会发现并非所有内容都与议题紧密相关，而是或多或少存在诸多干扰信息，将其保留到教学中既浪费阅读精力，又对有限的教学时间安排和参差不齐的学情兼顾提出了附加要求。同时，多篇完整文本的阅读能否读透、研讨能否深入等问题也使得实际教学的可控性和可操作性大大受限。

（二）片段式群文的意义

实际上，教学文本的呈现方式除了完篇外，还有片段，如目标指向明确的节选片段，直观易懂的现代化媒体材料，以及逻辑清晰的非连续性文本等。片段文本不仅便于围绕"议题"进行挑选，做到"当"，更能将阅读研讨的焦点集中在目标文本和议题上，清除干扰信息，达到"精"。以此为基础的群文阅读，对教师而言更易于实践和把控，对学生而言更加生动有趣，进而能最大限度地提高师生的参与度和教学效能，帮助师生将更多的精力放在通过集体建构达成共识上。

更重要的是，片段式群文和前文所述文本特征的内在要求是一致的。文本的数量多自不必多说，同等字数的群文阅读，片段式文本的数量要远远多于完篇式文本，能够让学生在有限的时间内，在特定的议题中接触更多的观点，感知多样的表达。文本来源的多样性、形式的丰富性都在客观上要求文

本选择的视野向生活和身边拓展。而在当下的时代背景中，从抖音视频到微信公众号推文，从朋友圈到微博，不同形式的"片段"日益成为我们生活中主要的阅读形式，大量的信息和时文的"爆发"为群文阅读提供了丰富的材料，如果依旧执着于经典完篇，会错失诸多鲜活的阅读文本，从而限制学生的阅读视野，进而削弱学生的阅读兴趣，使阅读成为"死读书和读死书"。偶尔适时地降低姿态，与时俱进，适当融入生活中能够接触到的片段文本，能够引导学生在鲜活而明确的阅读中感受生活、发现生活、体悟生活。文本类型多元性的实现同样需要片段文本的支持，诸如"例文"在多数情况下只需要诗文或诗文读写的某一个侧面的某一点或某几点，不必以完篇的方式呈现，这样能够更加直接、更为聚焦地让学生抓住重点。考虑到片段文本相对易找，这样就能在最大程度上保证文本类型的多元性。

（三）群文组合方式的拓展

我们提出片段式群文并不意味着否定完篇的价值和意义，一切都应当基于特定的内容和特定的学情加以衡量，适时调整，灵活运用，需要用完篇的时候用完篇，需要用片段的时候就用片段。这样一来，又可以在原有的全完篇群文阅读的基础上，拓展出其他的群文呈现方式，以丰富现有的教学思路。

首先，我们可以以"议题"（可视为教学目标）为中心，选择不同的文字片段、现代化媒体视听片段等组成纯粹的片段多文本供师生探讨。因为是片段，所以文本的数量相对于完篇式群文阅读可以略微多点，且由于剔除了诸多无关信息，文本对议题的指向性会更加明确，也更易于将课堂讨论引向深入。缺陷在于筛选过后的片段，大大降低了阅读和理解的难度，不利于学生理解和思维能力的提升。例如我们以"笔下的声音"为议题，可以从谢大光的《鼎湖山听泉》、陆定一的《老山界》、莫言的《晚熟的人》等文本中选出描写声音的片段，再结合学生自己描写的声音的文字，有针对性地开展讨论，探究如何用文字表现声音。

其次，因为纯粹的完篇或片段群文阅读各有其优劣，综合两者的长短，进行完篇和片段混合的群文阅读也就成为另一种可行的思路。这样既能用片段替换部分完篇，解决完篇式群文阅读的弊端，又可以通过一定数量的完篇阅读加大片段式群文阅读的思维含量，一举两得。如以"春天是什么样子的？"为议题，我们可以将朱自清的《春》作为完篇，与丰子恺的《春》、梁遇春的《又是一年春草绿》中写春的片段结合在一起，再配上有关春天的视频进行研讨，引导学生探究现实中的春和不同作家眼中的春各是怎样的。

三、基于文本特征的群文阅读教学新要求

群文组合方式的拓展为群文阅读教学提供了更多的可能性，尤其是片段式群文延展了文本选择的类型和领域，丰富了文本资源，从根本上改变了原来以完篇为主体的课程内容，由此也对教学提出了新的要求，需要教师及时转变，积极适应。

（一）拓宽视野，持续保持大量阅读

以往的群文阅读教学基于议题进行选文时，只需要围绕某个特定的主题或内容进行检索即可，能否入选的标准主要为是否与讨论的议题相关，不会再对文本进行形式、类型等角度的分析，属于单一维度的搜集。但是笔者提出的文本特征则需要教师考虑文本的不同来源、不同形式及不同类型，这就形成了一个多维的文本筛选体系，需要教师在大量的文本资源中进行精挑细选，简单的临时抱佛脚根本不可能兼顾所有的文本特征和要求，这就在客观上要求教师平时拓宽自己的阅读领域，从经典到时文，从文字图片到多媒体视听材料，从全篇到片段等，都要有所涉猎，且要持续阅读，因为没有大量的持续阅读和积累，就无法通过分析和比较找到最合适的文本资料，也就无法将群文阅读教学引向深入。

（二）查漏补缺，落实实用性群文阅读

一直以来，阅读教学对文学文本的重视程度要远远超过其他文本，当前的群文阅读也不例外。以群文阅读的代表人物蒋军晶老师最为经典的《创世神话》为例[①]，其鲜明的"文学化"倾向显露无遗：除了一篇科普文作为辅助性材料之外，作为阅读主体的其他6篇文章都有着浓郁的文学气息；探究结果是学生对文学领域的"神话"有了深入的发现和了解，教学目标指向同类文学作品的理解。在这里，我们并非贬低文学阅读，只是认为阅读不该局限于文学领域，还应当开阔视野，将教学视域拓展到整个生活，引导学生通过阅读关注现实，学会从虚构文本走向真实情境，在文学阅读的基础上关注

---

① 蒋军晶. 语文课上更重要的事——关于单篇到"群文"的新思考［J］. 人民教育，2012（12）：30 - 33.

思辨性阅读，增加实用性阅读。如果群文阅读能够在等量的时间里让学生接触更多的文本，那么关注文本构成的类型，兼顾文学、思辨和实用性阅读就成为一种可行的路径。具体来说，可以有两种设计思路：一种如前所述，围绕某个议题在群文中融合文学、思辨和实用性文本；另一种则紧扣生活情境，设计全部由实用性文本组成的专项群文阅读。只有如此，阅读活动才会变得真实而有意义。

（三）研究学情，确定完篇和片段的比例

所有教学的起点应当是学情分析，找到学生的最近发展区，提供适当的教学支架，让学生在自主、合作和探究式的学习中进行主动建构。教师提供的文本无疑就是帮助学生养成能力的支架，那么这种支架到底是"完篇"还是"片段"，显然不能一概而论。这就需要教师静下心来分析学情、研究文本，并且结合教学的目标价值取向等因素综合考虑，合理配置完篇和片段的比例。一般来说，小学中、低年级的学生就可以通过片段式的群文阅读培养他们的比较阅读能力，而小学高年级甚至初中阶段的学生可以通过片段和完篇的组合来提升自身的阅读素养，高中阶段的学生则倾向于用完篇式的群文阅读来提升自身的思维水平和阅读品质。余党绪在上海师大附中倡导的"万字时文阅读"就是典型的范例，学生通过阅读具有一定难度的完篇文本，在沉浸式的体验中进行深度思考，拓宽自己的文化视野。当然，在以学段作为参考的同时，还应当从横向出发，充分考虑学生的差异性和文本的特殊性，会存在有的学生阅读能力明显高于或低于同学段其他学生的情况，也会存在有的文本难度过大，超出学生认知水平的情况，这些都需要教师对症下药，通盘设计。

（四）瞄准生活，关注即时自发阅读能力

以往完篇导向的群文阅读对文本、时间和空间都有一定的要求，无法随时随地进行，因此大多数只能局限在课堂范围内，由此而形成的阅读能力和语文素养在很大程度上也就自然只适用于课堂阅读，无法在生活中得到迁移运用。而随着文本来源和形式的拓展，群文阅读教学的视野必然会向生活延伸。这就需要教师在教学时瞄准生活中的常规阅读，最大限度地消除阅读时间和空间的客观限制，思考如何为日常生活中的阅读注入"群"阅读的思维方式，让群文阅读在学生的日常生活中成为一种习惯。例如，教师不仅可以提供给学生现成的群文文本，还可以引导学生围绕课堂阅读的议题和所学，

探究运用电脑、手机等设备进行相关文本的搜集，以及在琐碎时间进行片段阅读时如何关联相关文本，又或者如何与学过的完篇加以勾连等。这样一来，群文阅读就成为一种自觉自发的结构化阅读，由限时走向了即时，由被动走向了主动，从而帮助学生在自主建构、深度探究的过程中真正体会到阅读的乐趣和魅力。

［原载《福建基础教育研究》2021年第1期，署名江跃、王家伦，2021年第9期《高中语文教与学》（人大复印资料）部分转载］

群文阅读与单元教学比较谈

——以部编本初中语文教材为例

阅读教学并不是"单打独斗"式的篇章教学，必须置放在教材体系中进行。部编本教材的单元编排较为合理，我们在进行语文教学时要有单元意识。如今成为"热点"的群文阅读与我们大部分语文课堂所使用的单元教学颇有相同之处，如：都对相关课文进行了整合，具有整合意识；教学过程中都注重教学的有序性，也会相对地注重培养学生的阅读能力。但是，一般意义上的群文阅读与单元教学也有一些不同之处，厘清两者的异同，有助于教师灵活地采用相关教学策略，发展学生的语文核心素养。

一、目标指向之异

一般来说，单元教学（这里指的是根据部编本的单元编排进行的教学活动）的目标设置应该考虑到知识与能力、过程与方法、情感态度与价值观三维，考虑到读写能力的转换。例如，部编本语文教材七年级上册第一单元的单元导读中有"想象文中描绘的情景，领略景物之美""注意揣摩和品味语言，体会比喻和拟人等修辞手法的表达效果"，其中，"体会比喻和拟人等修辞手法的表达效果"指向知识与能力，"揣摩和品味语言"指向过程与方法，"领略景物之美"指向情感态度与价值观。学生在学完这个单元的文本后，其景物描写的能力应该有所提升——这是对应"知识与能力"。

七年级下册第五单元的单元导读中有"本单元学习托物言志的手法：体会如何运用生动形象的语言写景状物，寄寓自己的情思，抒发对社会人生的感悟"，其中，"学习托物言志的手法"对应知识与能力，"体会"指向过程与方法，"抒发对社会人生的感悟"指向情感态度与价值观。学生学完这个单元后，应该能用托物言志的手法写一篇习作——这是对应"知识与能力"。

群文阅读是近些年兴起的一种语文阅读教学方式，对于群文阅读的概念和特征，目前存在着不同的看法。虽然看法不尽相同，但都注意到了在单位时间内围绕相关议题选择文章，师生共同探讨交流，进行多文本的阅读教学。

群文阅读涉及大量的文本，拓宽了学生的阅读视野，也拓宽了学生的知识面。这样的学习，不仅可以丰富学生的阅读内容，也可以丰富学生的阅读感受。蒋军晶老师认为，群文阅读可以把"工具性"（表达方式、表现手法、写作手法、文章结构）作为议题，也可以把人文主题作为议题，有时候还会把观点、作家或者体裁等作为议题。[①] 由此可见，虽然群文阅读的议题是多样的，但目标指向比较单一，可以理解为三维目标中的其中一维。"工具性主题"和课文体裁指向"知识与能力"这一维度，"人文主题"包括作家观点等指向"情感态度与价值观"这一维度。

例如，我们把鲁迅的文章放在一起作群文阅读，就可以初步了解作家的写作风格，这是以"作家"为议题，指向"知识和能力"维度。在执教杜甫的《春望》时，涉及《闻官军收河南河北》《登高》《雁门太守行》《望岳》等文本，带领学生全面了解借景抒情中以乐景写乐情、以乐景写哀情、以哀景写乐情、以哀景写哀情等手法具体的运用，围绕的议题是借景抒情的手法，也指向"知识和能力"维度。把童话故事放在一起，我们可以了解童话的基本特点，把儿童诗放在一起，我们可以窥见儿童诗的基本特征，这同样也是指向"知识和能力"这一维度。把关于亲情的放在一起，通过一组课文进一步思考"母亲的伟大形象"，或者把有关"友情"的课文放到一起，进一步思考"我们为什么需要朋友"，这是以"人文主题"为议题，目标指向"情感态度与价值观"这一维度。

总而言之，单元教学的目标指向课程目标的知识与能力、过程与方法、情感态度与价值观三个维度。而一般意义上的群文阅读的目标指向比较单一，即三维目标当中的一维。

由此可见，我们在进行单元教学时切不可只顾一维不及其余，必须"三维"齐头并进；而在进行一般意义上的群文阅读时，不必"面面俱到"，也就是说，单一指向的群文阅读不该被否定。

---

① 蒋军晶. 让学生学会阅读——群文阅读这样做［M］. 北京：中国人民大学出版社，2016：20.

二、课堂活动之异

在课堂活动方面，单元教学存在一定的限制，主要表现为所教课文是固定的，最后所达成的课堂认识是统一的。单元教学是以单元为单位进行教学的形式，这种教学形式由来已久，语文教师的教学主要还是依据教材编写者规定的单元进行教学，每一单元内的课文是固定的，教师可发挥的空间比较小。而且语文课堂的教学活动也是围绕必须达成的教学目标来进行的，每篇课文或者每个单元结束，学生都会对相关问题的解决和教学目标的掌握达成基本共识。

例如，部编本七年级上册第一单元单元导语提出，要注意揣摩和品味语言，体会比喻、拟人等修辞手法的表达效果。第一单元包括《春》《济南的冬天》《雨的四季》《古代诗歌四首》，本单元教学要完成的一个总的教学目标就是掌握比喻、拟人等修辞手法，那么在整个单元教学结束后，学生可以基本掌握这些修辞手法的特点和作用。这就是单元教学给学生带来的课堂共识。

再如，八年级上册第五单元是几篇说明文，包括《中国石拱桥》《苏州园林》《蝉》《梦回繁华》这四篇课文，这是固定的。单元导语明确提出要学生体会说明文语言严谨、准确的特点，在单元教学中，教师会带着这个既定的目标去教学，这是确定的，单元教学结束后，对这一目标的完成就是课堂共识。当然，这也是我们语文教学所需要的。

群文阅读的大量文本都是根据议题来选择的。首先，群文阅读并不仅仅局限于语文教材单个单元的课文，也可以把各个单元的课文根据相关议题整合到一起。例如，蒋军晶老师将人教版六年级上册第一、四、六单元的课文整合在一起，当然这不是简单叠加，而是看到了它们之间的互补性，整合在一起后，可以形成合力，更充分地探讨人与自然之间的关系。其次，群文阅读每个议题所选的文本数量具有很大的灵活性。教师可以根据实际教学的需要、学生的接受程度选择适当数量的文本来进行教学，至少需要两篇，一般是3~5篇，或者更多。因此，群文阅读的文本数量是不确定的。最后，在群文阅读课堂上，除了顺势完成相应的教学目标外，最重要的是让学生通过阅读去碰撞、质疑，并且把思考的过程展示出来，然后有所发现，所以有时课堂探讨并无固定答案。

例如，学生如果只读《小嘎子和胖墩儿比赛摔跤》，头脑中只能留下小嘎子"顽皮、耍赖、不讲道理"的印象，但如果加入原著中的《嘎子的乐趣》《小战士》《爱枪的小侦察员》《小兵张嘎夺枪记》《智斗鬼子》等多文本的阅读，学生的头脑中便会留下"勇敢、机智、积极向上"等更为完整的人物印象认知。这既说明群文阅读对于所选文本的自由性，也说明课堂的认知是不受限的，颇能激发学生多维度的思考。又如，如果围绕着"什么样的人才能够称为朋友"的一组文章，学生可能产生有关这一议题的不同答案，有的说大家彼此喜欢就是朋友，有的说能够彼此分享的就是朋友，也有的说能够彼此包容的才是朋友，还有的说能够直言不讳批评对方的才是真正的朋友。对于这个问题并没有所谓的"标准答案"，学生在群文阅读中可以充分地解放思维，各抒己见，取长补短。

总而言之，单元教学的活动比较单一，所教课文比较固定，课堂达成的认识也相对统一；而群文阅读则相对比较灵活。既然单元教学有这些限制，那么，那种对文本恣意"深挖"的阅读教学是否应该叫停，而对造成文本"深挖"主要原因的"同课异构"是否也该做些认真的思考呢？此外，一般意义上的群文阅读，可采用灵活多样的形式，尤其可以就当下学生出现的一些情况进行"对症下药"式的群文阅读。例如，发现班级中有不团结现象，就可以选几个关于团结的文本进行群文阅读；又如，发现大部分学生不懂插叙，就可以选几个插叙结构的文本进行群文阅读。

三、阅读方法之异

单元教学在教授一篇篇课文时，注重的是朗读和美读。朗读教学的方式是多样的，有教师范读、学生单读、学生齐读、分角色朗读。而对于像诗歌和散文一类的课文，更要注意美读，也就是叶圣陶所说的"带着感情，读出感情的朗读"。

群文阅读是在短时间内阅读大量文本，为了提高学生的阅读速度和阅读效率，群文阅读就更加重视跳读、浏览、默读和略读等阅读方法的使用，甚至只选择阅读某些文本的片段。既然如此，我们在进行群文阅读时，就不一定要回避超出学生能力的文本，完全可以"自取所需"，如初一就"景物描写"进行群文阅读，可以选择高中课文郁达夫的《故都的秋》，只用前一半，不用其后半部分的议论。

当然，遇到重要的、关键的片段也可以采用朗读的方式。例如，部编本初中教材的多个单元导读都强调了朗读的重要性。七年级上册第一单元中的单元导读写道，"学习本单元，要重视朗读课文"；第二单元写道，"学习本单元，要继续重视朗读把握文章的感情基调，注意语气、节奏的变化"。由此可见，单元教学中非常重视朗读和美读。而对于群文阅读教学，蒋军晶在执教"如何看待狐狸"这一议题时，选择了《酸的和甜的》《狐狸的清白》《火焰》《北极狐卡塔》《欧洲狐狸的秘密生活》《我喜欢你，狐狸》《大灰狼，别怕》《狐狸和乌鸦》《狐假虎威》，共九篇文章。文本数量之多是显而易见的，因此他将本节课的教学难点设置为"学会用默读、跳读、快速浏览和抓取主要信息的方法，通过多文本阅读，感受故事中的狐狸形象"。同样，朗读和美读在群文阅读中也很常见。例如，在执教《草虫的村落》《走向虫子》《上帝的伏兵》《我的邻居胡蜂》等群文阅读课时，蒋军晶老师多次让学生练习朗读，尤其在遇到诸如感叹号等标点符号时，更是注重让学生朗读，读出其中的情感。在教《听听，秋的声音》《四天做一年》《花一把》等儿童诗的群文阅读课时，也是让学生诵读，体会其中的叠字、拟声词、长短句里鲜明的节奏等所蕴含的音乐感和丰富的情感。

  总而言之，单元教学与群文阅读在阅读教学方法上的侧重点不同，单元教学侧重朗读、美读，群文阅读教学侧重跳读、浏览、略读、默读。当然，群文阅读教学也可以使用朗读和美读。

  综上可以看出，群文阅读教学与单元教学在议题的选择、课堂活动的灵活性及阅读方法上，都显示出不同之处。但是，它们都力求通过议题的选择来拓宽学生的知识视野，通过机动灵活的课堂活动来发展学生的思维，通过多种阅读方法的结合来提高学生的阅读能力。所以，从一定意义上来说，单元教学也是一种特殊的群文阅读教学。

（原载《福建基础教育研究》2020 年第 1 期，署名韩炳艳、王家伦）

再探"片段授课"

"片段授课"又称"微型授课",2016年,"片段授课"登上课堂竞赛与招聘舞台不久,笔者与郑园园老师合作,在《中学语文教学参考》第31期撰文《论语文的"片段授课"》,在此之前,尚未见有关"片段授课"(或"微型授课")的论述。此后,笔者又对此继续研究。实际上,"片段授课"的问题还是颇多的,要在短短的10分钟内,将一堂45分钟的教学内容全盘托出,确实难以令人满意。如今,"片段授课"越来越受到各类教师招聘活动的重视,所以,再度研究颇有必要。

语文教学的"平民化"

对"片段授课"的再思考

"片段授课"是目前教师招聘、教学比赛中常见的一种教学形式，和"模拟授课"在形式、内容等方面多有异同。在实际教学中，如何运用片段授课提升比赛、招聘的现场效果呢？本文对此进行了一些思考。

一、片段授课和模拟授课

一般认为，片段授课是相对于一节完整的课堂教学而言的，就是"截取某节课的局部相对独立的教学内容而设计的教学活动"[①]。从完整的课堂教学过程来看，这一片段是某一个相对独立的教学环节；从教学内容来看，这一片段是相对独立的较小的教学切入"点"。不管从哪方面来说，片段授课都能够体现执教者的基本功，因此逐渐成为教师招聘、教学考核的主要形式之一。

而在教师招聘等活动中经常出现的"模拟授课"（为一个课时设计），是指授课人面对有关领导、专家或其他行内人士，在规定的时间内，对假设的学生进行的模拟授课活动。尽管如此，在教学设计上，它仍需要有"一课一得，清晰明了"的教学目标，有"起承转合，环环紧扣"的教学环节，有"紧扣目标，必不可少"的作业布置，以及有"精心设计，简明扼要"的板书设计。片段授课在教学目标、教学环节、板书设计上与模拟授课基本一致，所以，可以将片段授课看成是微型的模拟授课。

但是，片段授课和一般意义上的模拟授课也有区别：

其一，从教学目标和教学环节的角度可以将片段授课看成是微型的模拟授课，但教学目标有大小。比如针对鲁迅先生的《祝福》，作为模拟授课，

---

① 郑园园，王家伦. 论语文的"片段授课"[J]. 中学语文教学参考，2016 (31)：32-34.

其完整的教学目标可以设置为"通过反复研读，较为深刻地掌握通过肖像、动作、语言、神态等细节描写体现人物性格特点的方法""通过反复研读，较为深刻地体会封建伦理道德的罪恶"。而某一片段授课的教学目标则可以细化为"通过分析，理解肖像描写刻画人物性格的方法""通过分析，大致了解祥林嫂所受到的封建礼教的精神摧残"。

其二，模拟授课的教学场景，一般是虚对学生型。片段授课的教学场景有两种形式，一种是虚对学生型，一种是实对学生型。

其三，作业布置上，模拟授课是完整的教学设计，一般要有作业布置，但是片段授课不一定有作业布置。

二、片段授课的两种形式

在具体的操作中，根据选取角度不同，片段授课可采取两种不同的形式："授课的片段"和"片段的授课"。下面就这两种形式进行阐述。

（一）授课的片段

所谓"授课的片段"，就是"截取某节课局部相对独立的教学内容而设计的教学活动"。这种形式的片段授课，是从整个教学设计中截取某个相对独立的环节，就好比是语文教材中的长篇小说节选。为方便解释，仍以上文提到的《祝福》为例。

《祝福》授课的片段

同学们，上一个环节中，我们已经初步了解到祥林嫂悲惨的命运了，接下来，我们将通过鲁迅先生对祥林嫂外貌的描写，仔细体会她的转变。

关于外貌的几次描写，你们印象最为深刻的是哪一次呢？（板书）

你说你印象最深刻的是五年后"我"与祥林嫂在河边相遇时她的外貌描写。那请你读一读这段话中最触动你心灵的地方，并说说原因。

"只有那眼珠间或一轮，还可以表示她是一个活物"，你认为这个眼珠只有转一下才表明她是一个活物，说明她整个人都很颓败，很麻木，完全没有任何精气神。"脸上瘦削不堪……仿佛是木刻似的"，"哀莫大于心死"，她已经麻木到如同一个木偶。

看来这次"我"和祥林嫂的相遇确实深深刺到了你,祥林嫂已经形如槁木了。(板书)

再请另一位同学给我们做些其他的补充吧!好,第二组第三排的女同学,你来说说吧。

嗯,你选取的外貌描写是这一部分"头上扎着白头绳,乌裙,蓝夹袄,月白背心,年纪大约二十六七岁,脸色青黄,但两颊却还是红的。……手脚都壮大,又只是顺着眼"。这是祥林嫂第一次来鲁镇时的情景,你很喜欢,你觉得她虽然脸色青黄,但是她还有一些活力,青春尚在。

很好。至少鲁迅笔下第一次对祥林嫂外貌的描写,还是一个勤恳的农村妇女。有活力就代表着有希望!

我们再请其他同学来谈谈自己的看法吧。大家都在踊跃举手,请这位男同学来说说吧!

你选取的是"头上扎着白头绳……眼光也没有先前那样精神了"。你认为这一句是祥林嫂悲惨命运的过渡句。她穿得和刚来鲁镇时是一样的,但还是有一些变化,她精神不好了,说明她可能精神已经遭到摧残了。

你说得有道理!第二次来鲁镇时,她已经有些变化了,这种变化也引起了你的关注。那么祥林嫂为什么会有这些变化呢?

你们认为是"被鲁镇的人孤立,抛弃,嘲笑,被封建礼教摧残……"(板书)

感谢同学们高度还原了一个越变越麻木的祥林嫂,让我们觉得悲哀。同时我们也对鲁迅高超的描写手法无比佩服,短短的几句肖像描写,就将封建礼教摧残下的祥林嫂描写得惟妙惟肖。

那接下来,我们看一下祥林嫂的语言描写……

板书设计:

```
                    ┌第一次来鲁镇  青春尚在┐
        肖像描写┤  第二次来鲁镇  精神摧残 ├ 封建礼教的摧残
                    └第三次见河边  行将就木┘
```

以上是截取《祝福》某课时一个主要环节进行"放大"的片段授课，属于"授课的片段"，无正式的学生。截取的这一片段的阶段目标是"掌握肖像描写刻画人物的方法以及封建礼教对祥林嫂的摧残"，其前一个教学环节的目标是"初步了解祥林嫂悲惨的命运"，后一个教学环节的目标是"掌握通过语言刻画人物的方法"。整个教学过程中，前后设置了过渡性语言；主体部分也分为四个步骤，每个步骤有着更加微小的目标（分析五年后河边相见的外貌、第一次相见时的外貌描写、第二次相见时的外貌描写、背后原因）。

如果作为一节完整的模拟授课，其教学目标应是上文所述的完整的教学目标。除上述三个环节外，其他环节分别为"通过动作刻画人物的方法""通过神态刻画人物的方法""总结比较，思考背后的原因——封建礼教的摧残"。另外，还要进行作业布置。

由此可见，片段授课在教学目标、教学环节等方面和模拟授课是一致的，为"微型"的模拟授课。但是片段授课的目标是承接模拟授课而来的，更加精细，模拟授课的目标更加宏大一些，且片段授课也不一定进行作业布置。

若备课时间有限，这种片段授课的方式在执行的过程中可能会给执教者带来很大的压力。倘若这样，可以采取片段授课的另外一种方式——"片段的授课"。

（二）片段的授课

片段的授课，指的是就某一个能将"工具性"和"人文性"统一于一体的小"点"，选取文本某一个自然段或者几个自然段，设计教学目标所进行的教学活动。在教学内容的选择上，既可以从文本整体出发，也可以只将目光集中在某一个文本"片段"。下面仍以《祝福》为例阐述。

《祝福》片段的授课

师：同学们，鲁迅先生的文章《祝福》里有一位祥林嫂，是文学史上的经典人物。今天，我们一起来看一看这位吸引着一代又一代人的祥林嫂，她长什么样子。接下来我们将重点研读第三自然段。请大家以自己喜欢的方式读一读第三自然段，尤其注意在描写祥林嫂时写得生动形象的词语，并画出来。

请一位同学来给我们说一说你画的词语好吗？好，这位同学请你说一下，顺便给我们说一说你的理由吧。

生1：我喜欢"活物"这个词。因为"活物"一般是用来形容动物的，将人说成"活物"，说明她跟动物一样。而且，不是她的动作提醒我们她是"活物"，是她的"眼珠"，这说明她没有精气神儿！（板书）

师：（笑）那么，"没有精气神儿"你能换一个词语来修饰吗？

生1：麻木吧！

师：很好！的确是"麻木"，你对"活物"的理解我也是非常赞同的。看来这次"我"和祥林嫂的相遇，确实深深刺到了你，也说明祥林嫂此时已经形如槁木了。

再请一位同学来说一下说吧。你们都在踊跃举手，那请这位女同学吧。

生2：我很喜欢"分明已经纯乎"这三个词语的组合，因为它们分开来都可以单独和"是一个乞丐"这句话连用，但是三个词放到一起，起了一个强调的作用。这三个词在情感上有一种加深强调的作用，"分明"是看到祥林嫂时第一眼的判断，"已经"是对祥林嫂成为一个"乞丐"的现状有一个心理确认的过程，"纯乎"就是深信不疑了！（板书）

师：嗯，很好！你说了我想说的话，我都感觉无话可说了。（生笑）那么我再追问一句，"我"为什么这样写呢？

生2：因为"我"不太相信祥林嫂变成一个乞丐了。她之前不是这样的，短短五年，就变成了一个乞丐！

师：对！"短短五年怎么就变成一个乞丐了呢"？大家一起说说。

生（七嘴八舌）：不被鲁镇的人待见，被大家歧视，因为她的经历跟鲁镇的"礼教"是不符合的！

师：看来你们已经找到祥林嫂成为乞丐的原因了！（板书）

下一个环节，我们再一起去看一看作者对其他时期祥林嫂的描写……

板书设计：

　　以上为"片段的授课"，有正式的学生，为"实对学生型"。授课人将注意力集中在《祝福》第三自然段，把这一自然段当作文本的节选来看，教学目标为"通过仔细研读，较为细致地掌握用词精妙体现人物形象的方法""通过分析，大致了解祥林嫂在精神上所受的封建礼教的摧残"。前后均有过渡性语言，主要教学小环节为导入、分析"活物"、分析"分明已经纯乎"，寻找原因。最后导向"作者对其他时期祥林嫂的描写"。这一片段的授课和上文中授课的片段在教学目标上是不同的。但是如果仍以上文"外貌描写"为教学目标选取片段的授课来设计教学内容，也是可行的。因此，倘若可以自己选择，可大胆取舍，选择自己最有把握或者最容易出彩的段落。

　　由此可见，片段的授课比授课的片段在具体操作中更具有弹性，倘若不是给定的"专题"，那么完全可以采取片段的授课这一形式，易于操作。当然也存在授课的片段和片段的授课在教学内容上完全重合的情况，那么不管采取哪种形式，都是可取的。

三、片段授课的课时设计

　　上文说过，片段授课有两种形式，一是虚对学生型，一是"实对学生型"。这两种形式的课时处理方式不尽相同。

（一）虚对学生型

　　当教学场景为"虚对学生型"时，执教者没有面对真正的学生，对课时的选择就稍微灵活些，既可以选择第一课时进行教学设计，也可以选择第二课时进行教学设计。仍以《祝福》这篇课文为例，若选择第二课时，可以用这样的形式开头：

　　　　同学们，上一节课我们整体感知了《祝福》这篇课文，那么这节课我们将目光聚焦在"祥林嫂"这个人物身上,仔细分析一下她在鲁镇的变化。

（二）实对学生型

实际上,片段授课更多采取的是"实对学生型"这种形式,采取这一形式时,在教学设计上容易走进误区——做第二课时设计。如以"同学们,上一节课（上一个环节）我们整体感知了《祝福》这篇课文,那么这节课（这一个环节）我们将……"开头;或者设计的教学内容为第二课时的内容;或者在授课过程中出现"上一节课我们已经讨论了……"等言语,这些都是不合理的。一般来说,执教者与学生是第一次见面,学生并不清楚上一节课（上一个环节）的内容,倘若进行第二课时设计,整个教学过程就会显得特别突兀,教学效果也会大打折扣。

较为合理的方式可以采取上文中出现的片段的授课开头。

因此,"实对学生型"的片段授课应该做第一课时设计才较为妥当,而不应该做第二课时设计。

现在,片段授课已经成为一种越来越受欢迎的评比或者招聘的形式。在比赛或者招聘的过程中,执教者一定要弄清楚片段授课是"实对学生型"还是"虚对学生型",以便采取恰当的教学设计。不管采取哪种形式的片段授课,都应沉着冷静,仔细应对。

（原载《语文教学通讯》2019年第10期,署名田显蓓、王家伦）

语文"片段授课"误区之探

"片段授课"是指截取整节课中的某个相对独立的教学内容而设计的教学活动。由于片段授课能够反映一个教师的教学理念、教学能力等基本素养，故如今在各项考核、评比和招聘教师中运用较多。然而，当前语文片段授课的一些情况却难以令人满意。

一、"压缩饼干"式的内容安排

片段授课必须按10分钟左右的规定时间设计，然而，一些语文教师误以为就是用10分钟上完一节课的内容，于是快马加鞭，每个环节一带而过，这样能取得较好的学习效果吗？笔者有幸观摩过一次语文片段授课的活动，某教师展示的是《景泰蓝的制作》的片段授课。

师：叶圣陶先生说："说明文以说明白了为成功。"（板书："说明白"的艺术）同学们，本文是否说明白了？是怎么说明白的呢？请同学们结合之前学过的有关说明文的知识考虑一下，想把介绍的知识"说明白"要注意哪些问题。

生1：需要多种说明方法和准确、通俗的语言。

生2：还要详略得当。

师：很好，下面我们看课文的第二部分，看看叶老是否采用了这些方法来说明。第二部分介绍了景泰蓝制作的六道工序，哪几道详？哪几道略？

生：掐丝、点蓝属于详写，其他是略写。

师：这是什么原因？

生1：这两道工序最复杂、最精细，详尽地体现了景泰蓝制作的特点，是决定景泰蓝质量的关键工序。

生2：这两道工序是景泰蓝制作中特有的工序，不为别人所熟知。这也是为什么这两道工序要详写。

师：我们看到叶老在说明景泰蓝的制作时分为六道工序，而且详略得当（板书：详略得当），这样写系统、有条理地把知识说明白了。

师：再来看说明方法，以"掐丝"为例，请同学们找一找文中运用了哪些说明方法。

生1：第一句是下定义，掐丝就是……

生2：还有"譬如粘一棵柳树"是举例子。

生3："像一个左括号和一个右括号"是打比方，"他们简直是在刺绣"是作比较。

师：其他同学有没有不同意见？相关的还有不少，作者采用了多种多样的说明方法（板书：说明方法多样），这样就把要说的知识"说明白"了。

师：仅仅靠以上这些还不行，没有准确、通俗的语言，还不能把所要介绍的知识说明白。还是从"掐丝"部分来看，哪些语言准确？哪些语言通俗？快速找一找。谁来说说？（板书：语言准确通俗）

生1："咱们的手工艺品往往费大工夫"中的"往往"一词是准确的。

生2："粘在铜胎上的图画全是线条画，而且一般是繁笔"这句话中的"全是""一般"语言准确。

师：还有体现语言通俗的例子吗？

生："咱们的手工艺品""这里头有道理可说"，"咱们""里头"是口语化的语言，给人感觉亲切、通俗。

师：文章中这类例子还有很多。

师：叶老把景泰蓝的制作介绍得如此明白，不仅得益于他深厚的文学、语言功底，更离不开叶老对景泰蓝这一祖国艺术瑰宝的深厚感情。我们还是以第二部分为例，看看哪个自然段最能集中而充分地表现叶老的这一种感情。

生：第7段。

师：我们一起读一读这段，读出叶老对景泰蓝的赞美之情。

（板书：赞美之情）

（学生齐读）

师：同学们，像"值得惊奇""那么多""费尽心思""多么大的功夫"等，都应该重读，再试着读一读。

（学生再读）

师：通过本课学习，我们应该了解写说明文时，首先要抓住事物的特征，安排合理的说明顺序，采取多种多样的说明方法，同时还要恰当地安排详略，运用准确通俗的语言，再加上仔细的观察和对说明事物的热爱之情，才能写出既明白又成功的说明文。

板书设计：

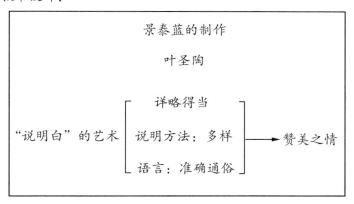

显然，该片段授课的教学目标是"通过反复研读，深入掌握说明文'说明白'的艺术"和"通过反复朗读，深刻体会作者对景泰蓝的热爱赞美之情"。但通过分析，我们会发现教师在"文"方面的目标设计过于"繁重"，对文章的详略、说明方法、语言特点这三部分内容都进行了分析，但由于时间的关系，每个部分又都讲解得相当简略。而片段授课就是"要将教学目标具体化、微型化，对某个教学'点'进行精细加工，使学生已有的知识更容易与新知识发生关联，实现教学效果的最优化"①。也就是说，片段授课不是"压缩饼干"，而是"微型小说"。

所谓的"片段"，既可理解为教学文本的某个"片段"，也可理解为教学文本涉及的某个小小的"点"，无论如何，都必须使学生在这个10分钟内真正有所得。因此，在设计片段教学的时候，必须将目标设置得尽可能小——

---

① 郑园园，王家伦. 论语文的"片段授课"[J]. 中学语文教学参考，2016（31）：32-34.

点、精细一点。在对《景泰蓝的制作》进行片段授课的时候，可以将"通过反复研读，深入掌握说明文'说明白'的艺术"的教学目标缩小到"通过反复研读，深入掌握说明文语言准确通俗的艺术特点"，这样一来，教师在讲解的时候能够更加透彻，学生所得就更加明确。

二、让人莫名其妙的导语使用

片段授课有两种教学场景：一种是"实对学生型"，有学生参与互动；另一种是"虚对学生型"，没有学生参与，仅仅是授课教师"自说自话"。

一些教师机械地认为片段授课就是截取一节完整课堂的一部分教学活动，由于一节课由多个教学环节组成，每个教学活动都是环环相扣的，因此，他们往往设计了相关的过渡性语言也就是导语，如"上节课我们学习了……""之前老师布置预习了……"等，以便与整体教学过程进行联系。当然，就"虚对学生型"片段授课而言，如此操作无可非议。

然而，在"实对学生型"的前提下，这些只有10分钟时间坐在你面前的学生真有"上节课（上个环节）"或"之前"吗？这样的导语，只会让台下的学生莫名其妙，其"所得"也就打了折扣。

想要体现片段授课相对独立的特点，就要在导语上有所体现。在设计一次片段授课时，教师要有"独立"的意识，将自己从"整体"中"抽离"出来。上课前，教师必须有这样的意识：就眼前的学生而言，该"片段"是第一次接触。因此，在设计"实对学生型"片段授课导语的时候，教师可以用新颖的方式迂回引出课题或知识点，也可以开门见山地直接点明课题或知识点。如上文所说的《景泰蓝的制作》，如果目标为"通过反复研读，深入掌握说明文语言准确通俗的艺术特点"，就可设计如下导语：

> 叶圣陶先生是一名作家、教育家，更是一位语言大师，他的文章在语言方面具有独特的魅力。今天就让我们通过他的《景泰蓝的制作》，感受说明文的语言艺术。

从另一个维度来说，如果教学目标涉及的知识点较新，也可以从关系密切的已学知识点导入，将这个已学知识点假设为"过去"。如果设计《荷塘月色》的片段授课时将教学目标设置为"学习通感"，就可用如下导语：

> 同学们，过去我们都学过比喻，下面，我们一起学习一种特殊的比喻。请大家看看"微风过处，送来缕缕清香，仿佛远处高楼上渺茫的歌声似的"这个比喻句有什么特点。

因为面对的是真实学生，可以直接点明将学习的知识点与旧知识点之间的联系，由浅入深，使学生渐入佳境，从而达到循序渐进的目的，所以可以预设一个"过去"。

三、化"实"为"虚"的环节处理

"虚对学生型"的片段授课实际上就是通常所说的"模拟授课"，必要时虚化处理一些环节是理所当然的。然而，"实对学生型"的片段授课应该是真实的授课过程，在操作过程中应将每一个环节落到实处，决不能虚化。由于思维定式，许多教师误将模拟授课的方式强加到"实对学生型"片段授课上，也就是说，将"实对学生"误作"虚对学生"处理。如让学生小组讨论、齐声朗读等环节，在教学时明确提出，但具体的操作却作"虚化"处理。

显然，由于是"实对学生"，因此必须充分考虑每一环节的可实施性。由于"语文课程是一门学习祖国语言文字运用的综合性、实践性的课程"，所以朗读不可或缺。在涉及这一环节时，不能虚晃一枪。比如齐声朗读，在"实对学生"的情况下，可以让学生齐声朗读课文中相应的语句，教师对学生的朗读进行点评，让学生体会语言文字的特点及情感，齐声朗读这一环节的落实，能够展现学生感知、运用语言文字的学习过程；再比如教师示范朗读，这是展示语文教师基本素养的重要途径，如果设计该环节却没有落到实处，就会被怀疑教学基本功缺失。所以，教学的每一环节都要尽可能落到实处，将课堂教学所要达到的任务、所要取得的效果完整地展现出来。

必须注意的是，在朗读内容的选择上，由于片段授课的时间有限，所以不应该选取过多的内容，应该选取最有代表性的、有价值的、为教学目标服务的三两句话。

当前，语文片段授课已经逐渐走入我们的课堂教学，作为教师，我们必须清楚地意识到片段授课是相对独立的教学活动，也要明确片段授课并不是整堂课的压缩，教学目标要做到精细化，教学环节应具体问题具体处理。

（原载《语文月刊》2019年第2期，署名万泳菁、王家伦）

测试探微

语文测试是语文教学活动中必须要有的一环，它并不是一些"专家"认为的"应试教育"，而是科学。实际上，语文测试值得研究的东西很多，如为什么颇有写作水平的孩子的作文往往在考试中得不到高分？为什么高考题目难以得到"平民"的叫好声？如此等等。笔者认为，这里面，命题（尤其是高考命题）"专家"与"平民"教师、"平民"学生之间的差距是关键。在"专家"们的心中，似乎题目不难便显示不出"专家"的水准，这是"立足点"。笔者一直在幻想，如果命题者全部是一线的"平民"教师，将会怎样？

语文教学的"平民化"

汝果欲学诗，工夫在诗外

——论高三语文教学的特性

宋代大诗人陆游有诗《示子遹》云："汝果欲学诗，工夫在诗外。"这是他临终前一年的经验之谈，不禁叫人赞叹，老诗人不仅诗写得好，连教诗也深得神髓。写好诗，仅仅追求写诗的种种章法技巧是不行的，要到诗歌之外去追求。高三语文教学何尝不是这样？

一、语文教学的特征：教的不考，考的不教

经常听到同行发这样的牢骚，说是唯有语文，"教的不考，考的不教"，叫人无所适从。其实这样的话正反映了当下语文教学中的一个病症，那就是习惯于让学生做一份又一份"模拟卷""密卷"，而忽视了学生自主学习能力的提升，背啊，抄写啊，标准答案啊，成了很多语文教师的常规武器，离开了就无所施其技。殊不知，教的不考，考的不教，正是语文课程的特征之一。要不然为什么老前辈叶圣陶先生要说"教是为了达到不需要教"？

（一）语文教师的尴尬

追求考分无可厚非。再高明的教学理念如果换不来考分，就不会有人相信你。但是，一头扎在分数里，往往适得其反。虽然说语文教学最重要的目标是提升学生的语文素养，但这个目标与追求考分并不矛盾。语文课程有自己的特性，如果不尊重这些特性，过分刻意追求分数，实际上是白白浪费了高三一年。

语文教师最尴尬的事情，莫过于高二甚至高一的学生照样能做高考卷，而且成绩不一定比高三学生差。笔者就做过这样的试验。这在其他科目不可能，但在语文却是普遍现象。这是为什么？

高中语文教学的任务就在于进一步提升语文素养，用《普通高中语文课程标准（2017年版）》的说法就是"……使全体学生在义务教育的基础上，进一步提高语文素养，形成良好的思想道德修养和科学人文素养，为终身学习和全面而有个性的发展奠定基础，为传承和发展中华文化、增强民族凝聚力和创造力发挥应有的作用"。

请注意"进一步"这个说法。这也就是说，在进高中之前学生的语文基本素养已经基本具备，进高中就是"进一步提高"的问题。当然，这"提高"有快与慢的区别，因此高三以下的学生就能做高三的考题一点也不奇怪。但是，如果高三一年下来学生没有什么提升就叫人费解了。细究下来，问题还是出在高三一年的教学实施上。

（二）课程特点决定：教的不考，考的不教

如前文所述，教的不考，考的不教，是语文课程的特征之一。恢复高考制度之初，主导高考语文命题思路的是叶圣陶先生，既然主张教是为了达到不需要教，就不可能直接考课本内容。事实上，语文能力的培养不是让我们能读通几篇课文，而是具备解决随机碰到的语言问题的能力，这是生活的基本技能，也是需要终身学习的基本能力。所以，教的不考，考的不教，就成了必然。已故苏州市语文教研员沈志直先生曾说过，语文的课文，就如数学中的例题。试问，数学考试会直接考例题吗？

笔者从教三十余载，也曾在高三连续"把关"十多年，悟出一个道理来，那就是语文教师千万不要去做猜题押宝的蠢事，这样做必然徒添笑柄。教的不考，考的不教，这是由语文的特性决定的，发牢骚也没有用。语文考试限制在课本上，那就不是语文了。

（三）大海捞针作用何在？

高三语文教师或许是接受了"教的不考，考的不教"的事实了，于是争分夺秒搞题海战。当年，不少高三语文教师第五、第六册课本不教；如今，大部分语文教师不认真教选修教材，倒是热衷于通过那些"高考工厂"弄出来的厚如城砖的练习册搞题海战，对照着"标准答案"讲题目成了日常工作。而某些练习册之所以走红，其重要的营销手段就是"某年猜中了某题"。说穿了，搞题海战还是在图侥幸，最好被某一走错路的馅饼砸中，做到了考题，于是中奖了。

1985年高考结束后，有学生很激动地祝贺笔者猜到了作文题，笔者目瞪口呆。后来回想起来，那一年给学生训练了写信，实际上笔者训练的不仅仅

是写信，还有写请假条、通知等应用文，这是语文教学的必需。那一年笔者也安排学生写了有关环保问题的文章，实际上笔者并不是只关注了环保，还有其他话题。但是，学生却认为笔者猜到题目了。那一年的高考作文题如下：

以"澄溪中学学生会"的名义，给《光明日报》编辑部写一封信，反映情况，申诉理由，呼吁尽快解决（化工厂排放废水、有害气体、污染）。

不过，那一年笔者学生的高考成绩也正常，没有特别好，也没有特别差。

请看2018年高考语文全国卷的一道题目，这样的题目需要猜题押宝吗？

下面是某校一则启事初稿的片段，其中有五处不合书面语体的要求，请找出并作修改。（5分）

我校学生宿舍下水道时常堵住。后勤处认真调查了原因，发现管子陈旧，需要换掉。

学校打算7月15日开始施工。施工期间正遇上暑假，为安全起见，请全体学生暑假期间不要在校住宿。望大家配合。

答案示例：①"堵住"改为"堵塞"；②"管子"改为"管道"；③"换掉"改为"更换"；④"打算"改为"计划"；⑤"正遇上"改为"正值"。

这完全就是考查基本的语感。猜题押宝，一万年也猜不到。

二、以练代教是走火入魔

过早结束新授，进行无休无止的模拟考试实际上是放弃了对语文素养的提升，放弃了语文教学最基本的使命，这是一种焦虑症的表现。语文素养的提升是一个"润物细无声"的过程，不是靠硬性做考题来"催生"的。其实语文素养高的学生在高考中总能表现出来，问题是我们心目中"语文好"的学生是指平时考试成绩好的，还是指语文素养高的？

（一）语文素养与应试能力并不矛盾

平时的语文阶段性考试，包括一些地区性教研机构组织的统考，往往是检查我们平时课堂教学的实施效果，大多扣住一个阶段甚至一个很短阶段的课堂教学内容，是典型的"教什么，考什么"。这样的考试或许可以测试这一阶段任课教师和他的学生对待课本的重视程度，但是与对学生的语文素养进行全面考量相距甚远。也就是说，这样的考试与高考是完全不同类型的考试。语文教师应对这样的考试也很有经验，那就是"考什么，教什么"。如果我们心目中"语文好"的学生只能应对这种类型的考试，在高考时出现成绩落差，也就不足为怪了。这也就是语文教师常常在高考后抱怨"语文好的拿不到高分"的原因，因为其所说的"语文好"并不真实。

真正语文素养高的学生，具备知识的迁移能力，也就是说，能从量变达到质变。前人云，"观千剑而识器"，说明需要有一定量的积累才能具备"识器"的能力。这个质变不是硬塞给学生的，而是积累到一定量自然生成的。我们的学校教育规定高中学三年，自然有其道理，因为有不少东西必须经过三年或者将近三年的积累才能达到质变。我们反对提前结束新课，高三一年搞集中复习的做法，道理就在这里。经过质变的学生，他们善于用课内学到的知识来应对课外的考题。所以说，语文素养与应试能力并不矛盾。关于这个问题，后文还会说到。

（二）命题思想就是检测语文素养

其实，高考命题专家一直在用高考题告诉语文教师，高考题指向语文素养的提升。一味应试训练，搞题海战术是没有用处的，不能指望猜题押宝。很多语文教师搞了很多阅读题的解题套路，往往徒劳无功。很多语文教师"代学生读书"，做了很多名著阅读的"梳理"，却往往南辕北辙。请看2018年高考语文江苏卷的名著阅读题：

下列对有关名著的说明，不正确的两项是（5分）（选择两项且全答对得5分，选择两项只答对一项得2分，其余情况得0分）

A.《三国演义》中，曹操攻陷徐州后，派遣张辽劝降陷入困境中的关羽，关羽提出了"卸甲"的三个条件，这一情节突出了关羽的忠义形象。

B.《茶馆》中，秦仲义说："只有那么办，国家才能富强！"他说的"那么办"是指通过收回房子、卖掉土地等途径，筹集资金来开办工厂。

C.《风波》中，七斤曾经在喝醉后骂有些遗老臭味的赵七爷是"贱胎"，并在革命后很快剪掉了辫子，这体现了他是一个具有新思想的农民。

D.《老人与海》中，老渔夫圣地亚哥奋力捕到的大马林鱼被鲨鱼给毁了，回到港口后，男孩遗憾地对他说，以后他俩不能一起捕鱼了。

　　E.《欧也妮·葛朗台》中，葛朗台太太的性情极好，从不向丈夫要钱，她有着天使般的温柔，她的善良和忍让反衬了葛朗台的冷漠和贪婪。

　　这样的题目，对读过这几部著作的人来说没有半点难度；但没有读过的人，想破天也没有用，教师再梳理也梳理不出这样的角度。这与应试训练没有半点关系，完全不能以题海来应对。

　　都说高考是指挥棒，为什么语文学科的这根指挥棒往往不灵？请领会高考命题者提升语文素养的苦心。

（三）机械的应试训练必将使学生产生厌倦心理

　　老百姓中流传着这样的冷笑话，叫作"高考从娃娃抓起"。这个冷笑话某种程度上是针对语文课程的，其他课程因为有较为完整的知识体系，学生未必能提前做高考题，而语文可以。据说有些"高考工厂"已经从高一开始接触高考题了，以考代教、以练代教已经成为高中语文教学，至少是高三语文教学的常态，人们早已见怪不怪了。

　　习题总是有的，只要去找，取之不尽。我生也有涯，而做题也无涯。于是学生就陷入了不断做题的怪圈，了无生趣。有趣的语文就这样变得面目可憎。一味应试训练，必将让学生产生厌倦心理。题海战术，挫伤的是学生学习语文的兴趣。这才是最大的损失。

　　语文素养的质变是无形的，靠强化训练没多大的作用。一味应试训练，事与愿违。

三、事实证明，必须在分数之外追求分数

　　我们一向认为，高中三年的语文教学，实际上是两个阶段，高一、高二侧重在小学、初中的基础上继续夯实，高三侧重掌握迁移能力。因此，语文教师在高一、高二就匆匆忙忙教完高三教材是一种资源浪费。既然是"迁移"，那就是从课内"迁移"到课外，也就是用课内学到的知识和能力来解决课外的问题。高三教材就是课内的范例，我们正可以从这里开始提升学生"迁移"的能力。

（一）知识迁移能力是语文素养的组成部分

为什么说在分数之外追求分数是可行的？还是叶圣陶先生的那句话："教是为了达到不需要教。"语文的迁移能力，正是我们教学的最主要目标。下面以现在学生很头痛的文言文学习为例来说明。

文言文教学可以说是从背诵"床前明月光"就开始了，但是为什么学生还是怕？就是因为没有从培养语感着眼。进入高中以后，教师可以让学生做一些语言现象的归纳性卡片，如词性活用、否定句宾语前置等几种常见句式。同时，开始归纳常用文言虚词的功用，特别是要重视文言实词词汇量的积累。说穿了，从某种意义来看，学习文言文与学习外语的路径没有本质区别，毕竟我们学习的也是日常生活中不常用的语言。两年下来，语感基本就具备了，高三就可以训练"迁移"了。高考文言文阅读材料是课外的，考题则无非就是实词、虚词的词义，句式的运用，句意、文意的理解，经过两年的语感培养和一年的迁移训练，这些对学生来说就完全没有难度了。我们一向认为文言文考题是最容易得分的，道理就在这里。

（二）扎扎实实上好2.75年的新课，增加应试的底气

迁移能力的培养，可以增加应试的底气。那么针对性应试训练花多少时间适宜呢？笔者以为有两三个月足矣。这就是我们提出的"扎扎实实上好2.75年新课"的含义。那么，如何培养学生的迁移能力呢？这应该是贯穿语文教学全过程的工作，这两三个月，并不仅仅指高考前最后的两三个月，主要指化整为零的两三个月。这个问题，我们不妨用学生心里最没有底的诗歌鉴赏题为例进行分析。

诗歌鉴赏题，无非是从思想性（"道"）和艺术性（"文"）两大块着眼，看多了就会发现许多共性的东西。思想性方面，有爱国、悲天悯人、民生疾苦、寄情山水等；艺术性方面，有风格特点的归属，有遣词造句的新意或特色，以及修辞格的巧妙运用，等等。读懂阅读材料，把考题归归类就能发现考查要点无非如此。

诗歌鉴赏题还有一个特点，就是"行话"多，从题干上就可以见到这样的特点。我们要学会使用这种"行话"答题，这样显得"专业"些。做到这两点，诗歌鉴赏题庶几无忧。而这些，我们都可以通过课内的阅读来学习，然后学会迁移。

不妨以课内的诗歌教材为例，教会学生基本的路径。请看2018年高考

语文全国卷的古诗鉴赏题：

野　歌
李　贺

鸦翎羽箭山桑弓，仰天射落衔芦鸿。
麻衣黑肥冲北风，带酒日晚歌田中。
男儿屈穷心不穷，枯荣不等嗔天公。
寒风又变为春柳，条条看即烟濛濛。

14．下列对这首诗的赏析，不正确的一项是（3分）

A．弯弓射鸿、麻衣冲风、饮酒高歌都是诗人排解心头苦闷与抑郁的方式。

B．诗人虽不得不接受生活贫穷的命运，但意志并未消沉，气概仍然豪迈。

C．诗中形容春柳的方式与韩愈《早春呈水部张十八员外》相同，较为常见。

D．本诗前半描写场景，后半感事抒怀，描写与抒情紧密关联，脉络清晰。

15．诗的最后两句有何含意？请简要分析。（6分）

答案：14. B　15.①意为凛冽的寒风终将过去，和煦的春风拂绿枯柳，缀满嫩绿的柳条好像轻烟笼罩一般摇曳多姿；②表达了诗人虽感叹不遇于时，但不甘沉沦的乐观、自勉之情。

这里分析一下15题的答题思路。①实际上就是读懂文本表层意思。重点是②，其实答对14题的同学应该对李贺有一点了解了，这一题基本抄写14题的答案，用一些怀才不遇之类的套话就能应对。这就是基本路径。

（三）精心设计每一次测试，重视考后的分析评估

要重视每一次考测的分析评估。与其题海狂轰滥炸，不如精心设计每一次测试，考后进行科学分析。我们不能简单地看一个分数就完事，而是可以统计失分点，统计每一题型的得分率，并对照高考同类题型的得分率，这样会发现很多问题，进而找到改进的策略。这样做，教师或许辛苦点，但是对学生很有好处。这样做一道题胜似重复做很多题。举一隅而三隅反，实际上是分析总结的结果。

举个例子，笔者的2001届学生，在高一、高二时名句默写的得分率已

经达到90%以上，大大超过历年高考中该题的得分率。到了高三，笔者就不需要再在这道题上花力气了，只要在个别学生偶有失分时提醒一下即可。而这些学生进高三后，语用题选词填空得分率一度在30%左右，据省里的阅卷统计，该题的得分率也差不多就是这样。通过对褒贬色彩的辨析、用语的得体诸方面的针对性训练，学生的得分率提高到70%左右，这就成为一个涨分点。这样的分析，可以让应试训练事半功倍，也就合乎少考精考的要旨。

（四）最后花一两个月做适度的应试训练，以减少低级失误

不要奢望学生在高考中超常发挥，而要尽可能保证学生在高考中正常发挥。在重大考试中超常发挥，这是可遇而不可求的天大幸事，不宜纳入考虑范围。但是每每听到学生考试失常，不免叫人扼腕。所以，我们认为，应试训练就是减少无谓失分。学生常常因为审题错误、卷面不整洁、漏题、错别字严重而饮恨考场，让多年辛苦毁于一旦。其实这些低级错误是完全可以避免的，只要养成良好的学习习惯即可。

就某种意义而言，我们的考前应试训练就是针对这些低级错误的。而解决这些低级错误不需要花太多时间，有一个来月足矣，这就是高中三年中0.25年剩下部分的应用。

我们都知道这个故事：禅宗五世祖弘忍考核门下弟子的修为，神秀所谓的"身是菩提树，心如明镜台，时时勤拂拭，勿使惹尘埃"就是一种刻意追求，因为没有跳出为修行而修行的路数；而惠能所谓的"菩提本无树，明镜亦非台，本来无一物，何处惹尘埃"就高明在跳出来了，不落刻意修行的窠臼。

愿高三语文教学走上正轨！

[原载《福建基础教育研究》2018年第11期，署名张长霖、王家伦，2019年第4期《高中语文教与学》（人大复印资料）全文转载]

高考全国卷作文之新现象

2019年高考落下帷幕，又是几家欢喜几家愁，在这个"语文为王"的时代，作文日益成为高考语文的重头戏，也愈来愈呈现出"得作文者得天下"的趋势。高考全国卷作文以其涉及考区较为广泛，比较具有代表性，也日益成为众多学者、专家研究的对象，笔者不才，在多次细读近几年高考语文试卷的基础上，发现了高考语文全国卷作文的几处新现象。

一、主旨新倾向：浓浓家国情

比较近几年的高考作文全国卷，尤其是从2017年开始，笔者发现其主旨有着明显的倾向——浓厚的家国情怀，主要体现为在时代脉搏中彰显家国情怀、在文化传承中抒发家国情怀。

（一）在把握时代脉搏中彰显家国情怀

今天的中国，巨龙苏醒，傲立在世界的潮头，不管是"一带一路""西藏天路"还是"嫦娥五号"，都凝聚着中国的智慧，展现出中国的实力。高考全国卷作文紧跟时代的呼唤，在把握时代脉搏中彰显出浓浓家国情。

2019年全国Ⅱ卷：

> 1919年，民族危亡之际，中国青年学生掀起了一场彻底反帝反封建的伟大爱国革命运动。1949年，中国人从此站立起来了！新中国青年投身于祖国建设的新征程。1979年，"科学的春天"生机勃勃，莘莘学子胸怀报国之志，汇入改革开放的时代洪流。2019年，青春中国凯歌前行，新时代青年奋勇接棒，宣誓"强国有我"。2049年，中华民族实现伟大复兴，中国青年接续奋斗……

"1919年""1949年""1979年""2019年""2049年"，命题者别出心

裁，用五个以"9"结尾的具有跨时代意义的年份组织材料，在这五个年份里，中华民族用自己的血汗和智慧书写着一段又一段的新历史，开启了一段又一段的新征程。这样的作文题目显然在向学生传递着这样的信息：回首过去，中国在前进，展望未来，中国又会发生怎样的变化？实现中华民族伟大复兴的中国梦的历史使命还将落在新一代青年的肩头，呼吁学生将目光由学校转向社会，由书本转向国家大事，真正做到"家事国事天下事，事事关心"。

（二）在文化传承中抒发家国情怀

"一个民族把自己全部精神生活的痕迹都珍藏在民族的语言里。"[①] 古诗文作为最经典、最纯粹的语言，以精练又内涵丰富的意蕴，整齐又和谐押韵的语言，抒发出诗人对于生活、对于家国的种种思想感情。试看2017年全国卷Ⅱ：

① 天行健，君子以自强不息。（《周易》）
② 露从今夜白，月是故乡明。（杜甫）
③ 何须浅碧深红色，自是花中第一流。（李清照）
④ 受光于庭户见一堂，受光于天下照四方。（魏源）
⑤ 必须敢于正视，这才可望敢想，敢说，敢作，敢当。（鲁迅）
⑥ 数风流人物，还看今朝。（毛泽东）

中国文化博大精深，无数名句化育后世。读了上面六句，你有怎样的感触与思考？请以其中两三句为基础确定立意，并合理引用，写一篇文章。要求自选角度，明确文体，自拟标题；不要套作，不得抄袭；不少于800字。

这六则诗文中既有传统经典《周易》对青年人自强不息的勉励，也有古代诗人对家国的浓浓思念；既有现代文学作家传递出的个人的高洁情操，又有领袖人物抒发的豪情壮志。这些名句鼓励考生跳出书本，关注个人精神气节、关注社会发展、关注家国兴衰。

---

① ［苏］洛克德基帕尼泽. 乌申斯基教育学说［M］. 范云门，何寒梅译. 南京：江苏教育出版社，1987：157.

二、形式新变化：多种形式"各显其能"

纵观高考作文全国卷，我们还会惊喜地发现，近几年高考全国卷的命题形式多种多样，既有常规的文字材料作统帅，也有诗文、标语"崭露头角"，更有漫画作文别出新意。

（一）诗文、标语"崭露头角"

以文字材料为命题形式一直是高考作文的传统形式，到目前为止，90%以上的题目都是以文字材料的形式来进行命题的。这样的命题形式学生比较容易接受，在紧张的考场上也不容易出错，所以说高考作文题目表现出文字材料做统帅的现象。但是近几年高考作文全国卷也在尝试新的形式，将传统的大段文字材料变形，使诗文、标语等新形式逐渐"崭露头角"。

上文2017年全国Ⅱ卷就采用古诗文的形式，给学生以焕然一新的感觉。2018年全国Ⅲ卷采用宣传标语的形式，更是给学生带来新的写作体验：

阅读下面的材料，根据要求写作。

时间就是金钱，效率就是生命——特区口号，深圳，1981

绿水青山也是金山银山——时评标题，深圳，2005

走好我们这一代人的长征路——新区标语，雄安，2017

诗文和宣传标语都表现出短小精悍的特点，是浓缩中的精华，相比传统的大段文字材料，诗文、标语作材料对学生来说难度会有所加大，这也在一定程度上考查学生的理解能力。这些新的考查形式的出现，也是高考全国卷作文发出的改革信号——高考作文会以新的形式考查学生的语文能力，这对学生来说是一个新的挑战。

（二）漫画作文别出新意

最早的漫画作文题目是1983年全国卷《这个下面没有水，再换个地方挖》，既有文字注释，又有人物形象、景物背景等。30多年来，其间虽然也有漫画作文的出现，但为数不多，最近的一次是2016年全国卷关于成绩的漫画作文，引起众多学者专家的议论。2019年全国Ⅲ卷作文又以漫画材料的形式出现，再一次引起了大家的关注。

相较于2016年的漫画作文，2019年的漫画作文在审题难度上有所下降。图片上的主角很明显是老师和学生。老师的那句话"你们再看看书，我再看看你们"是整幅画的重点，学生不难发现漫画主要表达的是师生间的浓浓温情。考生既可以从学生角度进行写作，也可以从老师角度进行写作，甚至可以从反面立意，既可以写成记述文，也可以写成散文、议论文等，给学生更多的思维空间。与前几年注重从宏观视角进行命题相比，2019年漫画作文最突出的表现是将视角拉回现实生活，更加贴近学生的生活，学生更能够从自己的实际出发，写出自己的真情实感。

三、要求新指向：指向思维发展与提升

《普通高中语文课程标准（2017年版）》对语文核心素养给出了明确的界定，并将其概括为"语言建构与运用""思维发展与提升""审美鉴赏与创造""文化传承与理解"四个维度。高考语文全国卷作文在落实语文核心素养的基础上，更加注重对学生思维能力的考查，将"思维发展与提升"放在重要位置。

（一）开发想象力

写作本来就是一个发展想象力的过程，学生只有在充满想象的世界里翱翔，才能创作出优质的文章。近几年全国卷作文更加突出对学生想象力的考查。如2018年全国Ⅰ卷作文题：

2000年　农历庚辰龙年，人类迈进新千年，中国千万"世纪宝宝"出生。

2008年　汶川大地震，北京奥运会。

2013年　"天宫一号"首次太空授课。

　　　　公路"村村通"接近完成；"精准扶贫"开始推动。

2017年　网民规模达7.72亿，互联网普及率超全球平均水平。

2018年　"世纪宝宝"一代长大成人。

....

2020年　全面建成小康社会。

2035年　基本实现社会主义现代化。

一代人有一代人的际遇和机缘、使命和挑战。你们与新世纪的中国一路同行、成长，和中国的新时代一起追梦、圆梦。以上材料触发了你怎样的联想和思考？请据此写一篇文章，想象它装进"时光瓶"留待2035年开启，给那时18岁的一代人阅读。

作文题创造出"时光瓶"这样的新媒介，给考生展示了从2000年到未

来2035年中国的发展变化，使考生既能对中国当下的发展状况有正确的认识，感受到与新世纪中国一路同行、一起成长的责任和使命，又能对未来中国产生无限的期待。考生可以充分发挥自己的想象力，诉说自己对于未来中国的无限期待，在想象中，留待2035年的开启。

（二）激发创造力

近几年高考全国卷作文还有一个很大的特点，那就是出其不意。一般来说，考场作文虽然要求文体不限，但主要还是以议论文或记叙文为多。2019年高考作文全国卷却出其不意地考查演讲稿的写作。1991年高考作文题曾经要求就"近墨者黑"或"近墨者未必黑"写一篇发言稿参加辩论，但是发言稿和演讲稿还是有细微差别的，2019年全国Ⅰ卷首次考演讲稿的写作，可以说开了先河。

"民生在勤，勤则不匮"，劳动是财富的源泉，也是幸福的源泉。"夙兴夜寐，洒扫庭内"，热爱劳动是中华民族的优秀传统，绵延至今。可是现实生活中，也有一些同学不理解劳动，不愿意劳动。有的说："我们学习这么忙，劳动太占时间了！"有的说："科技进步这么快，劳动的事，以后可以交给人工智能啊！"也有的说："劳动这么苦，这么累，干吗非得自己干？花点钱让别人去做好了！"此外，我们身边也还有着一些不尊重劳动的现象。这引起了人们的深思。

请结合材料内容，面向本校（统称"复兴中学"）同学写一篇演讲稿，倡议大家"热爱劳动，从我做起"，体现你的认识与思考，并提出希望与建议。要求：自拟标题，自选角度，确定立意；不要套作，不得抄袭；不得泄露个人信息；不少于800字。

演讲稿作为一种新的形式对于学生创造力的激发具有重要的作用，考生可以凭借自己对于劳动的认识，各抒己见，提出对劳动的理解。

（三）发展思辨能力

高考作文不仅考查学生对于基础知识的掌握情况，还注重考查学生的思辨能力。且看2018年全国Ⅱ卷：

"二战"期间，为了加强对战机的防护，英美军方调查了作战后幸存飞机上弹痕的分布，决定哪里弹痕多就加强哪里。然而统计学家沃德力排众议，指出更应该注意弹痕少的部位，因为这些部位受到重创的战机，很难有机会返航，而这部分数据被忽略了。事实证明，沃德是正确的。

考生刚看到这个题目，可能会陷入云里雾里。随着阅读材料的逐渐深入，考生就会有所理解，但是也会发现这则材料和以前考过的材料有着很大的差别，而且这则材料与常规思维背道而驰，很多考生可能会感到"摸不着头脑"。其实，仔细分析这则材料不难发现，可以从多方面进行立意。一般认为，飞机上弹痕多的地方，受到的重创更多，自然要加强对弹痕多的地方的修护；但是，沃德力排众议，提出要更加注重弹痕少的地方，因为"这些部位受到重创的战机，很难有机会返航"。沃德的思维方式打破了常规惯性思维，考生可以从打破常规思维这个角度进行立意写作；另外，大家认为弹痕多的地方就要加强修护，实际上更应该注重弹痕少的部位，这体现了透过现象看本质的道理；还有，沃德力排众议，勇敢对英美军方的调查提出疑问，这种实事求是的精神也是值得学习的，也可以从实事求是、敢于坚持真理等角度进行审题立意。学生可以从多个角度进行审题立意，有效地锻炼思维能力，促进批判思维的发展。

面对高考全国卷作文主旨、形式的新变化，惊喜之余，我们要面临的是更多的挑战，因为我们不能仅仅教给学生知识，更要培养学生的思维能力、动手实践能力，这样才能教会学生以不变应万变。

（原载《高中生学习（阅读与写作）》2019年Z1期，署名刘晓雪、王家伦）

语文教学的"平民化"

论高考作文命题的价值取向

高考作文究竟应该检测学生哪方面的能力，也就是说高考作文命题的价值取向究竟该怎样，这一问题看似简单，实际上颇值得研究。

一、奇怪的作文得分现象

就人的整体素养而言，语文素养是一个分支。从各种权威工具书的解释，我们可概括出语文素养的基本内涵：其一，学生先天具备的对语言的外在形式与所负载的内容的感受运用能力；其二，这个先天的感受运用能力可以在多年的语文教学活动中逐步发展完善。所以，在语文教学活动中逐步培养学生的语文素养是切实可行的。那么，称语文课的中心任务是逐步培养并提高学生的语文素养，也就顺理成章了。

2001年《全日制义务教育语文课程标准（实验稿）》如是说："九年义务教育阶段的语文课程，必须面向全体学生，使学生获得基本的语文素养……使他们具有适应实际需要的识字写字能力、阅读能力、写作能力、口语交际能力。语文课程还应重视提高学生的品德修养和审美情趣，使他们逐步形成良好的个性和健全的人格，促进德、智、体、美的和谐发展。"对于《普通高中语文课程标准（2017年版）》最被热议的"核心素养"，我们作了认真的研读，发现此"核心素养"的基本元素与2001年版课标的提法具有连续性，最关键的是"学科核心素养"版块中的这句话："在语文课程中，学生的思维发展与提升、审美鉴赏与创造、文化传承与理解，都是以语言的建构与运用为基础，并在学生个体言语经验发展过程中得以实现的。"简单地说，就是语文的核心素养应该在学生的读写听说能力中得以体现。

实际上，语文应试能力也是语文核心素养的体现。就拿对"说"的能力的测试来说，按要求，播音员的普通话不应低于"一级乙等"（92分），一个在播音岗位从事多年工作的播音员，由于他没有参加测前的培训（应试教学），致使英雄无用武之地，参加测试未能达到 92 分；但是，正因为他本身普通话素养较高，"说"的能力较强，故未曾，也不可能落到"二级乙等"（87 分）甚至以下。

然而，作为对"写"的最重要的考测手段，高考作文却不是这样，甚至会出现一些与考测目的相悖的结果。这主要有两种情况：

其一，平时作文基础较好的学生高考得分甚至在"四类"以下。笔者有一位学生，是全校公认的语文尖子，写作能力很强，在多次模拟考核中均是高分。但是当年高考语文却得了低分，查分后才知道，满分 50 分的作文他只得了 18 分，原因就是审题错误。

其二，平时作文基础一般的学生高考却可能得高分。笔者曾教过一个理科班，该班学生大多不太喜欢写作，写作能力也很一般，但是该班学生的高考作文平均成绩却高于聚集了全校写作高手的文科班。究其原因，就是这个理科班学生的理解能力较强，作文审题失分较少，无端失分的可能性小。

这样，高考语文成绩与平时基础不相符的根本原因就找到了，那就是作文审题问题。一次审题，影响了一次语文高考，甚至影响了一个考生的一生。

二、近年高考作文命题误区

中华人民共和国成立以来的高考作文大致分三个阶段。"十年动乱"前以命题作文为主流，有一些审题难度，但是还不算严重。"十年动乱"后至课程改革前，以材料作文为主流，审题难度越来越大，于是矫枉过正，出现了话题作文。必须承认的是，话题作文时代，学生语文高考或者说作文高考的成绩基本上与平时基础相符，"失常"或"超常"的现象比较少。但是话题作文派生的宿构等问题越来越明显。2005 年，湖北省、福建省、上海市率先"吃螃蟹"，对高考作文的命题形式进行了新的探索，于是，出现了一种"全新"的作文命题形式——新材料作文。新材料作文逐步成为各省命题的"新宠"。然而，随着时间的流逝，新材料作文的一些问题也逐步显现出来。

（一）新材料作文的审题要求

从理想的角度而言，新材料作文是在传统材料作文基础上发展起来的一种新的作文模式。传统的材料作文要求审题时必须从材料出发，所写作文的主题、内容必须与材料的内容一致，有的甚至要求必须用到所给材料。而新材料作文主张在所给材料范围内自主确定角度，自定立意，自选文体，这就给了考生更多发挥的空间。材料立意的多元化，拓宽了作文的写作范围，同时也避免了话题作文中宿构的弊端；考生自主选择文体，开放了文体选择的空间，可充分发挥考生的个性优势。但是也不难发现，这种备受好评的命题形式的弊端越来越明显，主要体现为审题难度越来越大，相比传统的材料作文，有过之而无不及。

2006年全国卷新材料作文的要求是"全面理解材料，但可以选择一个侧面、一个角度构思作文。自主确定立意，确定文体，确定标题，不要脱离材料的含意，不要套作，不得抄袭"。2007年、2008年的要求是"要求选择一个角度构思作文"（全国卷、辽宁卷）。而到了2009年，审题门槛骤然增高，变成了"选准角度，明确立意"（全国卷、海南卷、辽宁卷）。从审题的要求来看，门槛越来越高，不利于考生体现自己真实的遣词造句能力。

如2012年安徽卷：

阅读下面的材料，根据要求写一篇不少于800字的文章。

某公司车间角落放置了一架工作使用的梯子。为了防止梯子倒下伤着人，工作人员特意在旁边写了条幅"注意安全"。这事谁也没有放在心上，几年过去了，也没发生梯子倒下伤人的事件。有一次，一位客户来洽谈合作事宜，他留意到条幅并驻足很久，最后建议将条幅改成"不用时请将梯子横放"。

要求选好角度，确定立意，明确文体（诗歌除外），自拟标题；不要脱离材料内容及含意的范围作文；不要套作，不得抄袭，不得透露个人相关信息；书写规范，正确使用标点符号。

再如2013年江苏卷：

阅读下面的材料，按照要求作文。

几位朋友说起这样一段探险经历：他们无意中来到一个人迹罕至的山洞。因对洞中环境不清楚，便点燃了几支蜡烛靠在石壁上。在进入洞穴后不久，他们发现了许多色彩斑斓的大蝴蝶安静地附在洞壁上栖息。他们屏住呼吸，放轻脚步，唯恐惊扰了这群美丽的精灵。但数日后再来，他们发现这群蝴蝶早已不在原处，而是远远地退到了山洞的深处。他们若有所悟，那里的环境也许更适宜吧，小小的蜡烛竟会带来这么大的影响。

要求：①立意自定；②角度自选；③题目自拟；④除诗歌

外,文体自选;⑤不少于800字。

看到这种题目,即使是教过多年高三的语文教师,也不免心中发怵,更何况是在高考考场这种紧张气氛下的考生!

再如2018年全国卷Ⅱ:

阅读下面的材料,根据要求写作。

"二战"期间,为了加强对战机的防护,英美军方调查了作战后幸存飞机上弹痕的分布,决定哪里弹痕多就加强哪里。然而统计学家沃德力排众议,指出更应该注意弹痕少的部位,因为这些部位受到重创的战机,很难有机会返航,而这部分数据被忽略了。事实证明,沃德是正确的。

要求:综合材料内容及含意,选好角度,确定立意,明确文体,自拟标题;不要套作,不得抄袭;不少于800字。

这道作文题被认为"最难写",笔者坐在家里认真思考后,才看出可写的几个角度,如:逆向思维的重要性;不人云亦云;透过现象看本质;隐性与显性;等等。但是,这些角度都比较隐秘,不容易发现。

(二)审题在当前高考作文评分中的地位

"相对于美法两国的高考作文试题要求的直截了当,中国高考作文还有一个'审题'环节,充满'陷阱'。"① 当前高考作文一般占60分。高考作文的评分一般从两个维度考虑:"基础等级"(40分)与"提高等级"(20分)。所谓"提高等级",当然必须是在"基础等级"得高分甚至接近满分的前提下才能顾及,所以我们首先得把目光聚焦到基础等级上。基础等级一般分为两块:"内容"(20分)与"表达"(20分)。就"内容"而言,又分为"切合题意""中心突出""内容充实""思想健康""感情真挚"。如果不能"切合题意",那么何来"中心突出""内容充实"等呢?所以说,"切合题意"是"内容"的关键,一旦审题出错,此20分就基本丢失,提高等级的分数就不用指望了。

据笔者所知,高考作文阅卷时并不从"内容"与"表达"两个维度分工批阅,而是每篇作文同时由几个人背靠背全文批阅。如果各人给分差距不大,则取平均值;如果差距大,则重新审核。另外,一篇作文在某个阅卷教

---

① 刘洪涛. 国际教育考试文化比较视野中的中国高考作文[J]. 齐鲁师范学院学报,2016(5):6–13.

师手里只不过短暂的几分钟，不可能细细推敲。如此，一旦某阅卷教师第一时间认为某文审题出错，就会形成"文章不行"的思维定式（实际上是定势错觉），就不会再认真考虑其表达水平如何。也就是说，如果审题有误，那么一个学生的"表达"能力再强，也起不了多少作用，给个20来分也就是理所当然的了。同理，一旦某阅卷教师认为某文审题正确，也会形成思维定式，不再认真考虑其表达水平如何，于是，平时作文基础一般的学生得高分的运气就来了。由于阅卷教师在阅卷准备阶段已经对审题环节有了充分讨论，所以在阅卷的实际操作中审题准确与否就成了学生作文成败的区分标准。

（三）审题误区产生的原因分析

对"审题"的崇拜，与我国历史上的科举制度关系密切。科举考试的主要形式是写八股文，第一要求就是"题取经义"——文题来自"四书五经"。当今高考作文考试大量采用的"新材料作文"，除材料本身的"非经书"以外，其命题形式及审题要求，基本仿效于此。此乃其一。

其二，取决于手握命题权者的心理，因为他们必须践行"推陈出新"的理念。众所周知，高考作文命题历来是众矢之的，而且评论者往往从是否"有新意""有深度"出发。为了能被别人赞一声"有新意""有深度"，又为了回避平时训练的热点，从冷僻处入手就成了必然选择。当然，这里还有对付宿构的考虑。

于是，我们的考生面临一个高风险的处境：面对那些"有新意""有深度"的题目，一旦偏题或离题，则满盘皆输。

三、高考作文命题的价值指向何处？

尽管各地高考试卷的具体布局不完全一样，但以下四大版块必不可少：语言文字运用、文言诗文阅读、现代文阅读、写作。显然，语言文字运用负责直接测试考生具体的语言文字运用能力，文言诗文阅读与现代文阅读测试的是考生的阅读能力，而写作测试的是考生的书面表达能力。不得不说，检测考生对题目内涵的正确理解，也应是高考测试的主要环节，但这属于阅读理解的范畴，其任务主要应由文言文阅读理解和现代文阅读理解等版块去完成，而不能被作文"抢了饭碗"！"抢饭碗"的结果是"荒了自己的田"。于是，以"快"和"准"对付审题等办法应运而生。然而，是否应该从命题的价值指向出发考虑呢？

（一）对 2018 年江苏卷作文命题的思考

让我们以 2018 年江苏省高考作文为例：

花解语，鸟自鸣，生活中处处有语言。

不同的语言打开不同的世界，音乐、雕塑、程序、基因……莫不如此。

语言丰富生活，语言演绎生命，语言传承文明。请根据所给材料作文，自己拟题，文体不限，诗歌除外，不少于 800 字。

这个作文题以"语言"为题材，呼应语文课程标准对课程性质的界定，贴近考生生活实际，能激发考生写作兴趣；就审题而言，这个题目实际上没有多少限制，据参加阅卷的老师说，文章中只要带到"语言"，选择角度小些，集中笔墨进行开掘，基本就算审题合格。如此，考生就可以专注于自己书面语言的表达，阅卷教师也可以集中精力关注作文的语言表达，这是成功之处。但是，这个题目是否有过于宽泛，回到话题作文老路上的嫌疑呢？长此以往，宿构问题会不会再度出现？

（二）高考作文命题可指向改写

高考作文审题严重影响了考生的作文得分，而题目过于简单又容易出现宿构。这似乎是个两难的问题。

我们希望通过正确的命题导向引导语文教师对学生的语文能力进行训练，真正提高学生的写作能力，提高学生的语文素养。我们认为，也许高考作文可以尝试改写。[①] 如 1978 年全国卷要求将华国锋的《速度问题是一个政治问题》一文缩写成 500 至 600 字的短文，1979 年全国卷要求将何为的《第二次考试》改写为一篇《陈伊玲的故事》。

用改写，可以减少考生在审题上遇到的种种困难。考生不必挖空心思去揣摩出题人的心思，去解读材料背后的含义，这无疑减轻了考生的心理负担，可以在考场上有限的时间里迅速进入状态，展开联想与想象，发挥自己遣词造句的才能；用改写，也能够避免教师在考前的"猜题""押题"现象，可以让教师回归本位，从平时的写作中对学生进行正确的引导和训练，在一定程度上也减轻了教师的负担；用改写，不仅解决了审题的问题，还能

[①] 王家伦. 改写——阻止作文假话、空话、套话的有效途径［J］. 湖南第一师范学院学报，2011（2）：19-21.

解决因过分抬高审题要求引起的评分标准的不合理问题，作文评分时就会更加注重对考生写作内容、写作技巧、写作思路、语言表达的考查。这样一来，对考生的考查将是多方面的，对考生的考查也将是公平的。

从平时作文教学的维度来看，改写训练必须注重文体，这又是对课程改革以来轻视文体造成的负面影响的纠偏。

笔者多年前提出改写时，也曾有过改写可能导致作文教学难以深入生活的担忧。如今看来，此近似杞人忧天。平时训练只顾改写，确实可能出现写作不从生活出发的问题，但是，押题、猜题呢？一味作审题训练呢？可见，学生写作脱离生活不是改写的"专利"。

实际上，平时的改写训练做到联系生活并非难事。比如，给学生一篇记叙文，要求学生保持原文结构，内容换成自己生活中发生过的事；给学生一篇关于当前时事的长文章，要他们压缩为一篇同样内容的简洁的短文章；给学生一篇表达不甚清晰的说明文，要他们改到表达清晰为主……

另一个担忧是，如果高考用改写的形式，可能就没有内容新颖、文采飞扬的佳作脱颖而出了。对此我们要问，高考作文究竟是为了考查学生的书面语言表达能力还是为了选拔文学家？实际上，古代的科举考试，也并没有将脱颖而出的文学作品作为追求目标。

最后一个问题是，改写如何考查学生的思辨能力？实际上，学生对改写的构思，又何尝不是对思辨能力的考验！

当然，改写不是高考作文命题唯一的考虑，但是不在审题上为难考生，有利于考生正常展示自己的书面表达能力，有利于中学写作教学不被审题训练绑架，从而有效地提高学生的写作能力。这必须是高考作文应该有的命题思路。

"新中国高考作文命题始于1951年，65年来，高考作文的发展曲折坎坷，但从中可以清晰地读出社会发展的线索，不同时期的政治、经济、文化的嬗变都在作文命题中有着或清晰或模糊的反映。"[①] 我们认为，评价高考作文题，除了关注作文题联系时事的紧密程度外，更应该关注其对考查学生的书面表达能力是否有利。当然，就平时训练的针对性而言，作文必须紧密联系生活。

（原载《语文建设》2018年第25期，署名王家伦、张长霖）

---

① 刘洪涛. 国际教育考试文化比较视野中的中国高考作文［J］. 齐鲁师范学院学报，2016（5）：6－13.

"月考"当休矣

"月考",指各地教育教研部门或学校组织的每月一次的较大型的各课程集中的阶段性检测。课程改革以来,一些学校强制推行"月考",并乐此不疲,甚至不少地方的"月考"已经"上升"为"周考"!但是,又有多少人对"月考"的负面影响做过深入的思考呢?

一、以"月"为单位进行考试合理吗?

据笔者所知,宋代太学每个月都要对生员的学业进行考核。《宋史·选举志三》:"太学生员……各执一经,从所讲官受学,月考试其业……"[①] 那么,古人是怎样进行"月考"的呢?

(一)明清国子监的"月考"

明清两朝,国家的最高学府是国子监。在国子监就读的学生,依照成绩被分作三等,进入最高班级——率性堂之后,学生开始实行由"月考"确定的"积分制度",就如现在的学分制。其方法是以季度为单位,每个季度的第一个月主要考"经义",第二个月主要考"论",第三个月主要考"策"。每次考试成绩优异者,获得1个学分,稍有欠缺者给0.5个学分,非常差的则不给分。一年如果能够积满8个学分,便具备了"毕业"的资格,不及格者则要"留级"。从考试的内容可以看出,他们的教学单位是"季"与"月",按"月"考试理所当然。也就是说,明清国子监的"月考"很有点"单元测验"的意味,考试时间与教学进度安排是一致的。然而今天的"月考"大异其趣。

---

① 宋史 [M]. 上海:上海古籍出版社,1986:474.

（二）如今的"月考"

如今，一些地方的教育部门强制推行起了"月考"制度，不知这些教育部门是否懂得当年国子监的"月考"制度？如今，"月考"甚至"周考"制度遍布全国，一些过去未曾推行的地区或单位也有样学样地在执行这一制度。

然而，明清国子监的教学单位与如今的教学单位完全不同。如今的教学单位是接近半年的"学期"，对应的教科书因之而编写。另外，不同科目的教学单元不同，不同的教材也都有着自己的单元编排。单元就是教材和教学活动的基本单位，把性质相同或有内在联系的教学内容组织在一起。编排单元有着科学的依据：一是学生思维发展的规律，二是学科知识的逻辑体系和各教学内容的相对独立性。不同课程、不同单元所需的教学时间各不相同，有的单元大，有的单元小，岂能强制统一"月考"？就如部编本初中语文教材，每册教科书基本设置六个单元，难道能用"月"来限定教学时间吗？为了这个强制推行的"月考"，语文教师不得不一个月教两个单元或者教 1.5 个单元来应对"月考"，也就是说，为了"凑"这个"月考"，必须不顾教学规律，打乱正常的教学计划，调整原本科学的教学时间，岂不悲夫！

干任何事都得有程序，教育更是如此。阶段性的考试，必须顺从教学单位。现代教育以"学期"为基本单位，这是得到实践检验的，也是为世界上大多数国家所认可的。教育要改革是必然，但这个改革必须符合教学的规律，不能率性而为。

二、"月考"的那些功能靠得住吗？

某地由于高考失利，在社会舆论的冲击下，教育部门在高三年级率先推行了"月考"甚至"周考"制度。如今，这个制度已被强制推行到了各地中学教学的各个年级，甚至有向小学蔓延的趋势。为了推行这个制度，各类言论也纷纷出笼，最典型的就是"月考"有激励功能与诊断功能。然而，"月考"真有这些功能吗？

（一）"月考"激励的是什么？

考试确实有激励功能，能激起学生学习的内部动因，维持教学过程中师生适度的紧张状态，使教师和学生把注意力集中在教学任务的重要部分。

首先，考试能调动教师教学工作的积极性。实践证明，适时地、客观地对教师教学工作做出评估，可使教师明确教学中取得的成就和需要努力的方向，促使教师进一步研究教学内容、教学方法，以提高自己的教学水平。这也就是我们设置期中考试和期末考试的原因所在。然而，这种功能是"月考"独具的吗？

其次，对于学生来说，教师的表扬、鼓励和学习成绩等，都可以提高学习的积极性和学习效果。同时，他山之石，可以攻玉，考试能促进学生根据外部获得的经验，独立地评价自己的学习结果，即自我评估。自我评估当然有助于学生成绩的提高，然而，这种功能是"月考"独具的吗？

教育部三令五申严禁频繁考试，但实际怎样大家心知肚明。对学生的学习成果进行评估，能引起任课教师之间、学生之间、班级之间、学科之间的横向比较，从而使教师、学生了解各自的优势和劣势，找到差距，认识到自己在总体中的相对地位，客观上能起到竞争的作用。但是这样的竞争一旦以牺牲教学规律的遵循为代价，就是恶性竞争了。

如今，为了所谓的"公平"，"月考"基本采用地区统考的形式，试卷命题者都不再是任课教师，而是由各地区教研部门统一命题，学校教师基本上没有了命题权。如此，为了不至于太丢人，不少教师会放下对教学规律的探寻，而去揣摩命题者的心思，也就是说，"月考"激励的是任课教师对命题者的揣摩能力。频繁统考实际上就是教与学双方的脱节，更严重的是使一线教师产生不被信任的感觉，主观能动性受到挫伤。另外，每月一次甚至每周一次的集中阅卷大大增加了教师的工作量。

从教与学双方的契合度来看，脱离学生（尤其生源不同学校的学生）的命题者所命之题又有多少针对性呢？根据笔者的经验，根据课程标准的要求，制定双向细目表命题是任课教师必须掌握的技能，因为命题的过程就是提高自己教学能力的过程。如今因为"月考"，任课教师没有了直接命题的机会，那么，"月考"的激励功能究竟是什么？

就学生而言，"月考"甚至"周考"实施之始或许能起到激励作用，学生确实能为了"月考"甚至"周考"而认真复习：至少得考出一个不太丢人的成绩吧！然而，一而再、再而三的频繁考试，会使他们形成从紧张到麻木，再从麻木到无所谓的心理发展趋势，又谈何激励功能呢？

实际上，称"月考"有激励功能，完全是偷换概念，将符合教学规律的正常考试的功能偷换到率性而为的"月考"上。

（二）"月考"能起到诊断功能吗？

教学评估是教学全过程的重要一环，全面客观的评估工作不仅能评价教师教的出发点和具体方法是否正确，而且能评价学生的成绩在多大程度上实现了教学目标，最主要的是能针对不良效果找出主要原因并进行分析。教学评估如同医生治病，是对教学进行的一次严谨而科学的检查诊断，继而开出"药方"。也就是说评估是为改进工作这一目的服务的。未能为改进工作提供科学依据的评估就是盲目无效的评估。

我们知道，教学评估应该是形成性评价与总结性评价的结合。总结性评价偏重的是结果，而形成性评价是基于对教学活动全过程的持续观察、记录、反思而做出的发展性评价，有检查、诊断的功能。教学评估的目的是激励师生，帮助师生有效调控自己。显然，"月考"应该是一种形成性评价，为调节和完善教学活动，保证教学目标得以实现而进行的评价活动。所以，"月考"应该是对日常教学过程中的表现、所取得的成绩及所反映出的情感、态度、策略等方面的发展做出评估。然而，不同事物的形成有其必然的规律，形成性评价必须遵循被评价事物发展的规律，就教育而言，就是必须与科学的教学过程结合起来，不能率性而为。

对之，张丰先生所作的一个类比甚是有趣。他说，煮熟一锅饭必须有充足的时间，如果烧饭过程中经常打开锅盖检查饭熟了没有，其结果必然是搞成一锅"夹生饭"。"月考"甚至"周考"难道不就是频繁地揭锅盖查验生熟吗？所以说，"月考"的诊断功能是虚拟的，甚至是有害的。①

三、"月考"还有存在的必要吗？

教育部《关于当前加强中小学管理规范办学行为的指导意见》指出："严格规范考试科目与次数，逐步完善教育评价办法。各地要对小学、初中、高中的考试科目和考试次数在全面排查的基础上加以科学规范。坚决制止随意组织学校参加各种统考、联考或其他竞赛、考级等现象。"显然，月考是违背教育部规定的。

（一）"月考"与"减负"背道而驰

浙江省教育厅教研室曾对"月考"做过调研："66.0%教师所在学校有

---

① 张丰."月考"批判［J］.基础教育论坛，2014（23）：50.

'月月考'。"① 也就是说，三分之二的学校有"月考"。

我们知道，一个学期只有18周，真正用于教学的不过16周。如果一学期有四次月考，每次月考费时一天，考前准备两天，考后讲评半天，那每次月考要用掉半周以上的时间，四次月考就是两周半，如此，一个学期还剩下13.5周可用于教学，这还没有算上学生考试结束后自我放松的两三天。如果是"周考"，计算一下，真要使人"汗不敢出"了。这是典型的以"考"代"教"，是典型的走火入魔，将"月考"甚至"周考"称为"怪胎"，毫不夸张！

成绩必须要，进度必须赶，于是师生加班加点。早上早到学校，下午推迟放学，双休日休息是奢望，一个月休息一天是常规，于是，教师与学生的负担越来越重。这就是"月考"导致的必然结果。2019年1月18日，教育部部长陈宝生在全国教育工作会议上表示："教育部将专门出台中小学教师减负政策，2019年要把为教师减负作为一件大事来抓。""月考"到底是为教师"减负"还是"增负"？

如今的"月考"，从这个地区推广到那个地区，甚至新疆等地也难以幸免！这不由得使人想起了"剧场效应"：大家都坐在剧场看戏，忽然，有一个观众站起来看，后排的人劝阻无效，为了自己能看到，随即站了起来，最后，全场的观众都从坐着看戏变成了站着看戏。因为谁坐下去谁就看不见。如此，每个人付出了更多的体力成本，得到了和原来一样甚至更差的观剧效果。

为了调查"月考"，笔者特地走访了多所学校的100余位普通教师、学校负责人和教研员，95%以上的普通教师对"月考"深恶痛绝，少数几人未置可否，但没有持肯定态度者。

另外，我们还对多所学校十余个班级的数百名学生做了调查：90%以上的学生早已从万般痛苦中走出，变得麻木不仁了。这种心态，实际上早就将"月考"可能会产生的属于普通意义上测试的一点点功能化为乌有了！

所以，我们认为，"月考"离教育越远越好！

（二）取消了"月考"怎么办？

取消了"月考"，那以什么作为激励与诊断的手段呢？恢复传统的单元

---

① 浙江省教育厅教研室. 从校内考试制度看优质学校的密码［N］. 中国教育报，2018-01-25（8）.

测试！由于不同课程，即使同一门课程的不同单元容量大小不同、教学时间不同，所以，根本没必要大张旗鼓地开展统一考试。

我们认为，单元测验应该由任课教师根据学情自己命题，并且必须采用随堂考试的形式。至于是开卷还是闭卷，则由任课教师决定。而教研人员可以对教师的命题出卷能力进行培训。

有些地区或学校的领导可能一时不敢放手，针对这种情况可采用对照的形式做一个学期的试验。安排两个水平基本相同的学校（或者班级），一个继续用"月考"或"周考"的手段，一个恢复上文所说的单元测试，最终看效果如何。

至于初三或高三，也没有必要提早结束新课，用一个学期和一年的时间频繁集中进行复习，并用"月考"或"周考"的形式督促复习。就语文而言，完全可以教授一些精心选择的课文，以新带旧进行复习。笔者当年教高三时，基本不采用频繁的"模拟考"或"月考""周考"之类的考试，坚持上新课，最终成绩照样傲人。

说到底，"月考"盛行，源于我们的教育行政部门对一线教师的不信任，试图通过"月考"这样的行政手段来"加强管理"。如果这种不信任现象不能改变，"月考"这一"怪胎"就难以消灭。实际上，只要真正懂得信任的重要意义，真正懂得教学单位与考试的关系，就不可能再迷信那种"月考"了。

"月考"必须退出教育舞台，让单元测验进驻。

（原载《福建基础教育研究》2019年第2期，署名王家伦、张长霖）

评与被评

笔者是一位语文教学法教师，也是一位教了12年中学语文的普通教师。尽管已过古稀之年，但还是喜欢亲自到中学一线授课，2021年还有过这样的"壮举"。有人认为这是"作秀"，实际上笔者早就没有"作秀"的需要了。去中学上课，一是为了给研究生做示范，二是了解学生的一些实际情况，三是为了试验自己的一些新想法。正因为是教学法教师，所以评价别人的授课也就成了家常便饭，于是，关于评别人与被别人评便成了本书的一个部分。

从课堂教学的起、承、转、合看问题教学的价值取向

——陈剑峰老师问题教学案例评述

起、承、转、合是古人诗歌创作的术语，被借用到课堂教学中，颇有见地。笔者认为，应该把语文课堂教学的起、承、转、合落实到具体的课时中，也就是说，将一个课时作为一个整体，也如写诗作文般讲究起、承、转、合。① 最近读了南通陈剑峰老师的几个阅读教学案例，颇想就课时教学的起、承、转、合，从教师提问的维度谈谈"问题教学"的价值取向。

一、起：课堂导入先声夺人

此处的"起"，指的是课堂导入语。一堂语文课，如果想要吸引学生，带领学生巡游于言语的殿堂，就要在课堂导语上下些功夫。有关语文课堂导语的论述见仁见智，笔者认为，语文课堂导入时设置问题的成功与否可以以下几个维度为参照。②

（一）应能引起学生的兴趣

上课伊始，教师如能用简洁的问题吸引学生，则能对提高教学效果起到很大的作用。就如陈剑峰老师执教《松鼠》时的导语：

同学们，你们喜欢猜谜吗？请看PPT：

形状像耗子，生活像猴子，爬在树枝上，忙着摘果子。（打一动物）

以谜语导入新课，一下子引起了学生的兴趣，颇能激发学生的学习欲望。当然，如果学生课前已经对课文做了充分预习，这样的问题导入就意义

---

① 王家伦. 论语文教学的起承转合 [J]. 中学语文教学，2009（3）：19-21.
② 王家伦. 论语文课堂导语的价值取向 [J]. 中学语文教学参考，2015（34）：10-12.

不大了。

（二）应是"语文"的导入

能引起学生兴趣的导入只是一般意义上的导入。既然我们在"语文"的范畴中讨论问题，那么，就必须从"语文"的视域分析导入的优劣。只有紧扣教学文本的导入才能引人入胜。如陈剑峰老师执教鲁迅《故乡》时的开场白：

通篇浏览课文，你能用一个字来概括此次回故乡给"我"的印象吗？

最佳答案是"变"。这个问题的设计一举而三役济：其一，紧扣教学文本，很"语文"；其二，"逼迫"学生认真阅读并概括文本；其三，锻炼学生用简洁词语概括事物的能力。

（三）紧扣教学目标的导入是最佳导入

课堂教学目标是一堂课的灵魂，也是检测教学效果的"的"。所以，教学的一切活动都应紧紧围绕该堂课的教学目标。就语文课而言，设置教学目标一般从"文""道"两个维度考虑。前者大致对应"知识与能力"以体现"工具性"，后者大致对应"情感、态度与价值观"以体现"人文性"。一般来说，"文"的目标是显性的，"道"的目标是为隐性的，语文课堂教学最恰当的途径是通过"工具"渗透"人文"。所以，课堂导入语更应靠向"文"的教学目标。如陈剑峰老师执教的茅盾《白杨礼赞》的开场提问：

作者充满激情地赞美极其普通的白杨树，其目的是什么？

这个问题看似简单，与其说是精彩的课堂导入语，还不如说是统领全文的"主问题"，因为它一下子扣住了"文"的教学目标——象征，确实能起到提纲挈领、事半功倍的课堂教学效果。我们提倡从"文"出发，绝不是"以工具性压制人文性"，试问，这个问题何尝不是与"道"的教学目标——中华民族的精神密切相关？

二、承：环环紧扣渐入佳境

我们这里所说的"承"，并不是"起"后的某一个环节，而是一堂课中逐层推进，直至达标的四五个环节。实际上，这就是三维课程目标中的"过程与方法"。这四五个环节，可以是预设的，也可以是生成的。由于是层层推进的"过程"，故衔接显得非常重要。一般情况下，用以衔接的问题设计得好，就能起到重要的教学推进作用。如陈剑峰老师就周敦颐《爱莲说》一文的一组问题设计：

第一问：这篇文章朗朗上口的原因是什么？

（散句与骈句的交错运用；长句与短句的错落有致；叙述、描写、议论熔为一炉；疑问句、感叹句的穿插使用；全文言简义丰，文笔摇曳多姿，诵读起来格外舒畅。）

此问带领学生大致感知文本的言语形式。

第二问：全文的主体形象和陪衬形象是什么？作者从哪几个方面描绘了莲的形象？

（全文的主体形象是莲，陪衬形象是菊与牡丹。作者从生长环境、体态、香气、风度等方面写了莲的清高。）

此问在第一问的基础上推进一步，带领学生初步了解文本的独特结构：正面描写与侧面描写相结合。

第三问：文章怎样表现莲的高洁品质？

（直接描写形状美，用菊和牡丹烘托，有抒情有议论。）

此问在第二问的基础上又进了一步，带领学生理解正面描写与侧面描写相结合的作用。

第四问：作者直接写莲花的句子的作用是什么？

（句句写景，又句句抒情；句句写莲花，又句句赞君子；既是描写，又表现了作者洁身自好的情趣。）

此问又推进了一步，通过"工具"渗透"人文"，将"文""道"巧妙结合，带领学生认知文本的主题。

从这四个问题可以明显看出授课者的课堂教学目标：其一，掌握正面描写与侧面描写相结合的手法；其二，理解作者洁身自好的君子品格。在意义上，后一个问题是前一个问题的高层次或者深层次的发掘，环环紧扣，层层递进，最终达成课堂教学目标。

三、转：高潮突起欲罢不能

这里的"转"，主要指课堂教学的高潮。一首诗的高潮，常常在"意料之外，情理之中"，往往出现在先荡开一笔之后。语文课堂教学的高潮，常常伴随着若即若离的状况而展开。① 实际上，可以将这个"转"看成是"承"的某一环节。高潮出现时，教师和学生都高度亢奋。高潮的出现也可以通过问题来推动。

（一）授课者预设高潮

为了将学生的兴奋调到尽可能高的"点"，更好地达成教学目标，教师可以预设课堂教学的高潮。如陈剑峰老师执教布封的《松鼠》，在"如何使《松鼠》更讨人喜欢"这一环节设计了如下问题：

从段与段之间衔接的关系看，从内容的主要与次要关系来分析，第 4 段和第 5 段可以互换位置吗？

生：可以换。第 3 段说明松鼠的活动范围，喜欢的食物如榛子、松子等。第 5 段说明松鼠搭窝的过程。这些都是与树林、森林内容相关的段落，应该合在一起介绍。

师：这位同学的水平真高，一眼就看出其中的奥秘。你的水平超过编书的老师。数学上有"合并同类项"的说法，我们阅读、写作中也有这样的道理，联系紧密的内容要放在一起介绍，这样更易于读者理解。

师：第 4 段和第 5 段交换位置后，第 5 段和第 3 段的关系更紧密一些。再从基本的生活要求来看，吃和住应该放在主要的地方，而其他的可以往后挪。这就是我要你们思考的内容。

显然，授课人设计这个问题，是为了"掌握文章的逻辑顺序"这一课堂教学目标服务，是为了培养学生"尽信书不如无书"的批判性思维。课也就在教师和学生高度兴奋的状态中达到了高潮。

（二）在课堂生成时顺水推舟，达到高潮

教学过程中的生成是不可回避的问题，对这种经学生独立思考后出现的或准确或错误的"意外"，教师如果视而不见或嗤之以鼻，则会严重打击学生思考的积极性，压制学生创造性思维的发展。作为教师，应该积极地去判断，去思考，在关键处追问，使"难以预约的精彩"闪亮登场。如陈剑峰老师执教陶渊明的《桃花源记》片段：

师：文中有一句："此人一一为具言所闻，皆叹惋。"大家说

---

① 王家伦. 论语文教学的起承转合 [J]. 中学语文教学，2009（3）：19–21.

说，谁在"叹惋"？

生1：我认为是渔人。

师：说说你的理由。

生1：因为渔人看到了外面复杂的世界，而他进到桃花源以后看到的却是一片平静的景象，他为桃花源里的人没有经历战乱、没有看到外面多彩的世界而叹惋。

生2：我认为是桃花源里的人感到叹惋。因为桃花源里的人生活得非常安定，现在听到了外面民不聊生的生活状况，所以他们感到叹惋。再说，这句话中的"此人"就是渔人，是他讲给桃花源里的人听的，桃花源里的人听了以后才会有这样的反应。

生3：（不等老师作评点）我认为，应该是指桃花源里的人和渔人。

师：刚才的同学讲得很有道理。你又提出了一种新的看法，那你能不能向大家详细地解释一下你的看法？

生3：因为"皆叹惋"的"皆"是"都"的意思，说明包括了桃花源里的人和渔人。桃花源里的人生活得那么好却听到外面是那么乱，所以惊讶；而渔人生活在战乱当中，却碰到了这么一个好地方，所以也叹惋。

师：你善于动脑筋，很好。但是对于"叹惋"的"惋"字如何理解？

生3："惋"是惋惜的意思。

师：渔人生活在战乱当中，却碰到了这么一个好地方，所以感到"惊讶"，他会对美好的生活"惋惜"吗？

…………

显然，这个片段中生1和生3的回答颇出任课教师的意外，似乎是离开了教学的直线条。但面对这种临时性的"生成"，教师及时追问，使学生在充分理解"惋"字的前提下深刻领会文义，使课堂充满了活力，打开了学生思维的闸门，把一堂课推向了高潮。

四、合：余音袅袅绕梁三日

所谓的"合"，应该是总结，应该是最终的"大团圆"，应该给学生留下思考的余地。这里介绍两种语文课堂教学的"合"。

（一）通过结束语来"合"

语文课时教学的"合"，首先体现在通过"结束语"而"合"。结束语应达到余音绕梁的效果。如果在课堂教学结束时用问题的形式作结语，则能达到意想不到的效果。如陈剑峰老师执教托尔斯泰《七颗钻石》时设计的结束语：

师：你知道作者最后为什么让水罐变成北斗星，而不变成其他什么吗？

生1：希望我们每一个人都能够对世界有一份爱，有一种悲悯情怀。

生2：愿爱心像大熊星座一样普照人间。

生3：更希望在我们迷途的时候为我们指明方向！

师："爱心"如钻石一样晶莹璀璨，"爱心"如星光永放光芒。好的结尾意味无穷，让读者浮想联翩。让我们再把结尾美美地读一遍吧！

如此，授课人带领学生在充分理解文本主旨的基础上，领悟文题"七颗钻石"的象征意义，展现了对美好事物的憧憬。课文学习结束了，但文中所表现出的美好人物、美丽景象依然萦绕在学生心间。也就是说，通过这样的结束语，学生能达成这堂课"文""道"双方的教学目标。

（二）通过板书设计来"合"

语文教学必须重视板书设计。这里所谓的板书，指下课铃响前一刹那最终达成的板书，它必须将教学目标显示在听课者的眼前，体现着课堂教学的"合"。从理论上说，听完课的学生大多数能围绕板书回顾课堂教学的过程；即使未曾听课的学生，看了这份板书，也能知道这堂课的大致情况。具体的课堂教学过程，应该是板书逐步呈现教学目标的过程。

由于现代化媒体的泛滥，一些语文教师的板书设计能力越来越差，即使在那些名师的"示范课"上，也很少能见到板书设计，更不要说有价值的板书设计。

实际上，问题教学也可以通过板书达到"合"的境界。如授课时同步板书，故意留白，结束前提问学生：在板书的这个部位应该填上哪几个字才能概括我们这堂课的内容？陈剑峰老师执教《幼时记趣》的板书如下：

```
                    ——观蚊如鹤图
（幼）时记（趣）    ——神游山林图
                    ——鞭打蛤蟆图
```

在课堂教学实施过程中，陈老师引领学生随文阅读欣赏，边分析文段边随时板书。在赏析了"观蚊如鹤图""神游山林图""鞭打蛤蟆图"之后，陈老师用提问的方式让学生概括提炼板书括号中空白的内容——"趣"和"幼"，以此完善文章的标题——"幼时记趣"，启发学生进一步巩固文本叙述的中心——趣，启发学生理解作者行文的用意——以"幼"字贯穿全文，"趣"字渗透全文，体现了作者的童心。

当然，站在现实中一堂课的起、承、转、合的立场，设计问题更应该为同一组教学目标尤其是"文"的教学目标服务——这就是一堂实实在在的课的"问题群"。虽然这个理念没有被多少"专家""名师"赞同，但很"平民化"，一般的语文教师都有掌握的可能。在这方面，陈剑峰老师作了颇有现实意义的探索，如能推广开来，定能为全面提高学生的语文核心素养奠定基础。

（原载《学语文》2020年第4期，署名王家伦）

从"陈述性知识"走向"程序性知识"

——"说明事物要抓住特征"课堂实录与反思

【设计理念】

本节写作指导课的训练点为"说明事物要抓住特征"。设计指归是,在掌握部编本初中语文教材八年级上册第五单元"说明事物要抓住特征"相关陈述性知识的基础上,引导学生现场写作,当堂升格,在具体的写作实践中达成学习目标。具体分三步走:凸显写作指导部分的"陈述性知识",重点解决学生知识结构中存在的问题;整合本单元文章的写作方法,为写作实践提供"程序性知识";运用评价量表,评判星级,同伴互助,达成本课写作目标。

【教学过程】

一、掌握陈述性知识,勾画凸显

师:同学们好!今天,我们学习"说明事物要抓住特征"。任务是利用老师提供的东方之门文字材料,抓住东方之门的主要特征,以"世界第一门——东方之门"为题,当堂整理出一篇说明文,不少于300字。

师:世间万物都有各自的特征。要把一个或一类事物说清楚,首先要抓住其特征。请默读教材116页第2—6自然段,分别勾画出各段的中心句。

(学生默读、勾画。)

师:请几名同学来说一下。

生:抓住事物的特征,要善于观察。

师:仅仅是"观察"吗?

生1:抓住事物的特征,要善于观察与比较。

生2:除了突出每个事物的独特之处外,还要注意表现一类事物的共同特点。

生3：恰当引用资料，有利于说清楚事物的特征。

生4：有时还可以运用一些生动形象的说明方法，既突出事物的特征，也避免文章枯燥无味。

师：同学们很厉害，读书得间。我们一起把这几句连起来朗读一下。

（学生朗读。）

师：我们来猜个谜，根据屏幕提示，猜一猜这是哪种动物。

（屏显：生来温驯，个子不寻常。）

生：可能是大象。我不确定。

（继续屏显：有嘴，有鼻子，有眼睛，长四条腿，一条尾巴。）

生1：犀牛。

生2：野猪。

生3：这个有很多，猜不了。

（继续屏显：脖子轻轻一抬头过梁，声带特殊不爱多说话，身穿花衣跑得那么快。）

生：（异口同声）长颈鹿！

师：个子、嘴、鼻、眼睛等是长颈鹿的一般特征，脖颈、声带、花纹等是长颈鹿的主要特征。只有抓住主要特征，才能把长颈鹿和其他哺乳动物区分开来。

（屏显：苏州东方之门、北京央视大楼的影像资料。）

师：请大家比较这两座著名的建筑，说出它们的不同之处。

生1：东方之门呈"门"形，看起来更高大，而央视大楼相对矮小。

生2：仔细看，造型其实是不一样的，我觉得央视大楼造型更复杂一些。

师：东方之门共69层，总高度为301.8米，远望像一条硕大的秋裤。央视大楼高达234米，它在162米的高空开始向外延伸，与高14层、重1.8万吨的钢结构大悬臂完成对接，构成了最令人叹为观止的那一部分。同样是高层建筑，既要观察总体面貌，也要观察局部。通过比较，我们才能把握说明对象的特征。

二、阅读指向写作，读写融通

师：要完成今天的写作实践任务，首先我们跟着本单元课文，学学具体的写作方法。

（屏显：要有总括说明对象主要特征的句子，要有一两个概括准确、能精练表明说明对象主要特征的关键词，言简意赅，让人过目难忘。）

师：请大家在本单元的课文中找到这样的例子。

（学生小组合作探究。）

生：《苏州园林》中的"务必使游览者无论站在哪个点上，眼前总是一幅完美的图画"是说明苏州园林特征的句子，处在文章的第2自然段，总领下文的"讲究亭台轩榭的布局，讲究假山池沼的配合，讲究花草树木的映衬，讲究近景远景的层次"四个主要方面，以及"苏州园林每个角落""苏州园林里的门和窗""苏州园林使用的色彩"等细部。关键词是"图画美"。

师：非常准确。

生：我们组找的是《中国石拱桥》。"这种桥不但形式优美，而且结构坚固……我国的石拱桥有悠久的历史……"这几句出现在文章的第2、3自然段。其中，"形式优美""结构坚固""悠久的历史"是关键词，这些词语是大小不一、形式多样的中国石拱桥的主要特征。

师：其次，我们要恰当地引用资料。这些资料包括数据、图标、历史文献、研究资料等。

生：我有疑问。俗话说"眼见为实"，自己实地测量的数据才可靠啊！

师：你的提问很有价值。说明对象是课桌、文具盒之类，我们使用一定的工具，可以测得较为准确的数据。如果是东方之门或者埃菲尔铁塔，那么靠我们自己个人的力量，是很难准确测量数据的。珠穆朗玛峰的最新高度为8848.86米，这是我国科学工作者是经过为期一年多的测量工作后得出的权威数据。

（屏显：说明文要求特征准确、材料翔实，这就需要查阅、引用有关资料，包括数据、图表、历史文献、研究资料等，或咨询专家、知悉报道评价等，从而把说明对象的特征写得更准确。）

（学生摘记。）

师：请大家在老师下发的关于东方之门的资料中，寻找出恰当引用资料的例子。

文字资料：

东方之门

① 东方之门位于江苏省苏州市工业园区星港街199号，地处苏州工业园区CBD轴线的东端，东临星港街及金鸡湖，西面为园区

管委会大楼及世纪金融大厦，南面为小河，北侧为城市绿带和城市道路。它以超高层裤状造型，渗透古典园林设计理念而备受瞩目，被誉为"世界第一门"，也被网友戏称为"秋裤楼"。

②东方之门为双塔连体建筑，有南、北塔楼和南、北裙房等主要结构单元。共69层，总高度为301.8米。幕墙规格16万立方米，平铺占地面积约有15个标准足球场大。

③东方之门的设计深谙苏州古典园林之道。设计选择了黑、白、灰三色作为整个建筑的基色，与古典园林的黛瓦白墙相呼应。"门"的造型是东方之门的立意基础。设计灵感来自苏州古城门。整体外观塑造上，东方之门同代表着苏州园林典型风格的月洞门之间存在意象上的关联，中空呈塔状，由苏州名塔虎丘塔的轮廓演变而来。东方之门在立面幕墙的处理上蕴含着中国式的精细：双塔东西表面的弧形幕墙如同苏州的丝绸一般，从300米塔顶一泻如瀑；南北侧立面设置了遮阳挑檐，利用光照阴影产生较含蓄的效果，与率直的东西面互相映衬。顶端的玻璃穹顶用流畅的曲线将东西幕墙自然而光滑地连接起来，使得整个建筑浑然一体。

④东方之门兼具高级酒店、酒店式公寓、写字楼、大型商场等多种功能，创下了"中国第一大高楼""中国结构最复杂的超高层建筑""中国单位用钢量最大的建筑""中国最高的苏式园林""中国最深的私家酒窖""中国最高的过街天河""中国最高无边际泳池"等全国之最。

（改编自百度百科）

生1：东方之门"共69层，总高度为301.8米。幕墙规格16万立方米，平铺占地面积约有15个标准足球场大"，这是引用准确数据。

生2：东方之门"设计灵感来自苏州古城门。整体外观塑造上，东方之门同代表着苏州园林典型风格的月洞门之间存在意象上的关联，中空呈塔状，由苏州名塔虎丘塔的轮廓演变而来"，这是引用设计理念。

生3：东方之门创下"中国第一大高楼""中国结构最复杂的超高层建筑""中国单位用钢量最大的建筑""中国最高的苏式园林""中国最深的私家酒窖""中国最高的过街天河""中国最高无

边际泳池"等全国之最，这是引用报道资料。

师：再次，我们要形象说明事物的主要特征。大家各自在本单元学过的说明文或下发的关于东方之门的资料中找找例子。

（学生自己阅读、勾画。）

生1："石拱桥的桥洞成弧形，就像虹"，这是打比方。

生2："整个长卷犹如一部乐章，由慢板、柔板，逐渐进入快板、紧板，转而进入尾声，留下无尽的回味"，这也是打比方。

生3："东方之门在立面幕墙的处理上蕴含着中国式的精细……使得整个建筑浑然一体"，这是打比方和摹状貌。

三、借助评价量表，修改升格

师：请同学们根据老师下发的评价星级量表先自评，再互评。

"说明事物要抓住特征"作文评价星级量表

姓名： 　　　　　　　　　　　　　　　　　同伴互评：

项目	三星（优秀）	二星（良好）	一星（合格）	无星（不合格）
抓住独特之处	特征用词准确精练，有概括特征的中心句，位置紧要	特征用词准确，不够精练。有概括特征的句子，位置适当	特征用词较模糊，不精练。文中有概括主要特征的句子，位置一般	无提炼的特征用词。无概括特征的中心句
恰当引用资料	能综合引用资料，使说明的特征更为具体、准确	能引用两种不同类型的资料，对说明特征有用	能引用某种资料	无引用资料
生动形象说明	打比方、摹状貌等运用妥帖生动，对突出特征作用显著	打比方、摹状貌等运用适当，对突出特征有一定作用	有打比方或摹状貌等，对突出特征作用不大	无打比方、摹状貌等
作者自评自我诊疗	（　）星 升格处1		升格处2	
项目	三星（优秀）	二星（良好）	一星（合格）	无星（不合格）
同伴评定修改建议	（　）星 修改建议1		修改建议2	
教师再评简要评价	（　）星 简评：			

(学生自评诊疗，同伴评定建议。)

师：下面，我们来看一篇升格后的三星佳作。

屏显：

世界第一门——东方之门

苏州新地标建筑东方之门位于苏州市工业园区星港街199号。它因超高层裤状造型，并渗透苏州古典园林设计理念而备受瞩目，被誉为"世界第一门"。

东方之门是一座外形为门的超高层建筑。远望像一条硕大的秋裤。它共301.8米，分北楼、南楼两部分。其幕墙规格达16万立方米，平铺占地面积约有15个标准足球场大。双塔东西表面的弧形幕墙如同苏州的丝绸一般，从300米塔顶一泻如瀑，体现着世界第一门的恢宏气势。

东方之门的设计深谙苏州古典园林之道。它选择黑、白、灰三色作为整个建筑的基色，与古典园林的黛瓦白墙相呼应。门式的建筑形象灵感来源于苏州古城门，与月洞门和虎丘塔相联系，通过简洁的几何曲线生动地表现出来。

东方之门还创下"中国第一大高楼""中国结构最复杂的超高层建筑""中国最高的苏式园林"等7项全国之最。世界第一门，实至名归！

师：有没有抓住主要特征的中心句、关键词？

生："它因超高层裤状造型，并渗透古典园林设计理念，备受瞩目，被誉为'世界第一门'。"我觉得这句起到了总括的作用。"超高层裤状造型""渗透苏州古典园林设计理念""世界第一门"是关键词。

师：关于恰当引用资料和运用生动形象的说明方法，刚才我们已交流过一些例子，还有没有补充？

生1：我补充一下作比较的例子——"平铺占地面积约有15个标准足球场大"。

生2：我觉得"东方之门的设计""整个建筑的基色""门式的建筑形象灵感"应该都是从相关资料中引用过来的吧。

师：这篇作文抓住东方之门的主要特征，恰当引用资料，说明生动形象，评判为三星，名副其实。现在，我们一起来读一下板书。

板书：

　　　　世间万物各不同，主次特征要区分。
　　　　独有标志须凸显，辨异上面下苦功。
　　　　准确精练关键词，总括句子紧要处。
　　　　引用资料更准确，生动形象不朦胧。

师：课后，请同学们继续升格自己的习作。下课！

【教后反思】

熟知非真知。"抓住事物的特征，要善于观察和比较。""除了突出每个事物的独特之处，还要注意表现一类事物的共同特点。""恰当引用资料，有利于说清楚事物的特征。""有时还可以运用一些生动形象的说明方法，既突出事物的特征，同时也避免文章枯燥无味。"部编本初中语文教材八年级上册第五单元"说明事物要抓住特征"上的这些陈述性知识，学生乍一看，以为自己是掌握了的，真正落笔写，才发现有不少写作障碍。因此，我将这节课的落脚点放在具体可操作的路径策略上，力求从单纯介绍陈述性知识走向学生会运用程序性知识。

部编本教材采用的是阅读、写作双线组合的形式，两者并重。写作实践所需的程序性知识可以从单元课文中炼制。譬如：突出事物的独特之处；在实际写作中，要有核心的句子起总领作用，并放置在紧要位置；要有一两个概括准确、精练说明主要特征的词语。本单元的两篇教读文章《中国石拱桥》和《苏州园林》就给了我们很好的示范。

学生写作必须寻找合适的支架。"说明事物要抓住特征"写作实践第一题要求利用材料，抓住坎儿井的一两个特征，整理出一篇说明文。苏州的学生对新疆的坎儿井大多并不了解，我将其改成苏州地区的标志建筑东方之门，对提升他们的写作兴趣显然大有裨益。

作文评价始终是难题。一般的做法是以教师批改讲评为主，但耗时费力。"作文评价星级量表"则将本次写作需达成的目标清晰化，使学生有标可依，进而互助修改、升格作文。首先是"作者自评，自我诊疗"。作者自己定位初稿，找出一两处升格之处。然后是"同伴评定，修改建议"。所谓"旁观者清"，在自评自查的基础上，同伴再有针对性地查漏补缺，提出具体的修改建议。最后是"教师再评，简要评价"。教师的评价不是终结性评价，不仅有肯定勖勉，还有后续完善的指引。毕竟，好的作文评价应该具有可持续的驱动力。

当然，这节作文指导课还有许多令人遗憾的地方：所给东方之门的材料还应丰富些，也可以让学生预先观察并搜集相关资料，加强对"说明事物要抓住特征"的认知；在具体的写作过程中，由于未能充分知晓学生的差异性，没有看到学生对说明的合理顺序、说明语言的准确性等把握的能力程度不同，导致有些学生未能写完；等等。这些，都需要我在今后的教学中努力调整。

【名师点评】

我们知道，语文教学必须循序渐进地培养学生的语文素养。既然是循序渐进，其目标指向就不能各自为政。就目前而言，初中语文教学必须以《义务教育语文课程标准（2011年版）》为纲。然而，课程标准的指向毕竟比较抽象，所以，更应该以深得课程标准精髓的教材体系为纲。相对于课程改革以来的各套教材，部编本教材较为精确地体现了课程标准的精神。可以这么说，循序渐进地培养学生的语文素养，当前应该甚至必须以部编本教材为纲。

部编本初中教材八年级上册第五单元是说明文单元，正如张老师在"教后反思"中根据助读系统与训练系统所归纳的那样，无论是就阅读还是就写作而言，该单元最主要的教学目标是"说明事物要抓住特征"。所以说，张老师的课堂教学目标定位准确，不枝不蔓，环环紧扣，体现了"一课一得"的原则。

在整个教学活动中，张老师颇为注重学生由"陈述性知识"向"程序性知识"的转化，颇为注重读写能力的转换。这堂课中，他几乎每一步都从本单元所教授的课文出发，然后指向具体的写作。如此，从感性到理性，从理性到实践，符合学生的认知规律，这样的能力正是学生日后生活中所需要的。从另一个维度来说，这何尝不是对前面所学的巩固与复习？

张老师的这堂课看似很平常，但是，这个"很平常"又体现出"不平常"。他并未故弄玄虚地"创新"，而是老老实实地进行"很平常"的教学活动，只不过，这个"平常"不是"平庸"。

首先，张老师"借"来了一只长颈鹿，一步一步地导向长颈鹿的主要特征——脖颈、声带、花纹等。从表面上看，这是为了引起学生的兴趣，实则是告诉学生，说明事物必须抓住最主要的特征。就是在这种轻松的氛围中，学生掌握了说明事物的要义。实际上，长颈鹿又是教会学生"打比方"这一说明方法的"道具"。

其次，张老师自如地运用了比较法。在长颈鹿"退出舞台"之后，他又引进了学生较为熟悉的东方之门，并将这一写作对象与央视大楼进行比较，在比较中体现东方之门的特点。这一步虽没有奇特之处，但对学生掌握事物的特征有着重要的作用。我们知道，评价一堂课最主要的标准，并不是教师的设计是否新颖，而是学生究竟得到了什么，即学生所得是课堂评议的首要标准。同样，这座央视大楼也是教会学生"同中辨异"的必要"道具"。

最后，张老师重视教学评价，评价量表的设计颇见其思考周密。就是在这种自我的评价与升格中，学生的能力得到了螺旋式提升。

我们的教育对象，尤其是义务教育阶段的教育对象，并不是少数的"精英"，而是占绝大多数的"平民"。总览这堂课，似乎并没有什么"特殊"的地方，大多数教师都有操作可能，而一般的"非精英"学生也都能有所得，也就是说，张老师的课体现了"平民"意识，这何尝不是当今教育教学应当追求的境界？从另一个层面来说，紧扣新课程标准，紧扣新教材的教学活动何尝不是"创新"？而将一些很"平常"的方法用于一节课中，又何尝不是"创新"呢？

当然，这堂课也有一些值得商榷的地方，既然授课者已经认识到了，在这里也就不再赘述。

（原载《初中生世界》2021 年第 24 期，课堂教学张丽峰，点评王家伦）

语文教学的"平民化"

立足中小学衔接，转变角色学写作

——"学会记事"教学实录及反思

【设计理念】

本节写作指导课的训练点为"学会记事"，是部编本语文教材七年级上册第二单元的内容。教学设计的主要思路是：课前了解小学写作学习的内容，在小学记事作文教学的基础上，借助助学资料，引导学生进行梳理和预习；课堂上从生活实例入手，组织学生对学习对象、评价标准等进行自主、合作和探究式的学习研讨；引导学生转变角色，在自主评价中学习写作，提升能力；最后以步骤性策略指导学生实践，从理念到过程使得学生可操作。

【教学过程】

一、对接生活情境，融入课堂教学

师：各位同学，下午好。进入初中以来，大家一定经历了许多挑战，有生活方面的，有学习方面的，有已经克服的，也有没能解决的，这些经历都在引领我们不断地成长。所以，老师建议大家给自己这段时间的勇敢和坚持鼓鼓掌，打打气，好不好？

生（高呼）：好！

（学生用力鼓掌，掌声散乱，不整齐。）

师：大家的掌声很有力，但似乎少了点什么，这样，老师来示范一次鼓掌，大家模仿着再来一次。（老师以特定的节奏鼓掌，学生笑着，愉快地按照节奏鼓掌。）

师：两次鼓掌，肯定了自己，振奋了精神，也活跃了课堂。不知道大家对两次鼓掌有什么感受？

生1：第一次鼓掌很响亮，第二次的节奏感更强。

生2：现在想起来，第一次鼓掌虽然声音大，但是第二次的节奏鲜明，让人印象更加深刻，有四两拨千斤的感觉。

师：没错，第二次因为有节奏，所以更加有力，更让人印象深刻。生活中很多事都是如此，写作也不例外。在学习记事时，如果能够注意节奏的变化，那么我们一定会发现自己的记事文章与小学阶段相比，有很大进步了。
（板书：学会记事，变换节奏）

二、转变学习方式，自主合作探究

师：课前同学们已经预习了一份助学资料，上面详细介绍了记事节奏的相关知识，包括知识点津、评价标准，以及与之对应的文章，同学们在自学过程中是否遇到了问题呢？请大家先小组自由讨论，把能解决的问题解决了，把不能解决的问题汇总，一会儿我们共同探究。

（学生自由讨论。）

师：好了，时间到，大家还有哪些困惑没能解决的，现在提出来讨论。

生：助学资料里提到了"叙事时间"和"自然时间"的错位，"错位"是什么意思？

师：请坐，有没有其他小组的同学能解决这个问题？

（学生摇头。）

师：看来这是大家共同的问题。其实要解决这个问题，首先要弄明白什么是"叙事时间"和"自然时间"。助学资料上阐述了两者的相关概念，老师不再赘述了。我举一个实例来阐述吧。请问各位同学，我们今天的这节课有多长时间？

生（齐答）：45分钟。

师：这个45分钟属于什么时间？

生：自然时间。

师：没错，自然时间就是客观生活中的每一分每一秒，也就是我们实际经历的时间。那么什么是叙事时间呢？第一个例子，老师在这节课的课后反思中写："一转眼，这节课就过去了。"大家读"一转眼"这三个字时，花了多长时间？

生：几秒钟。

师：没错，只要几秒钟，用几秒钟叙述了45分钟的自然时间里发生的事情，我们就称之为"叙事时间"。想一想，几秒钟和45分钟哪个长？

生：45分钟长！

师：大家再读一读"一转眼，这节课就过去了"，你觉得记事节奏如何？

生：很快！

师：没错，那么老师再举第二个例子。换一种写法，从大家进入教室的第一秒开始写起，先写第一秒里看到的第一个女生的表情、动作、语言等；再写第二个男生的穿戴如何；接着写我对第三个男生的印象如何……就这样，从第一秒一直细细地写到45分钟的最后一秒。大家觉得读完这篇文章要花费多长时间呢？

（学生众说纷纭，但都认为比45分钟长。）

师（笑）：大家都觉得阅读时间要远远超过45分钟，那么这样一篇文章的叙事时间和客观的自然时间相比明显就延缓了很多，每一秒在叙事时都被拉长了。所以这样的记事节奏是怎样的？

生：慢！比刚刚的"一转眼"慢好多。

师：是的，很慢，很迟缓！所以当我们在记事时，如果叙事时间和自然时间不对等，叙事节奏就会发生变化。叙事时间比自然时间短，那么记事节奏就快；叙事时间比自然时间长，那么记事节奏就慢。现在明白了吗？

生：明白了！

师：好的，这就是叙事时间和自然时间的错位。还有其他的疑问吗？

（学生摇头。）

师：既然大家没有问题了，那么老师想再问问大家，如何看待助学资料里的评价标准的？

（老师出示助学资料中的评价表。）

等级	"学会记事"节奏变化评价标准
C级	文章叙事过程中没有节奏变化，或者节奏变化不明显。
B级	文章叙事过程中有节奏变化，但是叙事节奏的内容、时机或者快慢设置不恰当。
A级	文章叙事过程中有节奏变化，且叙事节奏的安排有助于主题的表达。
说明：在不同层级之间难以取舍时，可以依据"整体倾向"判断；必要的情况下也可以在现有层级划分下再添加"＋""－"。	

生：这个评价标准比较陌生，小学的时候没有见过，老师只是在评讲作文的时候说一说哪种文章好，没有这份标准这么具体。

师：第一次相逢，有些陌生很自然。你从这份评价表中读出了哪些信息？

生：这是一个评价标准，一共分为三个等级，从 A 到 C 依次递减，A 级最好，C 级最差。

师：说得很到位。老师还要提醒各位同学，这份层级表虽然只列出了三个等级，但是不同等级之间是存在一定缓冲性的。例如，如果你觉得一篇文章比 B 级好，但又达不到 A 级标准，那么可以将它评定为"A－"或者"B＋"。大家觉得这份评价表有没有需要修改或者完善的地方？

生：我认为 B 级标准可以修改成"叙事节奏的内容、时机或者快慢设置不能表现主题"，这样更加具体明确。

师：好的，他把 B 级中的"不恰当"进一步明晰了，这样一来，同学们再判断恰当与否时就有针对性了。其他同学呢？

生（齐答）：没有了。

师：既然没有问题了，那么我建议大家以有节奏的掌声通过我们的讨论结果。

（学生大笑，有节奏地鼓掌。）

三、中小学联系衔接，教学评一体贯穿

师：掌声停止，挑战开始。小学的时候，同学们的作文都是给老师评价，现在到了初中，我们也来个角色转换，请大家结合刚刚的评价标准给助学资料上的三篇文章进行等级判定。在评定时，同学们可以直接把文章中的相关语句画出来，这样在写理由时会更有针对性。下面开始吧。

（学生读文章，评定案例等级。）

师：时间到！下面小组讨论一下，看看自己的判定与其他同学有没有不同。

（学生小组讨论。）

师：既然大家都讨论好了，那么我们就来交流分享一下。

生：我觉得第一篇是 C 级，因为这篇文章没有节奏变化，仅仅记叙了玩陀螺这个事件的过程，通篇流水账。

师：好的，其他同学有不同意见吗？

（学生摇头。）

师：的确，这篇文章先写自己想玩陀螺，接着写找妈妈买，买到后不会玩，就找爸爸教，然后就没有了。全文平铺直叙，没有任何节奏变化，或者说节奏极快，就像一条直线一样。（在黑板上画出一条直线。）

生1：我觉得第二篇文章是 B 级，因为它虽然有节奏变化，但是不能体现主题。

生2：我觉得应该是 A 级，它表现主题了。它想表现的是人与自然的亲近，而陶轮艺人与泥土的亲近正是如此。在写陶轮艺人时，作者放慢了节奏详写，使文章节奏鲜明。

师：好的，赞成第二位同学的请举手。

（绝大部分学生举手。）

师：我也赞成第二篇文章是 A 级。它先写旅行快结束了，这时节奏极快；然后写看到陶轮艺人这个能揭示主题的对象后，立刻放慢节奏，慢慢描，细细写。这样文章就有起伏，出现了节奏变化。（在之前板书的直线下面另画一幅"心电图"。）

生：我认为第三篇是 B 级。这篇文章是有节奏变化的，如停下来写门、写自己睡不着的原因，但是这些都与主题无关。

师：有不同意见吗？

（学生摇头。）

师：好的，老师赞成大家的意见。正如老师在黑板上画出的两个图形（一条直线和"心电图"）一样，写文章要写出节奏变化，这样才能有心跳的感觉。如果都像直线一样，那么……

生（大笑，齐声喊）：没有心跳，死了！

师（笑）：没错，那么怎么才能写出心跳的感觉呢？老师给大家提供一个步骤性策略：第一步，你需要明确，节奏的变化是影响读者阅读感受的一个重要因素，如果缺乏节奏的变化，不管文章的立意多么新奇，语言多么精彩，也会让读者感觉枯燥。第二步，在设置写作的节奏时，要以表现主题为根本目的，与主题相关的内容要适当放慢节奏，与主题无关或者关联不大的内容要适当加快节奏。第三步，节奏调节可以通过以下三条途径实现：

1. 叙事过程中，增加与主题相关内容的描写。

2. 通过调节叙事的详略来改变节奏，详写可以放缓节奏，略写可以加快节奏。

3. 在叙描过程中，加入适量的与主题相关的议论和抒情。

（学生点头，做笔记。）

师：明白了是一回事，能不能写是另一回事。今天课后的任务就是请同学们运用课堂所学，自由选择一个情境，创作一段文字，写出节奏变化，并给自己的作品评定等级。下课！

【教后反思】

一方面，当前写作教学的知识亟待更新。以"学会记事"为例，学生在小学阶段早已对如何记事了然于心，那么初中阶段的"学会记事"应该学什么内容呢？这是需要立足于"中小学衔接"的角度认真考虑的一个问题：既要避免已有写作知识的重复教学，又要紧扣初中阶段写作素养的培养。通过课前梳理和预习反馈，我发现"叙事节奏"是记事写作时不可忽视的一个要素，在小学阶段罕被关注，因此对七年级的学生而言是极具教学价值的。基于此，我便从"叙事节奏"的层面对教学内容进行了大胆的探索和设计。

另一方面，传统的写作教学中，学生大多处于被动接受的地位，不明目标，不知标准，不懂策略，参与度不高，导致写作学习成为负担。因此，本节课从一个可以触碰的生活情境——"有节奏地鼓掌"入手，让学生由已知经验向未知目标迁移，迅速融入教学情境，进行真实有效的学习。接着让教、学、评融为一体，贯穿整个教学活动的始终，引导学生借助"评价等级标准"这一支架，学习、了解、修正、运用评价工具，在自主、合作和探究式的学习中转变角色，由被动接受变成主动建构、主动评价、主动内化。最后，为学生提供可操作的步骤性写作策略，引导学生按部就班地进行写作练习，巩固所学。从课堂反馈来看，这样以学生为主体的教学极大地调动了学生的积极性，教学效果令人满意。

七年级是中学阶段的起始年级，教师要注意与小学阶段的衔接，只有这样，中小学的语文教学才能有效勾连，语文核心素养的培养才能持续长久，学生的写作能力才有可能适应发展的需要。

【名师点评】

写作教学内容的欠缺和混乱是困扰当前语文教学的重要问题，七年级上册的"学会记事"在小学阶段有没有涉及过呢？答案是肯定的。既然小学已经教过，那么，初中应该教什么，又应该怎么教呢？江老师的这节课给出了一个值得所有语文教师琢磨的答案——立足中小学衔接，梳理出"应当教"的内容；基于学习方式和角色的转变，开展自主、合作和探究式学习。这样的探索和尝试值得称赞。除此以外，这节课还有几点值得一说。

其一，功夫在课前。

一节课，我们不能只看课堂上的 45 分钟，更要将视野向前回溯，关注师生课前做了什么。那些课上热闹、课后冷落的教学比比皆是，教学还是要追求真实有效,不搞噱头和表演,扎扎实实才是本真。这节课,课前就让学生将自学过程中出现的问题记录下来,拿到课上来讨论,这样就在无形中延伸了课堂的广度。课前学生能够做的事情放手让他们做,既能节约教学时间,又能提高课堂效率,把珍贵的时间用在真正需要的地方,教学生不懂的,这才是教学最本真的追求。

其二,生动在课堂。

初中与小学不同,与高中也不同,什么才是适合初中的学习呢?我想,这节课是有一定展现的。例如,课上鼓掌体验节奏,就是初中的教法。源于生活,体验生活,高于生活,用身边唾手可得、随手可做的经验来告诉学生什么是写作,这是一个很好的尝试。这样一来,学生一下子就懂得了什么是叙事节奏以及节奏是有作用的。又如,用"心电图"让学生体会节奏变化的价值,更是让教学内容深入人心。再比如,课堂上以学生的自主合作、讨论探究为主要学习方式,在学生有困难的时候教师及时提供支架,举例解释,帮着学生一步一步往前走,有放手,有帮扶,既尊重了初中生已有的能力,又认识到初中生目前的欠缺。我们的初中课堂非常需要这样一些鲜活的内容和设计,从而让学生真正融入课堂。

其三,拓展在课外。

本节课以叙事节奏为中心引导学生学会记事,课程内容让人眼前一亮。这个内容似乎未曾有人提过,这就是一种课外的拓展和知识的更新。我们的写作教学知识实在太过陈旧,以至于学生和教师似乎都很难再提起兴趣,提到写作课就给人沉闷之感。为什么沉闷?课堂上讨论的内容都是学过很多遍的内容,或者是根本学不会的内容,还谈什么兴趣和吸引力呢?所以,教师在课外要拓展自己的知识面,这样才能为课堂注入新鲜血液。学生也是如此。传统的写作教学教完之后就是学生写,怎么写主要还靠学生自己去领悟。而这节课最后教师给予学生一个支架,让学生以步骤式策略进行写作和体验。学生只需要按照步骤一步一步去练习,自然水到渠成,这就把课外练习变得可操作化、主动化,又一次延展了课堂教学的时间和空间。

如果我们的写作课都能像这节课一样关注中小学衔接,追求理性和客观,那么学生的写作能力与语文素养的提升自然指日可待。

(原载《初中生世界》2020年第28期,课堂教学江跃,点评王家伦)

整本书阅读：在"可为"处发力

——从一堂《小王子》整本书的阅读指导课谈起

整本书阅读对语文学习甚为重要。早在20世纪40年代，叶圣陶老先生就指出：现在国文教材似乎该用整本的书，而不该用单篇短章，退一步说，也该把整本的书作为主体，把单篇短章作辅佐。[①] 然而，在一线语文教学中，关于整本书的阅读指导课实践案例甚少。法国作家圣·埃克苏佩里写的《小王子》是20世纪流传最广的童话，阅读率仅次于《圣经》，故以《小王子》为例，谈谈整本书阅读指导课的"可为"之处。

一、点燃"兴趣"火花，鼓励"个性"解读

整本书的阅读在阅读基础、阅读内容、阅读时间、阅读方式、阅读感受、阅读评价等多个方面，都是很个性化的。[②] 一般说来，整本书的阅读指导课不易操作，也不可能面面俱到，执教者必须"艺高胆大"，有"所为"而有所"不为"。所以，教师可针对整本书的某一章节、人物形象、故事情节、典型环境或者主题主旨等进行专题式的研讨。教学目标可以是微观的、也可以是宏观的；可以学生确定目标，也可以教师确定目标。[③] 但是毋庸置疑，教师应始终在整本书的阅读指导课上，激发学生阅读的兴趣，大胆鼓励学生进行一定程度的"个性化"解读。下面是笔者带领学生读《小王子》课堂的几个主要教学环节。

环节一：初读，与名著相识——理清《小王子》整本书的故事脉络。

环节二：品读，与名著相会——聚焦《小王子》整本书中自己印象深刻

---

① 叶圣陶. 论中学国文课程标准的改订 [A] //饶杰腾. 民国国文教学研究文丛·论争卷：1912—1949 [C]. 北京：语文出版社，2015：41.

② 郑桂华. 整本书阅读：应为和可为 [J]. 语文学习，2016（7）：4–8.

③ 程翔. 从"整本书阅读"的学科定位谈起 [J]. 中学语文教学，2017（1）：8–11.

的细节。

你阅读《小王子》整本书时,最感动的是故事中的哪个细节或精彩语段?请运用点评法写下自己的感悟,并与同学交流。

(令自己感动的细节、深情的朗读、精彩的点评、小组成员分享、班级汇报展示。)

环节三:精读,与名著相知——细读《小王子》整本书中"小王子与狐狸"相遇一章。

环节四:深读,与名著相守——尝试《小王子》整本书阅读,积累写作素材,尝试进行写作拓展。

【名家点评】该堂课上,教师主要设计了四个环节,始终激发学生兴趣,关注学生的"个性",进行有效指导。环节一旨在关注绝大部分学生对整本书的阅读情况。环节二旨在通过学生课前对整本书的阅读评点,关注学生的"个性化"阅读,教师在课堂上运用投影展示学生评点情况,学生交流展示评点情况,教师适时进行点拨、指导。环节三旨在精读一个章节,在"个性化"理解的基础上深化对《小王子》一书主旨的理解。环节四旨在关注学生的"个性化"积累与写作。

二、纵览"整本"纲领,督查"课外"阅读

整本书的阅读,在空间和时间上常常受到限制,一线教师常采用"放羊式"的方式,虽提倡学生加强课外阅读,但是在阅读指导上却做得甚少。整本书的阅读和某一文本的阅读不同,毕竟课堂上没有足够的时间进行整本书阅读。所以,整本书阅读的主要时间应该在课外,但是教师的课堂指导也必不可少。我们认为,教师在课堂上的指导首先体现为督查学生课外的阅读,以了解学生课后的阅读情况。教师有必要对整本书的内容进行相关问题设计。下面是课堂第一环节的详细过程。

师:首先让我们回顾一下小王子奇妙的生命之旅,故事的主要情节是从"我"和小王子的相遇开始的,那么"我"的身份是什么呢?

生(齐答):飞行员。

师:对,"我"因为一次意外的事故被迫降落在什么地方?(疑问)

生(齐答):撒哈拉沙漠。

师：那么，小王子住在什么地方呢？他每天做些什么呢？

生（齐说）：B—612小行星上。

生：他每天的工作就是清理三座火山，其中两座是死火山，一座是活火山。（同学议论纷纷，有不同意见）哦，两座是活火山，一座是死火山。每天早晨还要将所在星球上的猴面包树的幼苗给除去。

师：小王子在他的星球上结识的一个重要对象是一朵玫瑰花。小王子精心呵护她，但是这朵玫瑰花怎么样？

生：傲娇。（学生偷笑）

师：有点傲慢。

生：她不懂得小王子对她的爱情，最终小王子做出了离她而去的决定。

师：接下来小王子就游历了六大星球，依次见到了哪些人呢？

生（七嘴八舌，相互回答或者补充）：崇尚权力的国王，爱慕虚荣的人，视酒如命的酒鬼，一个滑稽的商人，循规蹈矩的点灯人，闭门造车的地理学家。

师：那么最终小王子来到了哪里？

生（齐说）：地球。

师：依次见到了谁呢？

生：一条蛇，一只狐狸。

师：看书不是很仔细，遗漏了一些，哪位同学来补充？

生（补充回答）：有着三片花瓣的花朵、玫瑰盛开的花园，然后见到了狐狸，还有一位扳道工、一位贩卖能够止渴的精制药丸的商人。

师：那么，《小王子》整本书究竟讲述了怎样的故事？

（学生回顾投影上的故事梗概。）

【名家点评】《小王子》这本书阅读起来并不是很难，但在教师推荐给学生之前，班级大部分学生都没有读过，对故事的基本情节一无所知。教师在一个星期前就要求学生进行课外阅读，课堂上的检查督促在整本书阅读的指导中的作用不可忽视。所以，课堂上设置此环节意在了解学生读没读、读得怎么样，以避免课外阅读流于形式。此外，通过师生互动、生本互动、生生互动等，学生对整本书的故事梗概有了大致的了解，这是深入研读整本书的前提。

三、聚焦"篇章"精读，深化"整本"阅读

整本书的阅读指导课不可能做到面面俱到，因为整本书的阅读涉及的面比较广，但是这并不意味着可以忽视教师的指导。我们提倡这样的做法：课堂上可以选取某一个篇章或者某一个点进行精读或者深读，这一篇章或者这个点，在整本书中有着举足轻重的作用，常会以"点"带"面"，"牵一发而动全身"。教师如若在课堂上对学生的阅读加以指导，也会收到"四两拨千斤"的效果。下面是第三环节的详细过程。

师：一本好书更需要我们精读其中的章节，精读《小王子》，也是与小王子相知的过程。请同学们自由阅读第 21 章，概括这一章的大概内容。

（学生自由快速地阅读。）

师：狐狸所说的"驯化"是什么意思？

生：是指建立联系。

师：找得很准确，驯化容易吗？它需要什么？

生1：驯化不容易，需要耐心和责任，要永远为你驯化的东西负责。

生2：狐狸告诉小王子最好在相同的时间来，所以驯化要有一定的规律性。

师：小王子再次看到那些玫瑰时，他心里又是怎样想的呢？

生：小王子认为这些玫瑰根本不像他自己的玫瑰，全部加起来还不如。

师：请大家一起来齐读小王子与那些玫瑰对话的语段。

生（齐读）："你们很美丽，但也很空虚"……

师：从小王子与狐狸的交往中，同学们懂得了怎样的哲理？

生1：要用心灵去感受世间万物，因为"看东西只有用心才能看清楚，重要的东西用眼睛是看不见的"。

生2：要想获得友情，就必须经过"驯化"，创造关系，同时要有责任感，要对身边的一切负责。

生3：狐狸让小王子明白自己的玫瑰是独一无二的，因为他为他的玫瑰付出过。

生4：人类社会只注重商品交易，没有真正的朋友和友谊。

师：同学们有没有思考过，作品中的狐狸到底象征着什么呢？

生1：我认为狐狸是智慧的化身。

生2：狐狸还象征着纯洁和友情。

师（表示赞同）：让我们一起了解下作品中狐狸、小王子、玫瑰、蛇的形象。（投影展示）

师：请大家一起了解下《小王子》一书的主旨。（齐读投影）

【名师点评】在这堂阅读指导课上，教师精选了"小王子与狐狸"交往的这一章节进行深读。这一章节在全书中有着重要的作用，精选这一章进行深读甚有必要。狐狸让小王子懂得了很多道理，这些哲理是《小王子》一书的精髓和魅力之所在，也对全书主旨的理解有帮助。教师首先通过挖掘"驯化"一词的内涵，引导学生理解如何"驯化"。接着从小王子理解"驯化"后的态度变化入手，理解小王子与狐狸交往中所蕴含的哲理。最终引导学生探讨作品的象征意义和主旨。在整本书的阅读指导中，教师不能指导学生只停留在作品浅层次的理解上，有必要深入作品的内部，进行一些适合学情的探讨，以加深对作品的理解。通过课上教师的指导，学生站得更高，看得更远。

四、积累"话题"素材，进行"写作"拓展

就整本书的阅读而言，阅读的实际效果往往难以检测，有时也就会流于形式。一线教师往往提倡学生进行课外阅读，也会推荐一些书目给学生，但如何指导学生进行读，读后怎么运用，不少教师常常会不了了之。教师在使用整本书时应该基于作品特征和学生需求，着重挖掘其发展核心素养的教学价值。[①] 笔者认为，"读"的目的就是要有"所用"，整本书的阅读更是如此。行之有效的方法之一就是进行读写转换，引导学生将"所读"有效转化为"所用"。如果学生真正将"所读"内化为语言积累和写作素材，又何愁学生写不出好的作文呢？下面是第四环节的教学过程。

师：我们每一个人心中都住着一个小王子，有人从这本书中读到了"童真"，有人读到了"忧伤"，有人读到了"智慧"。你从《小王子》中读出了什么关键词？为什么？（班级小组讨论，组内交流）

---

① 徐鹏．整本书阅读：内涵、价值与挑战［J］．中学语文教学，2017（1）：4-7．

生1：我读出了纯真。小王子的一切都是纯真烂漫的，他有着一颗童心。

生2：我读出了宽容。书中有一句话是这样说的，"小孩应该尽量对大人宽容"，因为小孩子看到的才是这个世界上最本真的东西，大人的眼中往往看不到这个世界的本质。

生3：我从这部书中读出了责任。那朵玫瑰花是小王子星球上唯一的玫瑰花，小王子一直照料着她。小王子在一路的旅行中始终牵挂他那座星球上的玫瑰花，最终还是回到自己星球，这真是一位很有责任心的小王子。

生4：我读到了内在，人的内在的灵魂。小王子在蛇的帮助下，最后通过死亡的方式离开了地球，留下了一个躯壳，但小王子身上精神和灵魂的东西是不朽的。

生5：我读到了坚守。最后小王子为了照顾自己那朵玫瑰花，毅然决然地让蛇咬了自己。

生6：我读出了爱，小王子对玫瑰花的爱。小王子与狐狸及飞行员之间都存在着爱，纯洁感人。

……

师：同学们读出的应该还有很多。请大家从这些话题中精选一个关键词，运用《小王子》阅读素材进行写作拓展，形式不限，100字左右。（可以是一则书评、一段感悟、几行短诗……）

（片段写作交流、展示。）

【名家点评】《小王子》整本书的阅读可以给人带来很多启示，课前教师已布置学生尝试写关于阅读《小王子》的读后感。设计此教学环节，旨在通过《小王子》的阅读，帮助学生积累一批写作的话题，并作为有效素材的积累，直接指向学生今后的"写作"。整本书阅读后进行读写转换，可以激发学生的思维火花，内化为学生的阅读和写作经验。所以，教师有必要在阅读指导课上搭建形式多样的"写作"拓展，引导学生将"所读"运用到"所写"中。

整本书的阅读在学生课外阅读中的作用不可忽视，教师也有必要在课堂上对学生的阅读进行相应的指导，只有这样，才不至于让课外阅读流于形式。整本书的阅读是有"可为"之处的，语文教师只有在教学实践中有所作为，并对学生进行积极的引导，学生语文素养的提高才能真正落地生根。

（原载《中学语文》2018年第1期，课堂教学朱平，点评王家伦）

如何合理使用部编本语文教材

——从王家伦执教《皇帝的新装》说起

2017年10月23日，笔者在江西师范大学附中观摩了一堂旨在诠释部编本初中语文教材的课堂阅读教学活动，执教人为苏州大学文学院的王家伦教授。他告诉笔者，他故意不查教参，也没有上百度寻求"启发"，只是根据自己对部编本教材中编写理念的解读，以及自己的教学理念，对《皇帝的新装》进行备课和开展教学活动。那么，他是如何合理使用教材的呢？

一、根据助学系统备课，合理解读文本

曾有专家认为，在阅读教学中，教师对文本的解读有多深，他的教学活动就能走多远。于是，一些执教者（包括一些名师）恣意挖掘文本，"为赋新词强说愁"，甚至"挖"到了莫名其妙的地步。如教学传统篇目《背影》，有教师竟然否认文章表现父子情深的主旨，挖掘出"生之背，死之影""祖、父、子、孙，又祖、父、子、孙的生命之水不息流淌、不断传递"等，实在令人啼笑皆非。那么，合理的文本解读的依据又是什么呢？

（一）按助学系统解读文本，设置教学目标

助学系统指的是教材编者提供的学习目标、学习要求、学习重点难点、课文提示、注释和作者介绍等一系列材料，以帮助学生阅读课文，并培养、提高学生的自学能力。[①] 同时，这一系列的"相关材料"，如单元导语、预习提示、插图、注释等，也能帮助教师进行有效的教学活动。实际上，助学系统就是合理使用这套教材教语文的重要依据。

受"同课异构"的影响，一些教师为了"脱颖而出"，竟然将苏教版高

---

① 倪文锦，欧阳芬，余立新. 语文教育学概论［M］. 北京：高等教育出版社，2014：58.

中语文教材必修三中高尔斯华绥的小说《品质》的教学目标定为"传承工匠精神,打造中国制造"。如此赶时髦,令人哭笑不得。笔者认为,就一套比较成功的教材而言,在阅读教学中,通过助学系统,教师可以正确地解读文本,设置教学目标。

不可否认,阅读教学中的教学文本一般具有多元的教学价值,可以从不同的维度解读。《皇帝的新装》这个文本可供教学的"点"颇多,如"按时间顺序安排材料""通过典型事例表现人物""丰富的想象""人物描写符合人物性格""极度的夸张"等。部编本中的《皇帝的新装》,被安排在七年级上册第六单元,其单元提示之一为"培养学生的想象能力",课文导读之一是"巩固学生对童话的认知",而童话最大的特点就是丰富的想象。王老师为这堂课设计了一对教学目标,即"较为深入地理解想象的作用"和"深刻理解对皇帝等人虚伪、愚蠢和自欺欺人的讽刺",这样的教学设计,符合部编本如此编排的目的和要求。

(二) 在教学过程中体现助学系统

本单元的单元提示中写道:"本单元学习快速阅读,力争每分钟不少于400字。"王老师紧扣这一提示,在教学过程中设计了以下环节:

师:请同学们用4分钟的时间把课文看一遍,告诉老师课文讲了一个什么样的故事。

(学生看课文。)

师(巡视):要一目十行地看,手指不要点。

师:4分钟到。我看大部分同学都看完了,这篇课文多少字啊?2800个字,我们4分钟时间看完的,一分钟看多少字啊?几百字?看看单元提示要求。

(学生翻到单元提示。)

师:第二段,本单元学习快速阅读,力争每分钟不少于多少字啊?

生:400字。

师:表明我们超额完成任务了,为我们大家的成功鼓掌(学生鼓掌)。话说回来,我们不能骄傲,因为这个故事我们小时候就听过了,对于陌生的文章,一分钟阅读400字可能会有一点小困难。

教学过程中,任何操作都是为了使学生真正意义上的有所得。王老师这样的操作看似简单，但颇有讲究。部编本中，每个单元都有关于"读"的具体要求，七年级上册六个单元的要求依次是朗读、朗读、默读、默读、默读、快速阅读。宏观要求下还有比较具体的要求。第六单元的具体要求是"阅读时，尽量扩大一次性进入视野的文字数量，寻找关键词语以带动整体阅读，提高阅读速度"。从王老师的这个教学环节中，可见其对学生快速阅读的要求与指导。任课教师如能坚持按要求操作，步步为营，学生快速阅读能力的提升必定不是一句空话。

另外一个小环节也颇值得回味：简单导入后，王老师要求学生把书翻开来，看文中安徒生的画像，要求记住安徒生的长相，认准他；然后再看看注释中对安徒生的介绍，并记住。他没有像一般教师授课时那样，要求学生个别读或齐读注释——与其花时间读注释，不如读教学文本！

二、灵活处理拓展延伸，暗合"1+X"模式

在教材的范文系统中，部编本体现的"1+X"模式颇值得赞赏。所谓的"1+X"，温儒敏认为就是"讲一篇课文，附加若干篇泛读或者课外阅读的文章，让学生自己读，读不懂也没关系，慢慢就弄懂了。这就是为了增加阅读量，改变全是精读精讲而且处处指向写作的那种教学习惯"[1]。然而，在具体的课堂教学中如何处理"1+X"模式？王老师在这堂课中作了探索，他的处理方式值得研究。因为是现场教学，他只能借助拓展延伸的机会体现"1+X"模式。

（一）教材内部的拓展延伸

语文阅读教学已经不再是传统单向模式。阅读教学中，语文教师应当跳出思想的桎梏，立足教材，在课堂教学中进行有效拓展，充分发挥教科书的功能。向教科书内部拓展，是王老师这堂课的显著特色。

> 师：请同学们翻到前面学过的课文——曹操的《观沧海》（教师朗读）："东临碣石，以观沧海。水何澹澹，山岛竦峙。日月之行，若出其中。星汉灿烂，若出其里。"再全班背诵李白的《闻王昌龄左迁龙标遥有此寄》……
>
> 再请大家看一下《皇帝的新装》后面的课文《天上的街市》

---

[1] 温儒敏. 如何用好"部编本"小学语文教材［J］. 小学语文，2017（Z2）：25-31.

（教师朗读）："远远的街灯明了，好像闪着无数的明星……"

显然，这些被联系到的文本都收集在部编本七年级上册中，也就是说，这些文本都在学生手里。其中，学生已学《观沧海》与《闻王昌龄左迁龙标遥有此寄》，而《天上的街市》未学。联系已学课文，有一举两得的作用，既是对当时所学课文的巩固，又是对以往所学的复习。或许有人对联系未学文本不以为然，难道向课外文本拓展必须是已学文本吗？由于已学的文本学生熟悉，而未学的文本没有文字障碍，故王老师没有对这些文本作过多纠缠，仅仅围绕"想象""借用"了一下。

（二）对"1＋X"模式的灵活处理

为了不加重学生的负担，为了使预习更有效，王老师不赞成学生课前花大量功夫预习教学内容，他积极主张学生当堂预习。所以，一般情况下，他授课不预先告诉学生具体的篇目。面对第一次见面的学生，王老师的这次课堂导入颇有特色。

师：先告诉大家我出过的一次大洋相。大概七八年前，我去杭州开会，学生请我到西湖边吃"哈根达斯"，我哪懂什么"哈根达斯"！环境很好，感觉很上档次。东西来了，放在我面前，我一喝，心里想，太过分了，请我喝白开水呀？他问我："王老师，味儿怎么样？"我难道好意思说"如同白开水"吗？或许高档次的东西就是这样呢！于是就说味道很"淡雅"。后来又问了一次，我还是回答"淡雅"。最后，他倒入自己杯子尝了一口，大惊失色，说："王老师您喝的是白开水呀，有一包东西没放进去！"为什么？我们的座位在大树的阴影下，看不见呀，尽管西湖边上月亮很美，但是月光照不到我的身上。当时我明明知道是"白开水"，但是我不好意思说"白开水"，只能说味道很"淡雅"。知道为什么吗？大胆说。

生：老师爱虚荣，要面子。（掩口而笑）

师：再请同学看课本上的第一篇课文。《春》这篇课文学过吧？第四自然段：闭了眼，树上仿佛已经满是桃儿、杏儿、梨儿。请同学们一起读一下。

生（齐）：闭了眼，树上仿佛已经满是桃儿、杏儿、梨儿。

师：那些桃儿、杏儿、梨儿是现实中存在的吗？

生：不，是作者想象出来的。

师：回答得很好，今天我们学的课文跟"哈根达斯故事"还有这个"闭了眼，树上仿佛已经满是桃儿、杏儿、梨儿"都有一定关系……

这个别具一格的导入有两个层次。从表面来看，第一个层次是为了引起学生的兴趣，但实际上很大程度上是指向了这节课"深刻理解对皇帝等人虚伪、愚蠢和自欺欺人的讽刺"的教学目标；第二个层次显然是指向"较为深入地理解想象的作用"的教学目标。同时，这样的导入也是一种拓展延伸，因为从来没有规定拓展延伸必须在课堂教学的当中才能进行；更为重要的是，这样的课堂导入也遵循了"1＋X"模式，但对"X"做了变动，这个"X"不一定要是纸质文本。

三、综合运用知识体系和训练体系

新课程改革以来，学生的主体性得到了尊重，但又出现了另种一趋向、就是弱化语文知识体系，甚至将之作为"科学主义"进行批判。部编本就此作了重建语文知识体系的尝试，使得各个学段、年级、单元的教学要点趋向清晰。《义务教育语文课程标准（2011年版）》指出，要随文学习基本的词汇、语法知识，用来帮助理解课文中的语言难点。

王老师的这堂课，正是对"随文学习"的尝试。

师：不管怎么样，作者做了一个奇特的想象，童话故事往往聚集了作者的想象而且很夸张，在生活当中是不可能发生的，尽管是不可能发生的，却好像又很真实，这种想象是非常奇特的。想象能够起到什么作用呢？把书翻到这个单元的后面，128页第一段："联想和想象是人类特有的思维活动。联想是由一个事物想到与之相关的另一事物，而想象则是在头脑中创造出未曾有过的新的形象。"简单地说，联想和想象的区别在哪里？请大家看一下《皇帝的新装》后面的课文《天上的街市》（教师朗读）"远远的街灯明了，好像闪着无数的明星"，缥缈的事物是虚的，联想是由实到实，想象是由实到虚。请同学们翻到前面学过的课文——曹操的《观沧海》（教师朗读）"东临碣石，以观沧海。水何澹澹，山岛竦峙。日月之行，若出其中。星汉灿烂，若出其里"，诗句发挥了想象。再看《闻王昌龄左迁龙标遥有此寄》（全班背诵），想象一下，如何把自己的心寄到明月？谢道韫的《咏雪》是想象还是联想？

生：联想。

师：暂时分不清联想与想象没关系，只要能够运用就可以了。

…………

师：后来呢？大家发挥想象：人群怎么样？当官的怎么样？百姓怎么样？

生：骗子跑了。

师：还有哪个同学想象一下？

生：皇帝把嘲笑的人处死了。

…………

师：希望同学们发挥想象续写一下，不要多，两三百字，就作为我们今天这堂课的一个作业，行吗？安徒生是写童话的第一高手，如果你能够续写，就是第二高手。

　　这堂课的教学目标是想象，王老师顺势带领学生学习想象的知识，这不是"随文学习"是什么？课文后面没有专门的关于想象的知识短文，但是，课本的训练体系中有（第128页）。王老师巧妙地把阅读教学和写作教学联系在一起，完成了他的"随文学习"。说到想象，当然离不开联想，就初一学生而言，区别联想和想象不是一件容易的事，虽然说教材第128页有相关内容，但也是浅尝辄止；所以，王老师以一句"暂时分不清联想与想象没关系，只要能够运用就可以了"，戛然而止，不作纠缠。训练，一度被幼稚地认为就是"应试教学"；学习知识是为了运用，而学会运用必须要训练，也就是说，知识系统与训练系统是相辅相成的。王老师为巩固学生所学布置的作业，就是充分利用了教材的训练系统。

　　没有故作深沉的文本解读，没有故弄玄虚的技巧展示，课堂在笑声中结束。课后，几个听课教师在一起议论：这样的课没有什么稀奇，我们也行。是的，语文本来就没有那么神奇，本来就该是一般的语文教师都能教，一般学生都学得会的一门课程。

（原载《中学语文》2018年第28期，署名欧阳芬）

论群文阅读之"群文"的选取与合理运用

——由王家伦教授的一堂示范课谈起

群文阅读是在提倡"核心素养"的背景下兴起的一种多文本阅读形式。阅读教学方式的这一根本性转变，不单单是课程标准提出的任务群教学带来的影响，同时也是学生自身发展的重要前提。学生身处一个信息爆炸的时代，社会发展及个人成长都向其提出了多文本，甚至是跨文本、跨介质阅读的要求，在主观与客观的双重期待下，群文阅读教学正在作为课堂教学的一部分甚至主要组织形式进入师生生活。

2019年10月，笔者有幸观摩了一堂初中语文课。它是一堂以"人物描写"为教学议题的群文阅读课，执教人为苏州大学文学院的王家伦教授。他告诉笔者，他提倡通过"工具"渗透"人文"，最大限度地发挥文本的教学价值，将学生过去、将来及课内、课外学习的内容相互交织成为"群文"，既要使语文教师在课堂上站稳脚跟，又要使学生在学习中大有所获。那么，他是如何在教学中合理使用"群文"的呢？

一、"群文"文本选择的指向：围绕关注点

蒋军晶老师认为："所谓'群文'，顾名思义，就是在教学现场，较短的单位时间内，要呈现多篇文章，多到四五篇，甚至七八篇。"[①] 从蒋老师的定义出发，群文阅读教学的关键就是多文本的选择及有效组织。那么，群文阅读中多文本的选择及组织的依据是什么呢？

---

① 蒋军晶. 语文课上更重要的事：关于单篇到"群文"的新思考 [J]. 人民教育，2012（12）：30-33.

（一）议题选择以"关注点"为指向

虽然说"从一定意义上来看，单元教学也是一种特殊的群文阅读"[①]，但是，群文阅读教学与一般意义上的传统的单元阅读教学之间的区别也是显著的，其中最重要的一点就是：单元阅读教学"三维并进"，同时关注知识与能力、过程与方法、情感态度与价值观，力求对单元中的文本进行深度学习。而群文阅读教学突出"一维关注点"，即围绕一个中心进行组元，这个"关注点"可以是"知识与能力"的，也可以是"情感态度价值观"的，还可以是"过程与方法"的，"群文"的选择与组织是为培养学生的深度阅读能力而进行的。这两种不同的教学理念，决定了它们的教学内容、组织形式与带给学生的审美角度的不同。山东师大潘庆玉老师在谈到两者的不同时，用"看花"来做比喻：单元阅读教学是从上到下、从左到右仔细观察一朵花；群文阅读是观察一丛花，可以欣赏花与花、叶与叶、花与叶之间的美，这样的阅读更多了些动态与多样。[②]

围绕关注点选择"群文"的理论基础源于后结构主义者茱莉亚·克里斯蒂娃提出的互文性，即不同文本之间存在着呼应与诠释。[③] 这种呼应与诠释使文本有了跨越古今与山海的力量，古代的作家与今天的学者可以围绕一个主题对话，中国的作家与外国的作家也能就同样的内容侃侃而谈。多元的、多维度的以文本、作者、读者为中心的对话，时刻都在上演。单篇阅读教学是一种经典教学方式，但在一定程度上需要方法的更新与补充。

群文教学凭着自己鲜明的优势，登上了语文教学的舞台。它的教学目标指向"关注点"，在多维语境中激荡思维，通过比较阅读增进对知识的理解，进而转化为能力。在王家伦老师的这次教学活动中，他选择的关注点是"人物描写"，这次群文阅读的"群文"以《从百草园到三味书屋》为主，另包括《最后的姿势》《植树的牧羊人》《詹天佑》《五猖会》《我的老师》等五个文本的片段。选择这六个文本的原因是它们都用简洁、有特点的语言，刻画出了生动的人物，对它们的共有特点进行深层次学习，符合心理学中的及时强化理念，能帮助学生从领会经过巩固而向应用迈进。

[①] 韩炳艳，王家伦. 群文阅读与单元教学比较谈：以部编本初中语文教材为例［J］. 福建基础教育研究，2020（1）：37－39.

[②] 潘庆玉. 群文阅读：由链接而群聚，因秘响而旁通［J］. 语文建设，2018（1）：26－33.

[③] ［英］尼尔·麦考. 如何阅读不同的文本：学生阅读的方法与技巧指南［M］. 苏新连译. 北京：商务印书馆，2017：121－125.

（二）议题式组"群"：多角度、多层次

群文阅读中的"群文"都能紧紧地围绕着议题与中心，这是它们的相似之处，也是教师将它们选择出来组"群"的根本原因；群文阅读教学过程中文本处理的特点，就在于各个文本出现顺序的先后及衔接方式的不同。

王家伦老师在教学中选择《从百草园到三味书屋》等六个文本作为教学内容，是因为它们都是"人物描写"的佳作。王老师在课堂上面对的是刚升入初中一个多月的学生，他们的阅读能力与小学高年级接近。所以，他将学生在小学期间学过的文本作为"群文"之"文"的"先行官"。

一是关注"人物动作"。

王老师首先出示了学生学过不久的《最后的姿势》中的片段：

> 谭老师飞身扑到了我们的身上。张开双臂，护住学生……

这是典型的单一动作描写，刻画出了一位舍身救学生的伟大教师形象。王老师出示的第二个文本是本学期将要学到的《植树的牧羊人》中的一个片段：

> 牧羊人拿出一个袋子，从里面倒出一堆橡子，散在桌上。接着，一颗一颗仔细地挑选起来。他要把好的橡子和坏的橡子分开。……过了一会儿，他挑出了一小堆好的橡子，每一颗都很饱满。接着，他按十个一堆把它们分开。他一边数，一边又把个儿小的，或者有裂缝的拣了出去。最后，挑出了一百颗又大又好的橡子，他停下手来，我们就去睡了。

这两个片段都是动作描写的佳作，属于群文阅读的第一版块。第一个片段来自苏教版六年级的课文，第二个片段是部编本七年级上册第13课，排在《从百草园到三味书屋》之后。这样的安排是"瞻前顾后"的体现。

二是关注"人物语言"。

王老师首先呈现的也是学生学习过不久的《詹天佑》中典型的语言：

> 我们的工作首先要精密，不能有一点儿马虎。"大概""差不多"这类说法不应该出自工程人员之口。

第二个片段是附于部编本七年级上册《从百草园到三味书屋》之后鲁迅先生在《五猖会》中对父亲语言的描写：

> 去拿你的书来。
>
> 给我读熟。背不出，就不准去看会。

不错。去罢。

　　语言版块选取的是语言描写的精华，第一个片段的句子较长，有连贯性，刻画出了工程师的职业特点：精密；第二个片段是父亲要求"我"背书时的三句话，简短有力地刻画出一位严父的形象，这样的"一前一后"也是符合学生学习特点的。

　　三是关注"动作与语言描写结合"。王老师出示学生学过不久的苏叔阳的《理想的风筝》片段：

有一次，他故意撒脱手，让飞舞的纸燕带动长长的线绳和线拐在地上一蹦一跳地飞跑。他笑着，叫着，拄着拐杖，蹦跳着去追赶绳端，喊着："你们不要管，我自己来！"终于，他气喘吁吁地抓住了线绳……

　　这个片段是苏教版六年级下册的内容，是人物描写的佳作与模仿的范本，作者将语言与动作完美结合，刻画出了一位虽有残疾却对生活充满热情的老师形象。可以看出，第三次文本片段的出示是对前面学习的总结与提升。群文安排带来学习方式的改变："从实例概括到经验提升。"

二、群文"文本"的选择范围：跨阅读介质，跨文本形态

　　潘庆玉老师在总结群文阅读的概念时指出："群文阅读的概念不仅仅指书面语言阅读，还包含更广泛意义上的非语言文本的'看'：读'物'、读'像'、读'图'、读'数'、读'事'，不一而足。"[①] 所以，群文阅读中的"文"内涵丰富，不仅指的是书面文本，其他跨文本、跨介质阅读也应该包含在群文阅读当中。学生在未来的多重语境中，通过多文本、跨文本进行信息整合，必定是一个常态。所以群文阅读教学，要从读"一篇"走向读"一群"，从读"一群"走到读"一类"，从读"一类"走向读"多种"，使学生在多重语境中拓宽视野，在对话探究中获得积极效果。

　　这个"多种"，首先是纵向的"多种"。显然，王老师的这次教学活动以部编本七年级上册的《从百草园到三味书屋》为"轴心"，但是，考虑到学生刚从小学升入初中，还特地从学生学过不久的小学六年级上册的课文《詹天佑》与《最后的姿势》中选取了两个语段，从六年级下册课本《理想的风筝》中选取了一个语段，如此选择，完全是为了不脱离学生的已学，也

---

① 潘庆玉. 群文阅读：由链接而群聚，因秘响而旁通 [J]. 语文建设，2018（1）：26–33.

能唤起他们对小学学习的美好记忆。同时，考虑到学生手头的文本，又特地从七年级将要学的课文《五猖会》与《植树的牧羊人》中选取了恰当的语段。这就是上文所说的"瞻前顾后"。

这个"多种"，还是横向的"多种"。王老师在教学中不仅使用经典的书面文本，还对相关多形态的材料进行了挖掘。在这堂课的导入阶段，王老师也"顺便"兼顾了人物的肖像描写。他首先出示了自己的漫画像，和第一次见面的学生"套近乎"：

师：同学们，大家好，在下姓王，名叫家伦，（手指幻灯片）这个光辉形象你们猜猜是谁？

生（齐声）：王老师！

师：为什么你们能猜得这么准确呢？

生（七嘴八舌）：额头皱纹、眼镜、皮包、西装……

师：你观察得很仔细呀，所说到的额头皱纹啊，眼镜啊（边说边指），都是我的特点，你们一下就能把我和图片上的人对号入座。说到这幅图画，还有一个小故事可以和你们分享。它是我的一个老朋友画给我的，当时我们一起出差，我说，你画画水平高，给我画一个漫画像好吗？他满口答应，毕竟是我的老同事嘛。（边说边得意地仰头，生笑）我说，我给你一张照片，你给我画画。他忙说，不用不用，我已经抓住了你的特点。没想到，他第二天给我的漫画像还真像我，你们说是不是？

生（齐声）：是！

师：这就是抓住人物特点的好处，无论是画画还是写作，都能把人物刻画得惟妙惟肖。下面我们再来看一个大人物的画像，你们再来猜猜是谁？（显示幻灯片中鲁迅先生的漫画像）

生：鲁迅！

师：你们说得很准确，这幅画像哪里突出了鲁迅先生的特点呢？

生（七嘴八舌）：头发、眼睛、胡子……

师：对。坚毅的眼神，根根直立起来的头发，浓密的胡子，这些都是他的特点。（随后展示课本上的鲁迅先生的照片，和画像很接近）

王老师在教学中用自己的画像导入教学，二维的图画和三维立体、现实的人同时出现在学生面前，给学生的视觉造成了极大的冲击，也让他们熟悉了自己，同时将本节课教学的"中心"以跨文本的方式让学生领悟，起到了"先行组织者"的作用；另外，课堂氛围也在教师的带动下活跃起来。用自己的例子导入，让学生明确：只要抓住特点，就能把人物刻画得惟妙惟肖，这是"从特殊到一般"。接下来，呈现了鲁迅先生的画像，在教师的"从一般到特殊"的讲解中，先点明先生画像很有特点。在归纳特点的过程中，再次明确教学中心，介绍了作者，一举多得。

三、群文阅读方法的选择与"过河拆桥"

群文阅读教学追求的是学生核心素养的提升，促进学生语言、思维、文化、审美等能力的发展，最终达到"精神成人"的目的。所以群文阅读教学方法的核心是"过河拆桥"，也就是教师在教学过程中注意方法的引领与渗透，学生在学习之后，也就是"过河"之后，不必再依靠教师这座"桥"，自行可以到达学习的彼岸。

（一）比较阅读：聚合思维与发散思维结合

群文阅读教学在一定程度上可以说是比较阅读教学，教师依据文本的相似性与不同性选择材料，设计教学；学生在比较阅读中获得启发，从多维度、多侧面对中心教学点进行深度学习。

传统的单篇文章教学着重培养学生的聚合思维，它更加强调的是将学生学习的思维集中到现有的学习内容上，是对以往经验的接纳与传承。但它的不足也是显而易见的，那就是学生思维的发散性、辩证性与创造性培养难以落实。将群文阅读作为教学的一种主要形式，或者是作为课程的组成部分，抓住多文本的"横向比较"，在很大程度上能弥补不足，教出新意。

群文阅读教学可以促进学生聚合思维与发散思维的双重发展。一方面，群文阅读中用于教学的多文本（包括非真正意义上的文本，如上文中的漫画像）聚焦于一个教学中心，这些文本（包括非文本）从不同角度、侧面加深对同一"关注点"的理解，这样的总体教学思路培养了学生的聚合思维。另一方面，多重文本（包括非文本）在不同语境中交织，学生的思路在比较阅读中激荡，多角度的观察、思考、逆向探究成为常态，发散思维的种子通过教师的教学在学生的心灵中生根发芽。

王老师在教学过程中多次运用了比较阅读的方式，在文本之间搭起了桥梁。如对《最后的姿势》和《植树的牧羊人》两篇用动作描写人物的片段分析，王老师的教学语言颇有特色：

师：下面我们来看看两组用语言描写人物的片段。这是第一个片段（再度显示本文第一部分的《最后的姿势》的片段），你们用一个词语来描述这是一位什么样的老师。

生（争先恐后）：热爱学生、奉献生命、无私奉献……

师：是用一个什么样的动作，将你们所说的特点刻画出来的呢？

生：是用双肩张开在课桌上，还紧紧搂着学生这一动作。

师：你概括得很准确。下面我们再来看一个文本，你们来发现一下它们之间的相同与不同（再度显示本文第一部分的《植树的牧羊人》的片段）。

师：谁能来概括一下这个牧羊人在干啥？这位同学手举得最快，你来说。

生：他在挑选橡子。

师：你概括能力很强。他做了那么多动作，其实就是在挑选橡子，你能透过现象看到问题，真好，请坐下。那他写这么多，是不是没用？像写上面那个老师一样，直接一个动作搞定，多好。

生：我觉得不是没用。那位老师的动作是一个固定的动作，这个动作是老师在极端紧急情况下保护学生的最后一个动作，最能表现出人物特点；而那个牧羊人是在比较宽松的时间内挑选橡子，这些小动作组合在一起，能让我们感受到牧羊人的仔细。

师：这位同学说得真好，但是，就"时间"而言，用"宽裕"比用"宽松"更为妥当。这两个片段都准确地刻画出了人物形象，第一个片段描写的是奉献生命的老师，是老师最终的动作，这个"静"能反映人物特点；第二个片段写的是认真挑选橡子的牧羊人，"挑选"是一系列动作的组合，这个"动"也能反映出人物特点，要根据情况做出选择。

在这个教学环节中，王老师用比较选材，用比较设问，用比较答疑，将比较阅读无声渗入教学，起到了"搭桥"的作用。

（二）集体建构：教师不是教材的传声筒

建构主义的教育理念影响了今天的教育，它认为学生不是空着脑袋进入教室的，学生有着自己的生活经历与知识技能。受建构主义影响，群文阅读教学提倡教师是引路人，是平等者中的首席，而不仅仅是教材的传声筒。在教师的指导下，学生能在集体中广泛阅读。这样的阅读是在个人视域的基础上，拥有着大量材料的集体进行的思想碰撞。正是这种一个个的"不同"才建构出属于集体的"同"，这些"不同"的张力就构成了集体建构的动力。

王老师在教学中用自己朴实简明的语言带领孩子们在"群文"中穿梭，帮助学生实现集体建构。

在以《从百草园到三味书屋》为例，讲解了用生动的语言和动作描写刻画人物后，王老师总结道：

> 语言的魅力是无穷的。你看，鲁迅先生多么会观察思考，他写作《朝花夕拾》这部散文集时，已是中年，但是他还能用孩子的眼光去看这个世界，用孩子的笔触去写这个世界。在文中，寿镜吾老先生是一位方正、质朴、博学的老先生，但是他又有点刻板、迂腐。这些是通过典型的、怒色的语言"不知道""人都到那里去了"等表现出来的；还有通过典型的动作如"和蔼地在一旁答礼""微笑着吟哦读书"等来表现。下面我们再来看几个片段，你们根据我的提示，回答问题。
>
> 1.（再出示上面《最后的姿势》和《植树的牧羊人》片段的幻灯片）文本中的人物有什么个性特征？
>
> 2.（再出示上面《詹天佑》和《五猖会》片段的幻灯片）你是从文本中哪里看出来的？
>
> 3.（再出示上面《理想的风筝》片段的幻灯片）这段话是如何描绘出人物的特征的？

短短三个问题，引发了学生的讨论：王老师出示的第一组幻灯片着重在动作描写，第二组幻灯片着重在语言描写，最后以动作与语言结合的片段作为总结。学生有了前面学习的积累，在小组讨论和老师的帮助下，借助幻灯片的回顾提示，能较为准确地回答老师的问题。在这三个片段的回顾中，学生已经可以将知识转换成为技能，进行简练且准确的概括。

> 生：这一段写的是一个虽然有残疾但充满乐观精神的老师，从文本的"你们不要管，我自己来！"这样的语言，以及"挂着拐杖""蹦跳着""追赶"等动作可以看出来。所以，它是用语言和动作刻画出了一个典型的人物形象。

这位学生的回答令王老师频频颔首，也获得了其他同学的掌声，表明学生完全能掌握动作和语言对人物描写的作用了，从知识到能力的转化取得了初步的效果，也就是说，"过了河，可以拆桥了"。

群文阅读教学的一大优势就是能让学生在短时间内接触大量文本，教师的引导与学生的集体建构是学习的良好过程，在这一过程中将思考与回答的权利交还给学生，既有效率又有效益。在交流中共享，在对话中共赢，就是群文阅读带给学生最好的礼物。

四、回归初心：基于教材，基于学情

新课程改革实施以来，课程标准中的一部分新理念在一些教师的实际教学中"走了样"，甚至成为教师教学中的痛点。究其根本，是因为老教师墨守成规，守着自己的一亩三分地，将教学还原成了自己不敢整治的"祖传老宅"；面对新任务、新挑战，新教师有理论，但对教材的把控能力不甚理想，将教学搞成了"空中楼阁"。于是，群文阅读教学作为学习任务群教学中的一种新的教学模式、教学方法，对于初接触的教师而言仿佛变成了"烫手山芋"。面对这样的现状与问题，王老师用自己的示范课，给奋战在一线的教师提了一条切实的建议：从教材出发，从学情出发。

任何教学模式或者新的教学方法都是从现有的教学内容与学生情况出发的，群文教学也不例外，它可以是一堂课的整体组织形式，也可以是一堂课的重要组成部分。这都是根据这节课的教学目标确定的，并不是确定了必须要以群文形式进行教学，而是确定了教学目标后选择最适合这节课的方式——群文阅读，学生用这一方式能更好地有所得、有所获。

从对"群文"之"文"的选择来看，王老师此番教学采用的材料，有主有次，以片段为主，各个文本皆有自己突出的语言优势，是学生学习阅读与写作的范本。其中主要学习的是鲁迅先生的《从百草园到三味书屋》，这个文本也是学生在初一上半学期正常教学中应该学习到的，是符合教材教学顺序的。其余文本是学生不久前在六年级学习过的内容，或是本学期以后将要学习的内容，这样的安排是文本"多样价值"的发挥，起到了既"温故"又"知新"的作用。这样的安排也与学生的学习心理有关，因为学生的学习是一个螺旋上升的过程，之前学过的内容不能束之高阁，应该在之后有所复习。当然，群文阅读也可以拓展文本，如果时间充足，就可以向以前苏教版的课文《我的老师》延伸，因为其中的语言描写与动作描写也很传神。其他

的课外文本也很多，只要用心去寻找。

之所以要选择优秀文章的片段，而不是将整篇文章作为群文阅读的对象，王老师有自己的考量。从教学目标的角度出发，整节课的教学集中于一个"关注点"，简短的片段能精准地切入教学重点；从教学内容来看，一节课时间有限，要想多文本、大量阅读，运用片段是捷径。所以，"多片段教学"是群文教学内容的重要组成方式。

在示范课后，观摩的研究生与教师问了王老师有关授课思路的问题，王老师从自己从教十余年的经验出发，给了在场老师一些启发式的建议："群文阅读教学其实很简单，重要的是关注学生所得。首先自己要'吃透'文本，对教材要有全局把握。比如我这节课，虽然是初中的课，但是我根据学生的特殊情况结合了小学学过的内容，以及他们之后要学习的内容，这样就把课文的价值充分挖掘出来了。其次，你们平时在阅读中发现有好的文章要记下来，这些都是独特的教学资源。你们现在条件好，上网搜一搜就出来了。我们当时条件比较艰苦，我读到好文章都是用蜡纸刻出来印发给学生，学生读得多了，阅读、写作成绩自然就上去了。这样的教学思路就是现在所说的'课内外相联系'，也就是'群文'——多文本阅读了。最后，阅读教学如有可能，最好指向写作，因为写作是对所学最好的运用与实践，让学生多写写，有好处，但是不能给学生太重的负担。"接着，王老师又说："当然，语文课毕竟是语文课，就群文阅读而言，如果目标指向的是'情感态度与价值观'，或者是'文化的传承与理解''审美的创造与发现'，那么，就该在'过程与方法'中体现'语言的建构与运用'。"

作为在中学教过 12 年语文的资深教师，王老师这一番话源于自身的教学实际，说得在场学生与老师纷纷点头。他用亲身实践表明，教师对教材有全局观，将教科书的内容体系烂熟于心，从学生学习的角度考虑课堂教学，自然就能将群文阅读教学"信手拈来"。

王老师的课从头到尾，没有虚张声势，没有夸夸其谈，实际上就是上了一堂最"简单"的阅读课，一堂扎扎实实的语文课，这也是他反复提倡的日常教学的"平民课"。

（原载《福建基础教育研究》2020 年第 7 期，署名王彦婷）

后 记

2007年，也就是退休的前两年，我才开始比较有规模地在杂志上发表文章，最早是单独写、与朋友合作写，后来是带领学生写。至今，已经累计有两百余篇。其中，有11篇被人大复印资料全文转载，1篇被部分转载，当然，还有一些被存目。实际上，我是70岁后才依依不舍地离开语文教学法讲坛的，这些文章，基本是自己从事语文教学法工作的备课内容，主要是从"平民"的视角阐述问题，涉及语文课程、语文教材、语文教师、语文教学的不同维度以及语文测试等。

2017年，我曾将已经发表的一百三十余篇文章中的八十多篇结集成书。2017年至今，又先后发表了七八十篇，于是，就有了再度结集的设想。对我这个退休老人的设想，我的工作单位苏州大学文学院给予了积极的支持，于是，就有了这本《语文教学的"平民化"》。非常感谢文学院曹炜院长，他在百忙中抽出时间，特地为我的这本书写序。

在将这些已发表的论文编入本书时，考虑到方方面面的原因，在不影响主旨的前提下做了局部的修订。

苏州市工业园区的语文教师蒋淼、汤凯茹、谈嘉悦、汪澄、颜丹、张爱敏、张静、张明明、张星奕参与了本书的校阅工作，谨表感谢。

书的出版是逗号，不是句号。希望各界人士提出宝贵意见，这厢谢了。

王家伦

2022年7月于姑苏耕读轩